墨香财经学术文库

"十二五"辽宁省重点图书出版规划项目

U0674533

Study on the Driving Mechanism and Reverse

Technology Spillover Effect of
China's Outward Foreign Direct Investment

中国对外直接投资的动力机制与逆向技术溢出效应的研究

张纪凤 ◎ 著

东北财经大学出版社
Dongbei University of Finance & Economics Press

大连

图书在版编目（CIP）数据

中国对外直接投资的动力机制与逆向技术溢出效应的研究 / 张纪凤著．—大连：
东北财经大学出版社，2015.9
（墨香财经学术文库）
ISBN 978-7-5654-1940-9

Ⅰ．中… Ⅱ．张… Ⅲ．对外投资–直接投资–研究–中国 Ⅳ．F832.6

中国版本图书馆CIP数据核字（2015）第103817号

东北财经大学出版社出版发行

大连市黑石礁尖山街217号 邮政编码 116025

教学支持：（0411）84710309
营 销 部：（0411）84710711
总 编 室：（0411）84710523
网 址：http：//www．dufep．cn
读者信箱：dufep @ dufe．edu．cn
大连图腾彩色印刷有限公司印刷

幅面尺寸：170mm×240mm 字数：220千字 印张：15 插页：1
2015年9月第1版 2015年9月第1次印刷
责任编辑：孙晓梅 高 鹏 责任校对：那 欣
封面设计：冀贵收 版式设计：钟福建
定价：38.00元

前　言

　　进入 21 世纪以来，产品内分工成为新国际分工的重要组成部分。世界经济体系的联系正从旧国际分工模式下注重"贸易"逐步转向新国际分工模式下更加注重"生产"，国际化生产成为连接国与国经济的"桥梁"。国际化生产主要通过对外直接投资（FDI）途径展开，FDI 流入（IFDI）和流出（OFDI）成为生产要素，尤其是资本、技术和劳动在全球范围内优化配置的重要推动力量。一方面，发达国家跨国公司采用 OFDI 或外包方式在全球范围内配置生产价值链；另一方面，发展中国家跨国公司也尝试"走出去"，通过 OFDI 在更大范围、更高层次上积极参与国际分工和资源配置，最终提高其综合竞争力。

　　在这种趋势下，新兴市场国家展现出对外投资强劲增长的态势，特别是在国际金融危机前后，新兴市场国家成为对外直接投资的新力量，FDI 流出量在全球的比重约占 1/3。中国作为世界上最重要的新兴经济体之一，近年来对外投资政策由"引进来"为主转变为"引进来"与"走出去"并重，逐渐成为对外直接投资的大国之一。即便在 2008 年国际金融危机期间，在世界对外直接投资流出量受其影响出现连续下滑的背景下，中国OFDI却屡创新高，逆势上扬。2013年中国OFDI达到历史最高点1 078.4亿美元，位居美、日之后，排名世界第三。中国OFDI已经实现连续11年正增长，2002—2013年间年平均增长率高达39.8%。特别是进入21世纪第二个十年之后，中国的经济发展进入新常态，中国利用外资的年增长率已经从两位数降至一位数，而对外直接投资却保持在两位数的年增长率，这已经成为中国外经贸领域的新常态。

中国对外直接投资的飞速发展吸引了国内外学者的普遍关注，也给以国际生产折中理论（ownership-location-internalization paradigm，OLI范式）为代表的传统对外直接投资理论提出了新的课题。传统对外直接投资理论建立在"垄断优势"基础上，认为企业OFDI的前提和基础是必须拥有某种所有权优势。然而，与欧美老牌国家跨国公司相比，中国企业似乎缺少所有权优势，尤其是知识型所有权优势。尽管如此，中国企业依然积极对外投资，不仅有向其他发展中国家的顺向投资，还有向美欧日等发达国家的逆向投资。对于前一种投资，传统的对外直接投资理论具有一定的解释力。对于后一种投资，传统的对外直接投资理论很难解释清楚为什么中国企业在缺乏所有权优势的情况下却积极开展对外投资，也无法为中国企业"走出去"提供理论指导。

Peng等人（2008，2009）在分析新兴市场跨国公司国际化行为的基础上，创造性地提出了"战略三角"（strategy tripod）的理论框架。该框架整合了战略的资源观、产业观和制度观，指出除了产业基础理论和资源基础理论之外，制度基础理论（institution-based view）构成了分析跨国公司国际化战略的第三角。这一框架把正式制度和非正式制度纳入企业国际化的分析体系中，极大丰富了传统的基于OLI范式的分析框架，为新兴经济体OFDI拓展了新的研究空间。本书借鉴"战略三角"理论框架，结合中国OFDI的实践，研究中国OFDI的动力机制和逆向技术溢出效应。这一研究对于我国如何通过实施"走出去"战略带动外向型经济的转型升级，从而实现我国的产业结构调整以及指导我国企业如何"走出去"，具有重要的理论指导意义。

首先，本书针对中国对外直接投资的异质性特点，从母国的推力（push）和东道国的引力（pull）两方面研究中国对外直接投资的动力机制。中国企业OFDI的动力机制既包括母国的推力，也包括东道国的引力。在母国的推力方面，本书基于"战略三角"的理论框架，利用304家中国制造业上市公司OFDI的微观数据，通过建立计数模型，从企业资源、产业特征、制度因素三方面实证检验了中国OFDI的母国推动力。研究结果表明：企业规模、企业R&D投入、企业出口能力、企业盈利能力和产业竞争程度对中国企业OFDI有显著正向影响，说明由研发能力、出口能力、管理能力共同构成的企业所有权优势对企业"走出去"有明显的促进作用。在东道国的引力方面，本书在分析中国自然资源寻求型、市场寻求型和战略资产寻求型微观投资动因的基础上，利用2003—2012年中国对69个国家OFDI的国别面板数据，通过建立扩展的引力模型，检验了影响中国OFDI区位分布的东道国因素。实证结果表明：中国对发达国家的OFDI是逆梯度的上行投资，主要集中于人均GDP较高、与中国进出口贸易联系紧密的国家。中国对发展中国家的OFDI是顺梯度的平行或下行投资，主要集中于人均GDP较高、技术较先进以及从中国进口规模较大的国家。这一实证结果表明：市场寻求是中国目前OFDI最主要的动因。

其次，本书在R&D全球化的背景下分析了中国海外R&D投资的动因及影响因素。R&D全球化是经济全球化的重要组成部分。跨国公司海外R&D投资的动机主要有两种：市场支撑型和技术寻求型，其中技术寻求型海外R&D投资目前正成为研究热点。本书在对跨国公司海外R&D投资文献综述的基础上，介绍了中国海外R&D投资的实践，总结了其发展历程、动机、区位和模式。随后，本书利用101家中国制造业上市公司的177个海外子公司投资数据，通过建立三元选择Logit模型，从投资企业和东道国两个层面，分析了中国企业市场支撑型和技术寻求型海外R&D投资的影响因素。实证结果表明：中国企业市场支撑型海外R&D投资受东道国人均购买力和R&D资源禀赋的影响，技术寻求型海外R&D投资受母公司技术水平和东道国R&D资源禀赋的双重影响。

最后，本书基于创新驱动增长理论研究了中国对外直接投资的逆向技术溢出效应。由于知识溢出存在地理空间的约束性以及知识的隐性特征，企业只有靠近技术创新源，才能成为知识溢出的最大受益者。因此，只要存在技术扩散的可能性，即便不存在垄断优势，技术追随企业依然会选择FDI方式而不是出口方式服务国外市场。本书在分析中国OFDI逆向技术溢出四大机理的基础上，根据1985—2008年中国工业TFP（全要素生产率），利用国内R&D资本存量和进口、IFDI、OFDI三种渠道溢出的国外R&D资本存量数据，实证检验了中国OFDI的逆向技术溢出效应。分析结果表明：目前中国OFDI的逆向技术溢出效应并不显著。相对于IFDI而言，中国OFDI的整体规模和水平仍处于初级阶段，技术寻求型OFDI在对外投资中所占比重较小，逆向技术溢出存在一定的滞后期。这些因素应该是导致中国OFDI逆向技术溢出效应不显著的主要原因。

本书立足于中国企业对外直接投资的实践，博采各家理论之长，在继承基础上进行了一定的创新，通过理论研究和实证检验分析了中国对外直接投资的动力机制，并探讨了中国海外R&D投资动因和影响因素，以及通过海外R&D投资获取逆向技术溢出效应的机理；实证检验了中国OFDI逆向技术溢出效应的存在性，并对中国企业如何更好地利用"走出去"战略来促进国内技术进步和产业升级提出了相应的对策建议。

本书的写作过程与我在淮海工学院18年的教学经历是分不开的。作为国际经济与贸易专业的专职教师，我先后讲授了"国际贸易"、"国际投资"、"世界贸易组织概论"、"海关实务"等专业课，教学过程也激发了我对中国企业对外直接投资的思考。感谢淮海工学院商学院的宣昌勇教授、黄萍老师、孙军老师、翟仁祥老师，以及其他同事，在与他们的学术探讨中，我获得了灵感，理顺了思路，解决了问题，开阔了视野。

本书的写作过程也得到了东南大学经济管理学院博士生导师徐康宁教授的悉心指导。徐老师学识渊博、治学严谨，他对学术的执着与热爱感染着每一个学生。在徐老师的指引下，我通过钻研经典名著夯实学术基础，通过探讨现实经济问题提高学术水平，在看似枯燥的学术研究中带着兴趣不断前行。在繁忙的工作之余，徐老师总是抽出时间在博客

（www.xknseu.blog.sohu.com）上发表新的文章和观点。他视野开阔、知识渊博、见解独特、文采斐然，每一个读者都可以从中得到启迪并有所收获。在此，我由衷感谢徐老师无私的付出和分享！

在本书的写作过程中，我还得到了东南大学经济管理学院许多老师和同学的指导和帮助。在此，感谢李东老师！李老师教给我系统的知识、良好的研究方法以及做人的道理，他平易近人、和蔼可亲，在我读博期间给了我很多帮助和启迪，鼓励我完成学业。感谢邱斌老师！邱老师品行高洁、为人正直、乐观向上，在工作、学习等诸多方面给予我无私的帮助和指导。感谢陈淑梅老师、徐盈之老师、刘修岩老师！每一次指导、交流和学习，都让我受益匪浅。感谢我的同学陈丰龙、薛鹏、倪宁宁、韩会朝、王露、刘慧、王惠庆等！和同学们在一起，共同分享学术路上的酸甜苦辣，将是我人生中最值得珍藏的一段甜蜜回忆。感谢我的先生李玉虎，他一直以来对我的工作都非常支持！感谢儿子李天健！在爸爸、妈妈忙于工作时，他总是坚强独立，自己照顾自己，让我心里既骄傲又心疼！感谢父母一直以来的理解与帮助，以及默默的付出！

最后，衷心感谢所有关心、帮助和支持我的亲人和朋友们！

编著者

2015 年 4 月于淮海园

目 录

第1章 导 论

1.1 问题的提出

1.1.1 选题背景

分工是经济增长的源泉（亚当·斯密，1776）。20世纪80年代之后，国际分工的模式发生了实质性改变，从原有的产业间分工（inter-industry specification）、产业内分工（intra-industry specification）逐步演变为现有的产品内分工（intra-product specification）。产品内分工是指某种最终产品的生产过程或某项服务的完整流程被分割成若干不同的工序和环节，分散到各个不同的国家进行，从而形成以工序、环节为对象的新型国际分工模式。参与分工的国家不是在不同产业之间进行合作，甚至也不是在同一产业内就不同产品进行合作，而是在同一产品内部根据价值链的划分进行分工合作（徐康宁、陈健，2007）[①]。与产品内分工相关的概念还包括全

[①] 徐康宁,陈健.国际生产网络与新国际分工[J].国际经济评论,2007(6):38-41.

球生产网络①、全球价值链②、垂直专业化分工、国际离岸外包等。

产品内分工与产业间分工、产业内分工最大的差别在于最终产品或服务的生产过程被跨国公司（multinational enterprises，MNEs）人为地分割成各个独立的工序和生产环节，根据其要素密集度不同配置在不同国家的不同企业，使产品的生产突破了国家的界限，成为全球生产的一部分。世界经济体系的联系也从旧国际分工模式下重视"贸易"逐步演变为新国际分工模式下更加重视"生产"（Frobel et al.，1978，1980）③。国际化生产成为连接国与国之间的经济"桥梁"，包括中国在内的主要发展中国家都参与到由跨国公司主导的产品内分工中来，并形成了不同要素禀赋的国家对应于生产价值链不同位置的分工格局。

在新国际分工模式下，国际化生产主要通过对外直接投资的途径展开，FDI 的流入（inward foreign direet investment，IFDI）和流出（outward foreign direct investment，OFDI）成为生产要素，特别是资本、技术和劳动在全球范围内优化配置的重要推动力量，使贸易形式下的"生产的国际分工"转变为投资形式下的"要素的国际合作"（张幼文，2013）④。一方面，发达国家的跨国公司将产品生产环节"模块化"⑤，根据各模块的特征并结合各国要素禀赋条件，选择最具优势的生产区域，采用OFDI或外包方式在全球范围内构建生产价值链；另一方面，发展中国家的跨国公司也尝试向发达国家逆向投资，谋求产品和技术升级，或向其他发展中国家顺向投资，寻求资源或开拓市场。"走出去"开展境外投资已经成为发展中国家企业积极主动参与国际分工，争取在更大范围、更广领域、更高层次上参与国际资源配置的重要路径

---

① 全球生产网络（global production network，GPN）是指跨国公司将产品的生产过程分割为各个环节，根据世界各国的资源禀赋和比较优势，采用投资建厂或业务外包的方式，建立起世界范围的工厂或制造飞地。
② 全球价值链概念根源于20世纪80年代末波特（1985）等提出和发展起来的价值链理论。Gereffi 和 Korzeniewicz（1994）提出全球商品链（global commodity chain，GCC）的概念，它是指在国际化分工背景下，商品的生产过程被分解为不同阶段，围绕某种商品的生产形成了一种跨国生产体系，把分布在世界各地不同规模的企业和机构组织在一个一体化的生产网络内。Gereffi 等（2001）又提出了全球价值链（global value chains，GVC）的概念，它是指为实现商品或服务价值而连接生产、销售、回收处理等过程的全球性跨企业网络组织，涉及从原料采集和运输、半成品和成品的生产和分销，直至最终消费和回收处理的整个过程。
③ FROBEL F, HEINRICHS J, KREYE O. The New International Division of Labor[J]. Social Science Information, 1978, 17(1): 123–142.
④ 张幼文.生产要素的国际流动和全球化经济的运行机制[J].国际经济评论,2013(5):30–39.
⑤ "模块化"就是将原来的生产制造过程分解为一些功能和结构相互独立的标准模块，然后按照产品生产的特定需求对这些标准模块进行组合，最终完成产品的生产。

（江小涓、杜玲，2002[①]；余道先、周石，2010[②]）。

进入21世纪以来，国际直接投资呈现平稳、快速增长态势，并于2007年达到历史最高值（见图1-1）。2007年全球FDI流出量22 720亿美元。其中，发达国家18 904亿美元，占全球总量的84.8%；发展中国家3 300亿美元，占全球总量的12.9%[③]。之后，受美国次贷危机的影响，全球FDI在2008年、2009年急剧下滑。发达国家作为国际金融危机的源头，整体经济出现停滞，2009年FDI流出量锐减了48%。与发达国家FDI流出量急速下降形成鲜明对比的是，发展中国家的FDI流出量除在2009年略有下降外，其他年份都保持上升趋势，并于2013年达到最高值4 540.7亿美元。

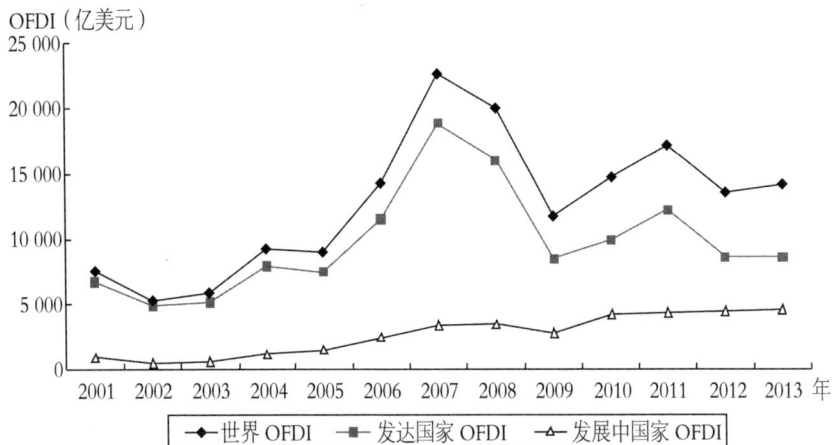

图1-1 2001—2013年世界FDI流出量变化图

数据来源 UNCTAD. UNCTAD Stat Data Center: Foreign Direct Investment [EB/OL]. [2015-01-15]. http://unctadstat.unctad.org/TableViewer/tableView.aspx.

在国际金融危机期间，国际投资格局的巨大变化导致FDI东道国和母国的总体排名发生了变化。美国虽然仍是最大的东道国和母国，但是许多发展中经济体也逐渐成为大的FDI东道国和母国，其重要性不断显现。从FDI流入量来看，发达经济体占全球的比重从2008年的55.3%下降到2013年的39%，而发展中国家从2008年的37.7%上升到2013年的

---

① 江小涓,杜玲.对外投资理论及其对中国的借鉴意义[J].经济研究参考,2002(73): 32-44.
② 余道先,周石.发展中国家对外直接投资模式的新诠释——基于综合竞争力阶梯模型的分析[J].财贸经济,2010(12): 104-111.
③ UNCTAD.World Investment Report 2010[R/OL].[2015-01-15]. www.unctad.org/en/docs/wir2010_en.pdf.

53.6%（见表 1-1）。其中，东亚和东南亚、拉丁美洲和加勒比地区增幅最大。从 FDI 流出量来看，发达经济体占全球的比重从 2008 年的 80.7%下降到 2013 年的 60.8%，而发展中国家从 2008 年的 16.2%上升到 2013 年的 32.2%。东亚和东南亚、拉丁美洲和加勒比地区增幅最大。

表 1-1　　按区域分列的 FDI 流入量和流出量占世界 FDI

流入量和流出量的比重（%）

区　域	FDI 流入量						FDI 流出量					
	2008	2009	2010	2011	2012	2013	2008	2009	2010	2011	2012	2013
发达经济体	55.3	50.6	49.4	51.8	38.8	39.0	80.7	73.0	68.4	71.0	63.3	60.8
发展中经济体	37.7	43.3	45.2	42.6	54.8	53.6	16.2	22.8	27.5	24.7	32.7	32.2
非洲	4.2	4.4	3.1	2.8	4.1	3.9	0.2	0.3	0.6	0.4	0.9	0.9
东亚和东南亚	16.3	17.2	22.2	19.6	25.1	23.9	9.3	15.0	16.9	15.8	20.3	20.7
南亚	—	3.5	2.0	2.6	2.4	2.4	—	1.4	1.1	0.8	0.7	0.2
西亚	5.2	5.5	4.2	3.1	3.6	3.0	2.1	1.5	0.9	1.3	1.4	2.2
拉丁美洲和加勒比地区	11.9	12.5	13.5	14.3	19.2	20.1	4.2	4.6	7.9	6.5	9.2	8.1
转型经济体	6.9	6.0	5.3	5.6	6.3	7.4	3.2	4.2	4.1	4.3	4.0	7.0

数据来源　UNCTAD. World Investment Report 2014 [R/OL].[2015-01-15]. www.unctad.org/en/docs/wir2014_en.pdf.

注：2008 年东亚和东南亚、南亚合并计算，计入东亚和东南亚一栏。

《世界投资报告（2011）》明确指出，新兴经济体[①]（emerging economies）已经成为对外直接外资的新力量[②]。《世界投资报告（2013）》再次强调，发展中经济体成为国际直接投资的领头羊。2012 年，20 大投资经济体中有 9 个是发展中经济体，金砖国家（中国、巴西、俄罗斯、印度、南非）是新兴经济体 OFDI 的主要来源国，这五个经济体的 FDI 流出量从 2000 年的 70 亿美元增至 2012 年的 1 450 亿美

[①] 新兴经济体是指某一国家或地区经济蓬勃发展，成为新兴的经济实体。英国《经济学人》将新兴经济体分成两个梯队：第一梯队为中国、巴西、印度和俄罗斯，也称"金砖四国"（BRICs）；第二梯队包括墨西哥、韩国、南非、波兰、土耳其、哈萨克斯坦、埃及等"新钻"国家。
[②] 其实，《世界投资报告(2006)》就已经指出"发展中经济体和转型经济体开始成为重要的对外投资来源，这些国家的国有企业和私有企业越来越成为国际舞台上的重要角色"。

元，占世界总量的10%。《世界投资报告（2014）》指出，发展中经济体的FDI流出量创纪录地达到4 540.7亿美元，占世界总量的32.2%。在全球经济衰退背景下，以金砖五国为代表的新兴市场跨国公司（emerging market multinational enterprises，EMNEs）继续向海外扩张，不断收购发达国家跨国公司在发展中国家的分支机构，其投资活力与发达国家跨国公司，尤其是欧洲跨国公司放缓的投资步伐形成了鲜明对照。可以说，在国际金融危机期间，来自新兴经济体的OFDI成为维护世界经济稳定的重要力量。

在国际投资格局发生变化的背景下，中国作为世界上最重要的新兴市场国家，近年来对外投资政策由"引进来"为主转变为"引进来"与"走出去"并重，逐步成为对外投资大国。即便在国际金融危机期间全球FDI增长乏力的情况下，中国OFDI却屡创新高，逆势上扬。2002年中国对外直接投资流量仅为27亿美元，随后进入快速增长期。2008年首次突破500亿美元大关，达到559亿美元；2013年首次突破千亿美元，达到历史最高点1 078.4亿美元，已经连续两年位列世界第三大对外投资国（见图1-2）。中国对外直接投资自2002年建立对外直接投资统计制度以来，已经实现连续11年正增长，2002—2013年的年均增长速度高达39.8%。在投资规模快速增长的同时，投资覆盖率也在快速扩大。截止到2013年年底，中国有1.53万家境内投资者在全球184个国家和地区建立了境外公司或分支机构2.54万家，对外直接投资累计净额（存量）达6 604.8亿美元，年末境外企业资产总额超过2.98万亿美元[1]。

联合国贸发会议《世界投资报告（2014）》显示，2013年全球对外直接投资流出量为1.41万亿美元，年末存量为26.31万亿美元。以此为基数计算，2013年中国对外直接投资流量规模1 078.4亿美元，占全球当年流量的7.6%，排在美日之后，位居全球第三（见图1-3）。2013年中国对外直接投资较2012年同比增长200.63亿美元，占全球总增量（641.39亿美元）的31%，由此可见，2013年全球对外直接投资近1/3的

① 中华人民共和国商务部,中华人民共和国国家统计局,国家外汇管理局.2013年度中国对外直接投资统计公报[R].北京:中国统计出版社,2014.

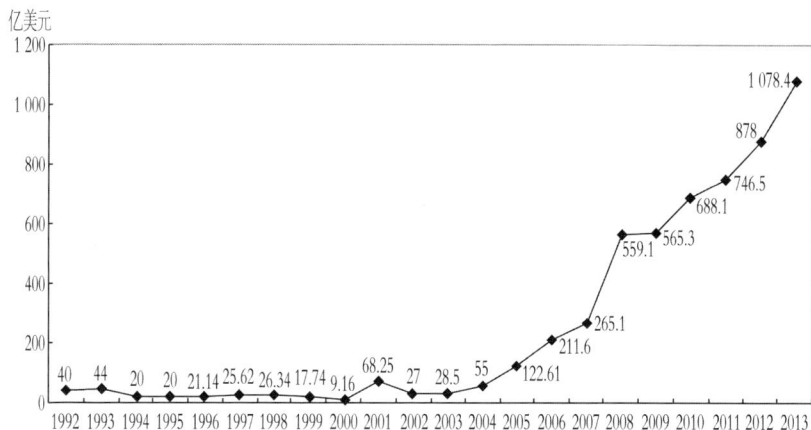

图 1-2 1992—2013 年中国对外直接投资流量

数据来源 1992—2001 年中国对外直接投资数据来源于联合国贸易和发展会议（UNCTAD）统计数据库，2002—2013 年中国对外直接投资数据来源于《2013 年度中国对外直接投资统计公报》。

增长来自中国的贡献。从存量规模来看，中国 OFDI 存量占全球当年存量的 2.5%，全球排名第 11 位。虽然中国对外直接投资近年来增长很快，但由于起步晚、底子薄，与发达国家相比仍有很大差距，2013 年中国 OFDI 存量仅相当于美国的 10.4%、英国的 35%、德国的 38.6%。

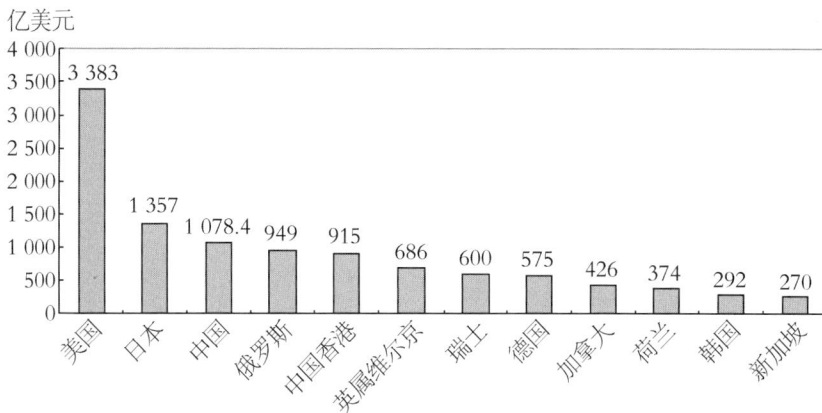

图 1-3 2013 年中国与全球主要国家和地区对外直接投资流量对比

数据来源 中华人民共和国商务部，中华人民共和国国家统计局，国家外汇管理局.2013 年度中国对外直接投资统计公报[R].北京:中国统计出版社，2014.

从宏观层面看，每年不断增长的对外直接投资额与国家"走出去"

战略密切相关。"走出去"战略作为正式的国家战略，最早见于2000年
党的十五届五中全会，与西部大开发战略、城镇化战略、人才战略并称
为"四大战略"。2001年3月，"走出去"战略正式写入第九届全国人民
代表大会第四次会议通过的《国民经济和经济发展第十个五年计划纲
要》，强调"鼓励能够发挥我国比较优势的对外投资，扩大国际经济技
术合作的领域、途径和方式"。随后，在党的十六大报告、党的十七大
报告、党的十八大报告、"十一五规划"、"十二五规划"以及历年政府
工作报告中，均对"走出去"战略有明确表述。从微观层面看，中国企
业自身也存在对外直接投资的动力。中国以低成本优势，以加工贸易方
式嵌入全球生产网络，在价值链分工中长期处于低附加值的生产加工环
节，处于价值链高端的发达国家才是产品价值构成的主体。因此，在对
外直接投资过程中，中国企业存在向发达国家逆向投资，获取先进技
术、管理经验、销售渠道等战略性资产的动因。

1.1.2　主要概念的界定

（1）FDI、IFDI与OFDI

对外直接投资是国际资本流动的重要组成部分，是在跨国公司主导
下母国生产要素向东道国的流动。对外直接投资改变了生产的国际性
质，改变了国际贸易的流向和流量，对世界各国经济产生重大影响（张
幼文，2013）[①]。FDI的概念具有丰富的内涵，至今为止，有关FDI的
定义仍是多种多样的。

根据经济合作与发展组织（OECD）的定义，对外直接投资是一个
国家（或地区）的居民和实体（直接投资者或母公司）与投资者所在国
之外的另一个国家的企业（国外直接投资企业、分支企业或国外分支机
构）建立长期关系，以获得持久利益为目的，并对其进行控制的投资活
动。OECD还建议，直接投资企业应被定义为股份有限公司或无限责
任公司，其中外国投资者拥有股份有限公司10%或更多普通股，或投票
权，或在无限责任公司拥有与之等价的权力。

国际货币基金组织（IMF）在OECD定义的基础上，扩大了对外直

接投资定义的范围，指出对外直接投资是由一个居住在一个经济体的企业（对外直接投资者或母公司）对居住在另一个经济体的实体（国外直接投资企业、子公司或国外分支机构）进行管理控制的投资，这种对外直接投资涉及一种长期关系，这一关系是对一个投资者在某个外国的持久利益的反映。当一个投资者在所投资企业拥有25%或以上股权时，可以作为控制所有权的合理标准。

按照 OECD 和 IMF 的共同标准，对外直接投资的企业依照外国投资者的股东权益的比例大小，可以分为子公司（所有权>50%）、合资公司（10%<所有权<50%）、分部（拥有全部所有权或联合所有权）三种。我国商务部发布的《对外直接投资统计制度》第2条规定：对外直接投资是指我国国内投资者以现金、实物、无形资产等方式在国外及港澳台地区设立、购买国（境）外企业，拥有该企业10%或以上的股权，并以控制企业的经营管理权为核心的经济活动。这一定义表明我国也严格遵循了 OECD 的比例约定，以10%股权比例作为界定统计范围的标准。

根据流向，FDI 分为 FDI 流入（IFDI）和 FDI 流出（OFDI）。对一个国家而言，当 FDI 流入时，它是投资东道国；当 FDI 流出时，它是投资母国。经过30多年的改革开放与发展，中国已经成为吸引外资最多的国家，是重要的 FDI 东道国。截至2013年年底，在中国的对外直接投资累计约1.6万亿美元，当年吸收外资1 187亿美元，已连续21年位居发展中国家榜首。相对于吸引外资，中国对外直接投资的发展历程要短得多，规模也要小得多。自2000年提出"走出去"战略后，中国才开始逐步放开对 OFDI 的限制，鼓励海外直接投资。2004年以后，中国对外直接投资开始进入高速增长期，尤其是2008年国际金融危机期间，世界 OFDI 增长乏力，但中国对外直接投资却出现逆势飞速增长的趋势，具备明显的"蛙跳"特征。作为新兴市场国家，中国对外直接投资有其自身的特点和驱动力，本书将主要研究中国对外直接投资行为。

（2）动因与动力机制

跨国公司是 OFDI 的主要组织者和承担者。世界上绝大多数 OFDI

都是由跨国公司完成的，大型跨国公司更是OFDI的主导力量。据估计，全球最大的500家跨国公司的海外直接投资额占全球对外直接投资总额的80%以上。在美国的对外直接投资存量中，25家巨型跨国公司占了一半，且这一比重多年来几乎没有变化。因此，跨国公司是OFDI的主要承担者，研究OFDI实质上就是研究跨国公司的OFDI。

动因（motives）是跨国公司对外直接投资的原因和目的，也是企业希望通过对外直接投资实现的战略目的和意图。Kojima（1985）[①]将对外直接投资动机划分为自然资源导向型、市场导向型和生产要素导向型。Lecraw（1993）[②]基于对印度尼西亚企业的研究，把对外直接投资动机划分为出口提高型和经营扩张型。Dunning（1993）[③]则把对外直接投资动机划分为资源寻求型、市场寻求型、效率寻求型和战略资产寻求型四种。Makino等学者（2002）[④]对不同的对外直接投资进行了更高层次的整合，将投资动机分为资产利用型（asset-exploitation）和资产寻求型（asset-seeking）两种。资产利用型以企业在投资时拥有能够产生租金的资源为假设前提，将投资看作企业特有优势的利用；资产寻求型则以企业探索和获取资源为目的，这种OFDI被看作获取东道国战略性资产（如技术、营销、管理经验）的媒介。

动力机制（motivation mechanism）包括两个方面的内容：一是从母国视角出发——母国对企业OFDI的推动力，这种推动力包括微观的企业推动力、中观的产业推动力，以及宏观的国家制度推动力；二是从东道国视角出发——东道国对OFDI的引力，具体指东道国的自然资源、市场规模、R&D资源等对OFDI的吸引力。因此，动力机制是一个比动因更宽泛的概念，涉及的内容更广。

研究中国对外直接投资的动力机制实质上就是研究中国企业"走出去"的母国推力和东道国引力。部分研究把动力机制与区位选择混为一

① KOJIMA. Japanese and American Direct Investment in Asia: a Comparative Analysis[J]. Hitotsubashi Journal of Economics,1985(26):1−35.
② LECRAW. Outward Direct Investment by Indonesian Firms: Motivation and Effects[J]. Journal of International Business Studies, 1993(3):589−600.
③ DUNNING J H. Multinational Enterprises and the Global Economy[M]. Wokingham: Addison Wesley,1993.
④ MAKINO S,LAU CM,YEH RS. Asset−exploitation versus Asset−seeking: Implications for Location Choice of Foreign Direct Investment from Newly Industrialized Economies[J]. Journal of International Business Studies, 2002, 33(3):403−421.

谈，严谨的表述是：前者是推动中国企业对外直接投资的母国因素加东道国因素，而后者则是吸引中国企业对外直接投资的东道国因素。中国企业OFDI行为具有"二元性"特征，不仅包括对发展中国家的平行和下行投资，还包括对发达国家的上行投资。建立在垄断优势基础上的主流对外直接投资理论以及建立在局部垄断优势基础上的发展中国家对外直接投资理论都无法准确解释中国企业的OFDI行为，因此，对中国OFDI动力机制的研究必须在一个系统框架内，利用多重理论来综合分析。

（3）技术溢出与逆向技术溢出

在经济全球化时代，技术正成为经济增长的重要驱动力量。与其他生产要素相比，技术最大的不同在于其具有类似于公共产品的性质，一项技术的发明创新不仅使发明创新者自身受益，其他企业也同样受益。不仅如此，其他企业使用该技术的边际成本可以忽略不计，这就是技术的"外部性"，也称为技术溢出（technology spillover）（Romer，1990）[1]。相关研究中也用技术扩散（technology diffuse）、技术传播（technology dissemination）等词汇来表示技术溢出。随着国际分工的深化，对技术溢出的研究已不再局限于国内企业之间的溢出，技术在国与国之间的溢出（international technology spillover）正成为研究热点。国际技术溢出是指一国技术进步不仅取决于本国R&D资本存量，而且还受它国R&D资本存量的影响[2]。

以往对国际技术溢出的研究主要集中于东道国企业从FDI中所获取的利益，与传统研究不同，本书研究母国从OFDI中获取的逆向技术溢出（adverse technology spillover）效应。逆向技术溢出效应是指通过对外直接投资，投资母国企业可以接近并利用东道国的R&D资源，从而获得积极的由东道国向母国的技术外溢。逆向技术溢出的提出突破了传统技术溢出对技术单向流动的假定，溢出不再局限于东道国企业从FDI中所获得的利益，母国企业也可以通过OFDI向东道国企业学习（见图1-4）。逆向技术溢出的研究对于发展中国家利用OFDI缩小与发达国家

---

[1] ROMER P M.Endogenous Technological Change[J]. Journal of Political Economy ,1990 (98): 71–102.
[2] Keller（2004）指出OECD国家技术进步的根源并非仅来自国内R&D，还受益于国际R&D溢出。

的技术差距、提高本国企业的技术水平、实现技术跨越与赶超具有重要意义。

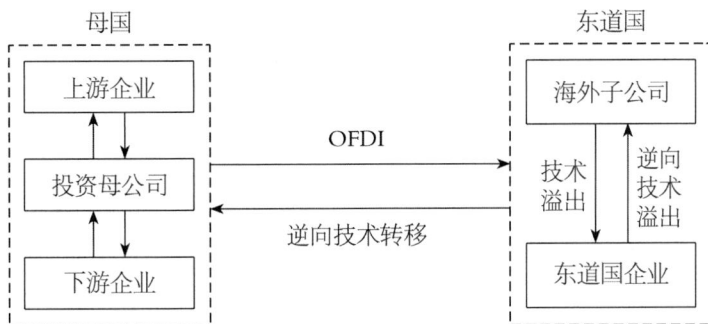

图 1-4　逆向技术溢出流向图

1.1.3　问题的提出

随着新兴经济体对外直接投资浪潮的涌现，对新兴经济体 OFDI 的研究已经成为国际商务、国际经济学、战略管理学等领域的前沿热点。学者们展开了积极的理论探讨，形成了乐观派与悲观派（孙黎等，2010[①]；洪俊杰等，2012[②]）。乐观派学者们从制度套利、路径追赶、技术创新等角度阐述了新兴市场跨国公司国际化所面临的绝佳发展机遇，主要观点包括跳板论（springboard）、追赶论（catch-up）和颠覆论。悲观派学者们从企业所有权劣势、企业价值链、产业集中等角度阐述了发展中国家跨国企业对外直接投资所面临的困境，主要论点包括所有权劣势论、分工固化论和瀑布效应论（cascade effect）。

然而，乐观派和悲观派并不能完全解释中国这样的新兴市场国家在较低经济发展水平下发生的大规模海外直接投资行为。在历史上，一些国家，如日本、韩国、新加坡也曾在经济发展水平较低时有过对外直接投资，但都是零星个案，并没有形成大规模"走出去"的浪潮。中国2008年对外直接投资首次突破500亿美元大关时，人均GDP仅为0.34万美元。美国1993年对外直接投资超过500亿美元时，人均GDP已经

---

① 孙黎,任兵,阎大颖,等.比较所有权优势:中国和印度企业跨国并购的理论框架[J].中大管理研究,2010(5):1-32.
② 洪俊杰,黄薇,张蕙,等.中国企业走出去的理论解读[J].国际经济评论,2012(4):121-134.

达到 2.6 万美元。日本 20 世纪 80 年代中后期大举对外直接投资时[1]人均 GDP 也超过了 2 万美元。根据 Dunning 的 IDP 理论[2]，目前中国还没有达到大规模对外直接投资的经济发展水平，那么，究竟是何原因导致了 2004 年之后中国企业大规模"走出去"的浪潮呢？

目前，一些学者对中国 OFDI 进行尝试性解释。Erdener 和 Shapiro（2005）认为，中国跨国公司与发达国家跨国公司相比虽然没有传统意义上的所有权优势，但在向亚洲一些国家投资时拥有特殊优势。这些国家通常具有和中国相似的市场经营环境，包括不稳定的经济发展模式、半透明的政府管制、不完全的市场竞争等。中国企业在类似环境下长期经营，经验丰富。Buckley 等（2007）[3]认为，中国 OFDI 主要由三方面因素推动：①中国不完全竞争的资本市场使得一些国有企业以低利率获取贷款；②中国跨国公司拥有独特的所有权优势，如遍布全球的华人社交网络；③国家制度因素的推动。黄益平（2013）[4]从金融抑制与随之产生的外部顺差出发，认为中国外汇储备规模大、投资回报率低是中国政府推动企业"走出去"的一个重要原因，以实现变"债权"为"股权"，提高外汇储备的收益率。还有一些学者从制度视角解释中国的对外直接投资行为（Scott，2002；Peng et al.，2008，2009）。

以 OLI 范式为代表的传统对外直接投资理论强调优势前提论，指出 OFDI 的前提和基础是企业必须具有某种所有权优势。然而，这一理论在解释中国这样一个处于转型期的新兴市场国家 OFDI 行为时存在不足。中国 OFDI 不仅包括对巴西、越南等其他发展中国家转移生产基地以及开发新型市场的平行和下行投资，而且包括对美日欧等发达国家寻求技术、品牌的上行投资[5]。对于前一种投资，传统对外直接投资理论

---

① 1986 年日本对外直接投资首次超过 200 亿美元，1988 年突破 400 亿美元，1989 年达到 675.4 亿美元。这一时期，日本大量资本涌向海外，接连出现日本企业收购美国资产的大型案例，如三菱地产公司以 14 亿美元买下洛克菲勒中心大厦、索尼公司以 34 亿美元收购哥伦比亚电影公司。日本企业大肆收购美国资产的行为当时被一些媒体称为"经济珍珠港"。
② Dunning（1981）通过对 1967—1978 年全球 67 个国家经济发展阶段和对外直接投资关系进行研究，提出了投资发展路径理论（Investment Development Path，IDP）。Dunning 认为，一国对外净投资的发展水平取决于该国的经济发展阶段（人均 GNP）以及与其相对应的该国所拥有的所有权优势、内部化优势和区位优势的变化。
③ BUCKLEY P J,CLEGG L J,CROSS A R,LIU X,VOSS H,ZHENG P. The Determinants of Chinese Outward Foreign Direct Investment[J].Journal of International Business Studies,2007,38(4):499-518.
④ 黄益平.对外直接投资的"中国故事"[J].国际经济评论，2013(1):1-15.
⑤ 向经济发展水平比自己高的国家投资，称为上行投资；向经济发展水平与自己相仿的国家投资，称为平行投资；向经济发展水平低于自己的国家投资，称为下行投资。

具有一定的解释力。对于后一种投资，传统对外直接投资理论却很难解释清楚。与发达国家跨国公司相比，中国企业尽管缺乏所有权优势，却仍然积极"走出去"，在美日欧等发达国家逆向投资，获取技术、品牌等战略性资产。因此，中国对外直接投资迫切需要建立一个完整的理论框架来解释。结合中国OFDI的发展特征，本书认为以下两个问题非常值得深入研究：

第一，无技术优势的中国企业[①]如何开展对外直接投资？中国目前还是一个发展中国家，企业大多处于低附加值的生产加工环节，国际化程度偏低。然而，并不具备传统意义上所有权优势的中国企业，在技术、管理等知识性资源都比较缺乏的情况下，仍能积极开展对外直接投资并获得成功。如联想2005年以12.5亿美元收购IBM的全球PC业务，从而在品牌、技术、管理框架等方面得到巨大提升；北汽控股2009年收购瑞典萨博汽车公司部分资产，从而获取先进整车成套技术和动力总成技术，实现自主品牌乘用车产品研发与国际同步。在企业对外投资过程中，哪些因素促进了中国企业"走出去"？除了企业的所有权优势外，国内的产业结构、制度环境等因素是否发挥重要的推动作用？

第二，无技术优势的中国企业能否通过OFDI获取逆向技术溢出，最终促进母公司以及母国的技术进步？或者说，在全面开放背景下，中国企业能否通过对外直接投资在全球竞争中培育自身的竞争优势？技术寻求型OFDI并不是中国所独有的，一些学者早已发现早期日本、韩国等向海外尤其是向发达国家投资时，存在技术寻求的动机（Kogut & Chang，1991；Yamawaki，1993；Neven & Siotis，1996）。在企业国际化的早期阶段，缺乏竞争优势的企业通常会把OFDI作为培育独特竞争优势的手段。因此，中国企业向海外，尤其是向发达国家以技术寻求为主要动因的投资能否产生技术回流效应，能否促进母公司以及母国的技术进步？对这一问题进行研究，对于中国鼓励企业向发达国家投资、通过OFDI带动产业升级和技术进步具有十分重要的意义。

---

① Forsfun 和 Motta（1999）首先提出"无优势企业"（multinationals without advantages）的概念，并通过构建两国双寡头古诺模型研究不具有特定优势企业（技术落后企业）的跨国直接投资行为。

1.2 研究内容与框架结构

1.2.1 研究内容

本书共分8章，各章关系如下：第1、2章阐述本书的研究背景、研究内容、研究方法等相关议题，并回溯了相关的理论和文献。第3、4章研究中国对外直接投资动力机制：第3章从理论和实证层面研究中国对外直接投资的母国推力，第4章基于微观投资动因实证研究中国对外直接投资的东道国引力。第5、6、7章研究中国对外直接投资逆向技术溢出效应：第5章叙述中国海外R&D投资现状，并对中国海外R&D投资影响因素进行实证分析；第6章分析中国对外直接投资逆向技术溢出效应的模型和机理；第7章从宏观层面实证检验中国对外直接投资逆向技术溢出效应的存在性。第8章是对全书内容的总结，并提出有针对性的政策建议。各章主要内容如下：

第1章导论。首先，本章从2008年国际金融危机引发的国际投资领域的新变化入手，介绍本书的研究背景，指出新兴市场国家，尤其是中国已经成为对外直接投资的重要力量；其次，对本书研究所涉及的相关概念予以界定，并提出本书拟研究的主要问题；再次，对本书的研究内容、研究框架、研究方法及研究过程中的创新之处等予以介绍，从总体上对本书的研究进行鸟瞰与宏观把握，为后续研究奠定基础，起到提纲挈领的作用。

第2章理论基础与文献综述。本章主要介绍与本书研究内容相关的理论和文献。首先，对跨国公司FDI理论进行总体介绍，主要包括发达国家的广义垄断优势理论、发展中国家的局部垄断优势理论、动态投资发展阶段论等；其次，基于"战略三角"理论框架，着重介绍资源基础理论、产业基础理论、制度基础理论的产生和发展过程，及其对发展中国家OFDI的解释。本书梳理了国外、国内现有的理论和相关研究文献，发现虽然现有文献围绕发展中国家OFDI做出了许多开创性的贡献，积累了非常丰富的研究经验，但是针对目前快速增长的中国OFDI

现实情况的研究还相对较少，对中国OFDI"二元性"投资的理论解释尚不完善，从而凸显出本书的研究意义。

第3章中国对外直接投资动力机制Ⅰ：母国的推力。本章基于"战略三角"（资源观、产业观、制度观）理论框架，从理论和实证两个层面研究中国对外直接投资动力机制的母国推力。在理论层面，中国企业的所有权优势主要表现为大规模低成本生产、局部技术创新、市场定位和销售能力；产业优势体现在产业国际竞争力和技术创新能力的提高上；制度优势体现在国家"走出去"战略的政策支持上。在实证层面，本书利用304家中国制造业上市公司对外直接投资微观数据，通过建立计数模型，实证检验了中国OFDI的母国推力。研究结果表明：企业规模、企业R&D投入、企业出口能力、企业盈利能力和产业竞争程度对中国企业OFDI具有显著的正向影响，说明由研发能力、出口能力、管理能力共同构成的企业所有权优势对企业"走出去"有明显的促进作用。

第4章中国对外直接投资动力机制Ⅱ：东道国的引力。东道国的引力也是中国OFDI动力机制的重要组成部分，本章结合中国对外直接投资的微观动因研究中国对外直接投资的东道国引力。首先，分析中国自然资源寻求型、市场寻求型和战略资产寻求型的投资动因；其次，利用2003—2012年中国对69个国家对外直接投资的国别面板数据，通过建立扩展的引力模型，检验影响中国对外直接投资分布的东道国区位因素。分析结果表明：中国对发达国家的OFDI是逆梯度的上行投资，主要集中于人均GDP较高、与中国进出口贸易联系紧密的国家。中国对发展中国家的OFDI是顺梯度的平行或下行投资，主要集中于人均GDP较高、技术较先进以及从中国进口规模较大的国家。这一分析结果验证了中国市场寻求型、贸易促进型OFDI投资动因的存在。因此，市场寻求是中国目前OFDI最主要的动因。

第5章R&D全球化与中国海外R&D投资。R&D全球化是经济全球化的重要组成部分。跨国公司海外R&D投资的动因主要有两种：市场支撑型和技术寻求型。本章在对跨国公司海外R&D投资文献综述的基础上，分析了中国海外R&D投资的发展历程、动机、区位和模式。

随后，本章利用中国101家制造业上市公司的177个海外子公司投资数据，通过建立三元选择 Logit 模型，从投资企业和东道国两个层面分析了中国企业市场支撑型和技术寻求型海外 R&D 投资的影响因素。实证结果表明：中国企业市场支撑型海外 R&D 投资受东道国人均购买力和 R&D 资源禀赋的影响，技术寻求型海外 R&D 投资受母公司技术水平和东道国 R&D 资源禀赋的双重影响。

第6章中国对外直接投资逆向技术溢出效应：模型与机理。由于知识溢出存在地理空间的约束性以及知识的隐性特征，企业只有靠近技术创新源，才能成为知识溢出的最大受益者。本章首先以 Fosfuri 与 Motta（1999）两国双寡头古诺模型为基础，分析当存在技术扩散可能性时技术领先企业与技术追随企业的利润博弈。分析结果表明：即便在没有垄断优势的前提下，无优势企业（技术追随企业）依然会选择以 OFDI 方式而不是出口方式来服务海外市场。其主要目的在于通过 OFDI 获得技术扩散的好处，提高自身技术水平，并将先进技术逆向溢出回到母公司。其次，本章分析了中国对外直接投资逆向技术溢出的四大机理，分别是 R&D 成果反馈机制、R&D 费用分摊机制、R&D 资源全球共享机制和 R&D 技术逆向转移机制。最后，本章以中国典型企业（华为、格兰仕）为例，分析了企业国际化过程中海外 R&D 投资对母公司技术进步的促进作用。

第7章中国对外直接投资逆向技术溢出效应：实证检验。一国的技术进步不仅是本国 R&D 资本存量的函数，也是国外 R&D 资本存量的函数。本章基于创新驱动增长模型，根据1985—2008年中国工业 TFP，利用国内 R&D 资本存量和进口、IFDI、OFDI 三种渠道溢出的国外 R&D 资本存量数据，实证检验中国 OFDI 的逆向技术溢出效应。分析结果表明：中国对外直接投资的逆向技术溢出效应并不显著。长期以来，中国对外开放政策以"引进来"为主，自2000年国家提出"走出去"战略后，才逐步放松对外投资项目审批和外汇管制。因此，相对于 IFDI，中国 OFDI 的整体规模和水平仍处于初级阶段，技术寻求型投资在对外投资中所占比重较小，技术的逆向溢出存在一定的滞后期，这些因素是导致中国 OFDI 逆向技术溢出效应并不显著的主要原因。

第 8 章主要结论与政策建议。本章首先对全书研究进行归纳和总结，并得出以下结论：（1）中国企业"走出去"有一定的比较所有权优势；（2）市场寻求是中国企业目前对外直接投资最主要的动因；（3）中国企业技术能力和东道国 R&D 资源对中国技术寻求型海外 R&D 投资有显著影响；（4）中国对外直接投资逆向技术溢出效应尚不显著。在此基础上，针对存在的问题提出相应的对策建议。最后，本章分析了本书存在的不足以及对未来研究的展望。

1.2.2　框架结构

本书的框架结构如图 1-5 所示。

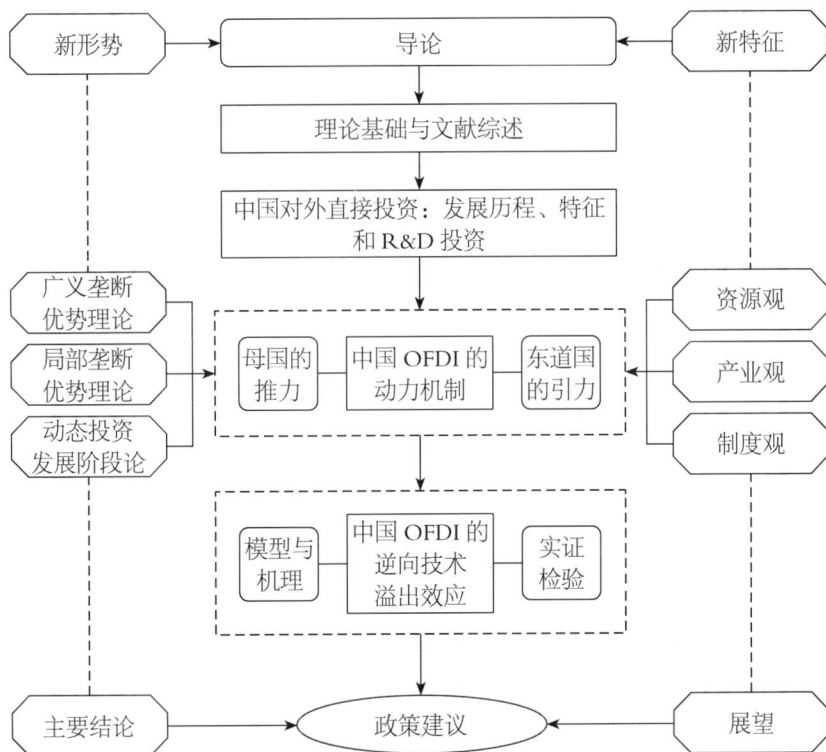

图 1-5　框架结构图

1.3　研究方法与创新之处

1.3.1　研究方法

本书遵循规范的经济学研究方法，采用定性分析与定量分析、理论分析与实证分析相结合的方法来研究中国对外直接投资问题。主要研究方法归纳如下：

第一，理论研究。理论研究一般属于规范研究的范畴，是指从一定的价值判断出发，研究"应该是什么"的问题。任何理论都有其前提和背景，并不具有绝对的适用性。本书通过文献梳理、机理分析、归纳与总结来解释中国对外直接投资的动力机制及逆向技术溢出效应。具体步骤包括：首先，本书对理论文献进行梳理，对中国对外直接投资现状进行特征性事实描述，并概括出对外直接投资的特征与海外 R&D 投资现状。其次，本书根据对现有文献的认识，结合中国对外直接投资的实践总结出内在规律性，梳理出理论和假说。再次，本书利用搜集到的数据、案例对理论假说予以验证，并从企业、产业、国家三个维度详细考查中国对外直接投资的动力机制，从国际技术扩散视角研究逆向技术溢出效应。最后，在实证检验的基础上，本书得出主要结论，并提出相应的政策建议。

第二，实证研究。实证研究对经济现象或事物发展趋势进行分析，回答"事实是什么"的问题。我们进行的是一项偏重实证方法的研究，在研究过程中运用了 Stata12.0、EViews7.0、Excel 等多种工具，采用了多种统计分析方法。本书使用计数模型分析中国对外直接投资的母国推力，使用引力模型分析中国对外直接投资的东道国特征，使用三元选择 Logit 模型分析中国企业海外 R&D 投资的影响因素，使用多元线性回归模型分析中国对外直接投资的逆向技术溢出效应。另外，本书还采用了管理学中常用的案例分析法来分析研究中国对外直接投资的逆向技术溢出机理，从而进一步佐证理论研究的结果。

1.3.2 创新之处

概括来说，本书的理论创新主要体现在以下几个方面：

第一，中国对外直接投资动力机制理论研究框架的创新。发展中国家对外直接投资模式和动机的多样化，使得发展中国家对外直接投资的理论研究呈现出流派林立的状况。目前对发展中国家对外直接投资的理论解释缺乏完整、系统的体系。Peng等（2008[①]，2009[②]）系统整合了战略的资源观、产业观和制度观，提出"战略三角"理论分析框架。这一分析框架既融合了传统OLI范式中所有权优势和产业组织理论中竞争优势的精髓，又创造性地提出制度构成"战略三角"的第三角，对新兴经济体OFDI具有很强的解释力。本书结合中国对外直接投资的复杂现实状况，综合"战略三角"理论分析框架与OLI范式，分别从母国的推力与东道国的引力两方面研究中国对外直接投资的动力机制，避免了单一理论范式与发展中国家跨国公司多样性的冲突，有效完善了当前对中国对外直接投资动力机制的研究。

第二，对中国海外R&D投资影响因素研究方法的创新。R&D投资全球化趋势引起了学者们对海外R&D投资动机和模式的关注，然而，现有研究大多侧重于对发达国家之间的相互R&D投资以及发展中国家作为R&D投资东道国的研究，把中国作为R&D投资母国的研究很少。目前对中国海外R&D投资的研究文献大多是列举和描述性的，对中国海外R&D投资影响因素的实证研究还处于空白状态。本书对这一领域研究的创新主要体现在实证模型的构建与实证研究方法的选择上。本书基于上市公司海外R&D投资的样本数据，通过建立三元选择Logit模型，从投资企业和东道国两个层面分析了中国企业市场支撑型和技术寻求型海外R&D投资的影响因素。结果表明：市场支撑型海外R&D投资受东道国人均购买力和R&D资源的影响，技术寻求型海外R&D投资受母公司技术水平和东道国R&D资源的双重影响。这一结论为我

① PENG MW,WANG D Y L, JIANG Y.An Institution-based View of International Business Strategy:a Focus on Emerging Economies[J].Journal of International Business Studies,2008,39(5):920-936.

② PENG MW, SUN, PINKHAM, CHEN. The Institution-based View as a Third Leg for a Strategy Tripod[J]. Academy of Management Perspectives,2009(8):63-81.

国政府制定相关海外R&D投资促进政策提供了参考。

第三，在中国对外直接投资逆向技术溢出机理和实证检验上的创新性研究。OFDI作为技术寻求的重要路径，如何将技术从东道国逆向溢出回到投资母国？现有对中国对外直接投资逆向技术溢出机理的研究尚处在探索阶段，结论也比较零散。本书总结了逆向技术溢出的四大机理，分别是R&D成果反馈机制、R&D费用分摊机制、R&D资源全球共享机制和R&D技术逆向转移机制。在宏观层面对中国对外直接投资逆向技术溢出效应的实证研究上，本书规范了国际技术溢出的研究方法。在东道国（地区）的选取上，剔除了中国香港、英属维尔京群岛和开曼群岛等"避税天堂"或离岸金融中心，主要选取技术领先的发达东道国（地区）为样本；对国外R&D资本存量权重的衡量上，以对该国OFDI存量与该国固定资本总额的比重来表示；在技术溢出的渠道上，不仅考虑OFDI渠道的溢出，还考虑进口贸易和IFDI这两个重要的国际技术溢出渠道。这样本书就完善了当前对中国OFDI逆向技术溢出效应的研究。

当然，本书对中国对外直接投资动力机制和逆向技术溢出效应的研究还存在很多不成熟的地方。对外直接投资理论的纷繁复杂，中国OFDI飞速发展过程中新的组织形式、投资模式的出现，知识经济时代全球化生产格局的改变，这些都加大了本书研究的难度。未来，随着研究方法的改进和微观数据资料的完善，我们对中国OFDI的研究将得到进一步发展。

第 2 章　理论基础与文献综述

传统跨国公司理论建立在垄断优势理论基础之上，普遍认为企业 OFDI 的前提是企业拥有某种特定优势（firm-specific advantage），这种优势不仅包括生产技术、管理能力、营销能力等知识型资产优势，而且包括企业凭借规模巨大而产生的规模优势，OFDI 就是企业所有权优势的跨境使用或转移。然而，传统跨国公司理论对当前涌现的大量新兴市场跨国公司的对外直接投资行为，尤其是不具备企业特定优势的发展中国家跨国公司对发达国家的逆向投资行为，缺乏解释力。Peng 等（2008，2009）系统整合了战略的资源观、产业观和制度观，提出了"战略三角"理论分析框架。这一分析框架极大丰富了传统 OLI 范式的分析框架，为新兴经济体 OFDI 的理论解释拓展了新的研究空间，对当前主流跨国公司 FDI 理论形成了有效的补充。

2.1　跨国公司 FDI 理论

20 世纪 50 年代后期，跨国公司海外直接投资迅猛发展，引起了美、英等国经济学家的关注，形成了分析视角各异、理论学派众多的当代国际直接投资理论。垄断优势、不完全市场和交易成本是垄断优势理论最核心的三个微观概念。垄断优势是企业对外直接投资的内部条件，不完全市场是企业对外直接投资的外部动因，降低交易成本是企业对外直接投资的目的。

2.1.1 广义垄断优势理论

（1）垄断优势理论

从 20 世纪初到 50 年代末，西方关于 FDI 理论的研究基本是经验性的、总结性的，没有形成完善的理论体系。1960 年，美国学者斯蒂芬·海默（Stephen H.Hymer）在其博士论文《本土企业的国际化经营：一项关于对外直接投资的研究》（The International Operations of National Firms：A Study of Foreign Direct Investment）中率先提出"垄断优势理论"[①]。这篇论文的出现标志着跨国公司理论研究的开始。该理论开创性地将传统产业组织理论中的垄断理论用于分析跨国公司的 OFDI 行为，认为跨国公司若想在国外市场投资，前提是必须拥有一定的垄断优势，即独占性的生产要素优势；否则，由于海外经营额外成本的存在，跨国公司将难以与当地企业展开竞争。在海默之后，垄断优势理论体系的基本框架又经金德尔伯格、凯夫斯等学者进一步拓展。

什么是企业的垄断优势？海默将垄断优势分为两类：一是包括生产技术、管理能力、营销能力等无形资产在内的知识型资产优势；二是企业凭借扩大生产规模而产生的规模优势。金德尔伯格将垄断优势分为四类：一是在不完全竞争的产品市场形成的优势，包括产品差异、营销技术和定价策略等；二是在不完全竞争的生产要素市场形成的优势，包括获得专利的机会、融资条件优势和管理特色等；三是由于企业垂直合并等因素产生的内部或外部规模经济；四是政策干预所造成的企业优势。

在企业的垄断优势中，哪些优势比较重要并能为企业带来更多利益？核心资产论认为，企业资产中最核心的是知识和技术。企业通过对核心资

---

① HYMER S H. The International Operations of National Firms: a Study of Direct Investment [D]. Cambridge,MA：MIT, 1960 (published under same title in 1976).

产的占有形成垄断优势，并凭借这种优势对外直接投资，获取更多的经济租[①]。这一理论有两种代表性观点：①以美国学者约翰逊（Johnson，1970）为代表的"知识理论"[②]。约翰逊从知识资产的价值及转让费用方面深化了跨国投资的垄断优势理论，他用知识在不同国家之间的转移来解释国际生产的模式，认为知识的转移是直接投资的关键，垄断优势来自企业对知识资产的使用和控制。②以凯夫斯（Caves，1971[③]，1974[④]）为代表的"产品差异论"。凯夫斯指出，跨国公司拥有使产品差异化的能力和技术，这是跨国公司一项重要的竞争优势。国际贸易可以用垄断、规模经济或产品差异化来解释，国际直接投资也可以用产品差异化、企业家能力和规模经济来解释。凯夫斯的研究集中于企业的无形资产，他认为跨国公司的垄断优势体现为企业的无形资产和技术能力，进而体现为使产品差异化的能力。尖端产品的差异化造成了垄断，使跨国公司能够保持产品市场的不完全竞争，并以自身能力来维持垄断优势。

总之，在不完全市场竞争环境中，企业为了获取竞争优势和垄断利益，就要发展国际经营；要保证国际经营的利益，就要控制国外企业；要控制国外企业，就要进行OFDI。这就是海默的思路。因此，跨国投资的动机就是利用企业垄断优势来实现利润最大化。

（2）内部化理论

把交易费用理论引入跨国公司研究中并用来解释企业为什么用直接投资的方式来实现国际扩张，促成了跨国公司内部化理论的产生。Buckley和Casson（1976，1985，1998，2002）、Rugman（1980，1981）、坎特威尔（2000）等的有关经典研究构成了交易费用视角的FDI理论。

内部化理论（Buckley & Casson，1976[⑤]；Rugman，1980[⑥]）认为，市场信息的不完全性和中间产品（尤其是专有技术、专利、管理及销售

---

① 金德尔伯格说："凡是通过许可交易不能获得技术优势全部租金的地方，就会采取直接投资。"

② JOHNSON H. The Efficiency and Welfare Implications of the International Corporations[M]. Cambridge, MA:MIT Press, 1970.

③ CAVES. International Corporations:the Industrial Economics of Foreign Investment[J]. Economica, 1971(38): 1-27.

④ CAVES. Causes of Direct Investment: Foreign Firms' Shares in Canadian and United Kingdom Manufacturing Industries[J]. Review of Economics and Statistics, 1974(56): 272-293.

⑤ BUCKLEY P J,CASSON MC. The Future of the Multinational Enterprise[M].London: Macmillan,1976.

⑥ RUGMAN A M. Internalization as a General Theory of Foreign Direct Investment:a Reappraisal of the Literature[J]. Weltwirtschaftliches Archiv, 1980,116(2), 365-379.

技术等信息与知识产品）价格的不确定性，造成市场交易成本过高。因此，跨国企业在共同控制和拥有所有权条件下，有内部转移中间产品、专有技术和金融资本的动机，通过建立海外分公司，将一些中间产品的生产和交易转入组织体系内部以降低交易成本。

内部化理论建立在三个假设的基础上：①企业在不完全市场上从事生产经营活动，目标是追求利润最大化；②当生产要素特别是中间产品市场不完全时，企业就有可能用内部市场来取代外部市场，统一管理经营活动；③当内部化跨越国界时，就产生了跨国公司。跨国公司通过中间产品市场内部化的方式消除了市场不完全竞争所造成的效率扭曲，外部交易边际成本等于内部协调成本决定了跨国公司的企业边界。正如Rugman（1980）所说："内部化就是将市场建立在公司内部的过程，以企业内部市场取代失效的外部市场，公司内部的调拨价格起着润滑内部市场的作用，使它能像固定的外部市场一样有效地发挥作用。"

企业实行市场内部化的动机与产品性质、市场结构密切相关。在众多中间产品中，企业对知识产品内部化的动机最强。知识产品的内部化既能降低交易成本，提高知识资产的使用效率，又能防止技术优势流失，维持企业垄断优势。坎特威尔（2000）认为知识产品内部化的收益远不止于节约交易成本，它还可以通过组织之间的内部交流学习将知识嵌入到企业的默会能力中。这种默会能力很难在外部市场中由卖方直接转移给买方，技术创造者却可以凭借它以较低的协调成本获得使用技术的超额利益。因此，通过知识产品内部化，跨国公司形成了如何更有效地使用知识产品的默会能力。

（3）国际生产折中理论

国际生产折中理论（The Eclectic Theory of International Production）是英国里丁大学的 Dunning 提出和倡导的。Dunning（1976）[1]在一篇题为"贸易、经济活动的区位与多国企业：折中方法探索"的论文中首次提到"折中"一词[2]。他在1981年的著作《国际生产

---

[1] DUNNING J H. Trade Location of Economic Activity and the Multinational Enterprise： a Search for an Eclectic Approach in the International Allocation of Economic Activity[M].London: Macmillan, 1977.
[2] 国际生产折中理论融合各理论的合理成分，试图对跨国公司的海外投资行为做出一个全面的解释。Dunning选择"折中"一词，旨在"集百家之长，熔众说于一炉"。

与跨国企业》[1]中系统地阐述了国际生产折中理论，该理论已经成为跨国公司FDI研究领域中最具影响力的理论之一。

第一，国际生产折中理论的主要内容。

国际生产折中理论认为，一个企业要进行对外直接投资，必须同时具有三个优势，即所有权优势（ownership-specific advantage）、区位优势（location-specific advantage）和内部化优势（internalization advantage）。因此，国际生产折中理论也被称为OLI范式。

①所有权优势是指一国企业能获得或拥有外国企业所没有或无法获得的资产及其所有权。这里所说的资产既包含有形资产（自然资源、劳动力、土地等），也包含无形资产（技术、专利权、商标权、管理技能等）。

②区位优势是指东道国特有的政治法律制度和经济市场条件。Dunning将区位优势分解为自然禀赋优势和投资环境优势。前者指自然赋予的区位资源，又被称为"李嘉图式禀赋"（Ricardian Type Endowments），包括自然资源、地理位置、人口、市场规模、收入水平、基础设施；后者是人为创造的区位优势，包括文化、法律、政治及制度环境、教育水平等。区位优势是国际生产折中理论的一个亮点，它突破了将对外直接投资动因分析仅限于厂商理论的基本范式，将地理区位及制度因素都纳入到跨国公司投资动因分析中。

③内部化优势是指企业在通过对外直接投资将其资产或所有权内部化过程中所拥有的优势。企业的资产转移有两种：一种是通过内部化形式转移给国外公司；另一种是通过外部化形式，即市场交易行为转移给国外公司。市场交易不仅增加了转让成本，还造成了交易的不确定性和不安全性。通过内部化，企业所得利益往往比外部化大得多，所以企业选择了对外直接投资，就具备了一定的内部化优势。

按照Dunning对OLI范式的描述，下述三个条件均得到满足时，企业将进行OFDI：①企业在供应某些特定市场时，拥有其他国家的企业所没有的所有权优势，这种优势产生额外的经济租。②当条件①得到满

① DUNNING J H. International Productionand the Multinational Enterprise[M].London:Allen & Unwin,1981.

足时，对拥有这些优势的企业而言，在企业内部使用这种优势比授权转让给其他企业更有利。换言之，企业将优势内部化比通过市场交易更有利。③如果上述两个条件得到满足，对企业而言，将这些优势与某一东道国的区位优势结合起来加以利用，获利最大；否则，企业可以选择以出口方式来供应海外市场。

第二，OLI 范式的拓展。

随着经济全球化的深入进行，OLI 范式的适用性遭遇挑战，Dunning（1988）[1]对 OLI 范式的内涵又做出新的解释。早期 OLI 范式主要是以框架结构形式表述的，相对于模型而言，理论框架缺少严密的推理过程，变量之间关系繁杂，甚至存在自相关或多重共线性。

Dunning（1988）将 OLI 范式模型化（如图 2-1 所示），这一模型在保持原有中间产品市场失灵假设基础上又多了两条假设，即造成中间产品的原因是要素禀赋分布差异和跨国公司转移资源的有效组织机制。这一模型的重点在于区分 OLI 变量的相互关系以及优势的来源，被Dunning 称为"国际生产的要素禀赋与市场失灵范式"。

也有学者批评这一理论是静态的，缺少动态分析。针对这一问题，Dunning 将跨国公司的所有权优势分为两个来源：资产优势 O_a——跨国经营前已经存在的交易协调优势、交易优势 O_t——跨国经营后由内部化优势派生出来的所有权优势，并把这两个因素引入 OLI 要素动态分析中，使国际生产的要素禀赋与市场失灵范式能够解释跨国公司战略行为的动态变化。Dunning 将策略变量整合进 OLI 范式，提出了动态 OLI模型。他认为，在给定的某一时点上，国际生产的方式、水平由 OLI 特性和公司对 OLI 特性的战略反应之间的交互作用决定。

假设在某一时点 t_0，某一企业的 OLI 要素特征是 OLI_{t_0}，S_{t-n} 表示企业过去战略产生的作用，$\Delta S_{t_0 \to t_1}$ 表示企业针对给定 OLI 结构发生的变化所做的战略调整，假定其他情况不变，t_1 的 OLI 特性为：

$$OLI_{t_1} = f(OLI_{t_0}, S_{t-n}, \Delta S_{t_0 \to t_1}) \qquad 2-1$$

① DUNNING J H. The Eclectic Paradigm of International Production:a Restatement and Some Possible Extensions [J]. Journal of International Business Studies,1988,19(1):2-5.

要素禀赋

政策　　　　系统

中间产品

O= 所有权优势
L= 区位优势
I= 内部化优势
O_a= 资产优势
O_t= 交易优势

不可流动性　　　可流动性

市场不完全

结构　　　　交易

进入壁垒　政府干预　空间差异　　外在性　规模经济　外部市场风险

运输成本
生产成本
关税壁垒
心理距离
投资优惠
其他

L　　　O_a　　　O_t　　　I

有效管理
产品质量控制
价格歧视
避免交易不确定性
保护知识产权
其他

市场准入　　　O　　　规模经济
商标　　　　　　　国际仲裁
其他

国家

发达—发展
大—小
产业化程度
其他

产业

高科技—低科技
创新—成熟
加工—装配
竞争—垄断
其他

企业

规模
年龄
战略
领导者—追随者
创新—模仿
其他

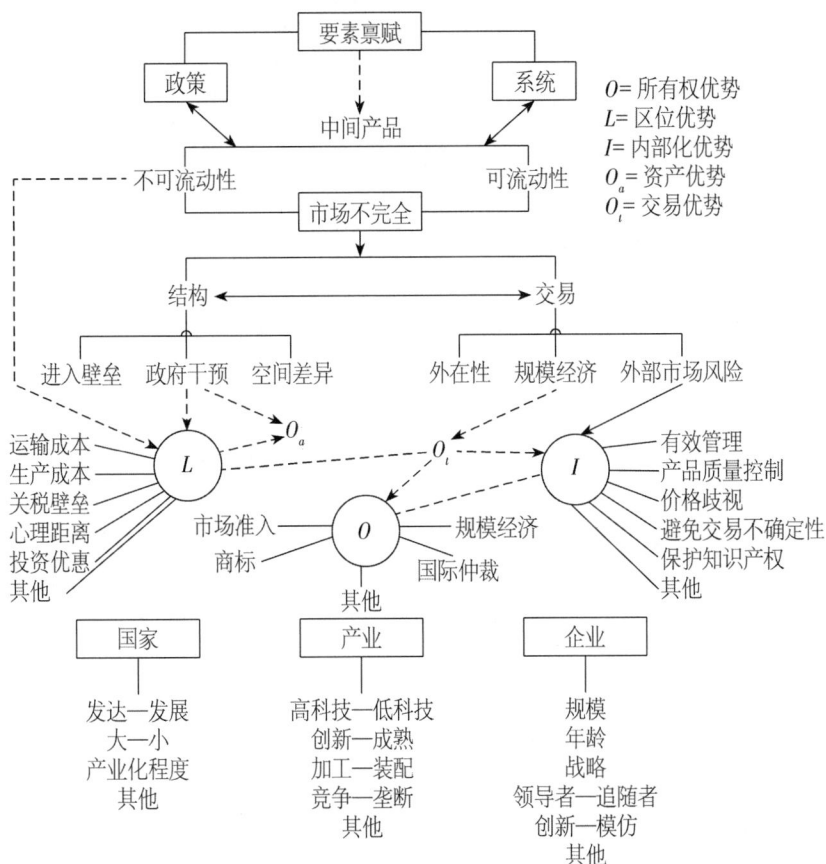

图 2-1　国际生产的要素禀赋与市场失灵范式

资料来源　DUNNING J H.The Eclectic Paradigm of International Production: a Restatement and Some Possible Extensions[J].Journal of International Business Studies，1988(Spring):1-31.

除战略反应外，还有其他内生变量，包括企业技术创新、劳动效率提高、营销策略创新等影响 OLI 特性，这些内生变量及其变化用 EN 和 ΔEN 来表示。另外，一些外生变量，如人口、原材料价格、汇率、政府政策等也会影响 OLI 特性，这些外生变量及其变化用 EX 和 ΔEX 来表示，（2-1）式可以改写为：

$$OLI_{t_1}=f(OLI_{t_0}, S_{t-n}, \Delta S_{t_0 \to t_1}, \Delta EN_{t_0 \to t_1}, \Delta EX_{t_0 \to t_1})$$

2-2

从（2-2）式可以看出，企业 OLI 特性处于动态变化中，过去的 OLI 特性、过去的战略、以后的战略调整、其他内生变量和外生变量都对 OLI

特性产生影响。可以说，动态化后的OLI模型比原模型更有理论意义。

概括而言，包括垄断优势理论、内部化理论、OLI范式等在内的传统跨国公司理论有以下重要观点：①企业进行对外直接投资之前需具备某种垄断优势，这些优势来源于企业排他性技术占有、营销和管理技能等资产；②企业对外直接投资是为了利用其垄断优势来获取超额利润或租金。传统跨国公司理论重点研究作为市场先行者（early-movers）的发达国家大型跨国公司的OFDI，试图从垄断优势、不完全市场和交易成本等角度对发达国家大型跨国公司的OFDI行为做出解释。这些理论也可以用来解释发展中国家对其他发展中国家的OFDI，但无法解释20世纪70年代以来蓬勃兴起的发展中国家对发达国家的逆向直接投资。

2.1.2 局部垄断优势理论

20世纪70年代初是发展中国家对外直接投资兴起的时期，被称作"第一波"投资浪潮，也带来了一波研究发展中国家OFDI的浪潮。与发达国家的老牌竞争对手相比，发展中国家跨国公司并不具有明显的竞争优势，甚至处于劣势，但是它们仍大举对外投资，不仅到其他发展中国家投资（称为"平行投资"），而且到技术更为先进的发达国家投资（称为"上行投资"）。这种并不具有明显优势的企业对外投资，对传统的以垄断优势为核心的跨国公司对外直接投资理论提出了挑战，而发展中国家跨国企业对外投资理论的出现和发展，正是对这一挑战的回应。本部分将对相关的发展中国家企业对外直接投资理论进行归纳和总结。

（1）小规模技术理论

针对发展中国家跨国公司的对外直接投资行为，美国哈佛大学教授Wells在其1977年的论文《发展中国家企业的国际化》中提出了"小规模技术理论"，并在1983年的专著《第三世界跨国公司》中对这一理论进行了更为详细的论述[①]。Wells认为，发展中国家跨国公司具有小规模生产的技术优势，这种优势的形成是与其母国市场特征紧密相关的。低收入国家市场的一个普遍特征是市场需求有限，大规模生产技术无法从

[①]　WELLSLT. Third World Multinationals:the Rise of Foreign Investments from Developing Countries[M]. Cambridge, MA: MIT Press,1983.

这种小市场需求中获得规模收益，许多发展中国家跨国公司正是因为开发了满足这种小市场需求的技术而获得竞争优势的。

Wells（1977）在对印度52家制造业跨国公司的调查中发现，绝大多数印度公司的生产技术是从国外进口的，几乎所有公司都对进口的技术进行了改造，以满足本国和其他发展中国家对小规模、差异化商品的需求。因此，发展中国家企业虽然不像发达国家企业那样具有绝对垄断优势，但是，它们具有局部垄断优势。这种优势主要来源于三个方面：拥有为小市场需要提供服务的小规模生产技术，发展中国家在民族产品的海外生产上具有优势，产品有低价营销优势。正是这些局部垄断优势，构成了发展中国家企业对外投资的基础。

Lecraw（1977）比较了在泰国投资的发达国家跨国公司与发展中国家跨国公司的特点，在一定程度上为Wells的小规模技术理论提供了佐证（见表2-1）。发达国家跨国公司在泰国的投资可以用国际贸易理论中的产品生命周期来解释，它们的投资目的是占有市场，这些市场原本是用出口方式来占有的。这些公司生产和出口新颖的、高质量的产品，并伴随着高营销和研发投入，因此这些产品以质取胜，对价格竞争并不敏感。发展中国家跨国公司在研发和营销能力上处于劣势，它们在泰国主要投资生产低价格、低成本、无差异性、不需要高营销能力的产品，利用其小规模技术，结合当地廉价的劳动力要素，生产技术含量低的成熟产品。

（2）技术地方化理论

英国经济学家、牛津大学教授Lall（1983）在《新跨国公司：第三世界企业的发展》①一书中用"技术地方化理论"来解释发展中国家对外直接投资行为，认为发展中国家企业的技术特征尽管表现为生产规模小、使用标准化技术和劳动密集型技术，但这种技术的形成往往包含着企业内在的创新活动，这种技术创新会使发展中国家企业的产品更适合那些与本国市场结构和收入相似的国外市场，从而为企业向相近收入水平国家投资带来竞争优势。Lall比较了发达国家跨国公司和发展中国家跨国公司竞争优势的来源（见表2-2），指出技术地方化和适应性是发展中国家跨国公司竞争优势的来源。与Wells的解释不同，Lall更强调

---

① LALLS. The New Multinationals: the Spread of Third World Enterprises[M]. Chichester: Wiley. 1983.

企业对技术的再生过程，即发展中国家跨国公司不是对引进技术进行简单模仿和复制，而是主动进行技术创新，使之更适应当地市场，属于二次创新，正是这种创新给企业带来新的竞争优势。

表 2-1　　　　　在泰国投资的发达国家跨国公司与
发展中国家跨国公司的比较

	发达国家跨国公司	发展中国家跨国公司
广告和销售费用在总销售额中的比重	8%	3%
管理成本在总销售额中的比重	14%	5%
产品质量（1表示最低，10表示最高）	9	8
原材料中进口部分所占比重	76%	39%
母公司专利费在总销售额中的比重	3%	0.2%
商业风险（1表示最低，10表示最高）	4.7	2.6
规模（以100作为平均数）	190	90
计划利润率	43%	65%
实际利润率	36%	54%
资本利用率	26%	48%

资料来源　LECRAW D T. Direct Investment by Firms from Less Developed Countries [J]. Oxford Economic Papers，New Series，1977，29(3):442-457.

表 2-2　　发达国家跨国公司与发展中国家跨国公司竞争优势的比较

发达国家跨国公司	发展中国家跨国公司
1.企业规模大	1.企业集团
2.靠近资本市场	2.技术适合第三世界供求条件
3.拥有专利和非专利技术	3.有时有产品差异
4.产品差异	4.营销技术
5.营销技巧	5.适合当地条件的管理技术
6.管理技术和组织优势	6.低成本投入，特别是管理和技术人员
7.低成本投入	7.血缘优势
8.对生产要素和产品市场的纵向控制	8.东道国政府的支持
9.东道国政府的支持	

资料来源　LALL S. The New Multinationals: the Spread of Third World Enterprises[M]. Chichester: Wiley. 1983.

（3）技术创新产业升级理论

坎特威尔和他的学生托兰惕诺（Tolentino）（1990，1993）[1]分析了发展中国家跨国公司对外直接投资的产业特征和地理特征，提出了"技术创新产业升级理论"。该理论重点考察发展中国家的技术变迁和技术积累过程，认为技术水平和技术能力的提升是发展中国家跨国公司对外直接投资的重要因素，而技术水平的提高又与发展中国家引进外国技术并消化、吸收、创新改造密切相关。随着发展中国家技术水平和技术能力的提高，其在某些领域具备了与发达国家竞争的能力。

托兰惕诺分析了发展中国家对外直接投资的地理扩散规律，分成三个步骤：第一步，也是关键的一步，向相邻国家或者文化接近、有较紧密商业联系的国家投资；第二步，向非临近的发展中国家投资，投资领域为比较简单的制造业和服务业；第三步，在产业高级化阶段，跨国公司将自身技术优势运用于复杂、高端的制造业和服务业，向距离遥远的发展中国家以及发达国家投资。总之，发展中国家可以通过技术积累和技术升级，向周边国家尤其是发展中国家进行成功的投资，并最终升级为向发达国家的逆向投资，遵循"周边国家—发展中国家—发达国家"的发展轨迹。

2.1.3 动态投资发展阶段论

一些学者从母国的经济发展阶段、动态比较优势变化等角度来解释企业的国际化。

（1）IDP理论

Dunning（1981）通过对1967—1978年全球67个国家经济发展阶段和对外直接投资关系进行研究，提出了"投资发展路径理论"（Investment Development Path，IDP）[2]。Dunning认为，伴随着经济发展和人均GNP的提高，一国对外净投资（net outward investment，NOI）将沿着某种特定的路径变化，先后经历四个发展阶段。1986

---

① CANTWELL,TOLENTINO. Technological Accumulation and Third World Multinationals [C]. （DiscussionPaper No. 139, Department of Economics）Berkshire：University of Reading,1990.
② DUNNING J H. Explaining the International Direct Investment Position of Countries: Towards a Dynamic or Developmental Approach [J]. Weltwirt Schaftliches Archir,1981(117):30-64.

年，Dunning又进一步提出了第五个发展阶段。IDP理论的主要思想是：一国对外净投资的发展水平取决于该国的经济发展阶段（人均GNP）以及与其相对应的该国所拥有的所有权优势、内部化优势和区位优势的变化（见图2-2）。

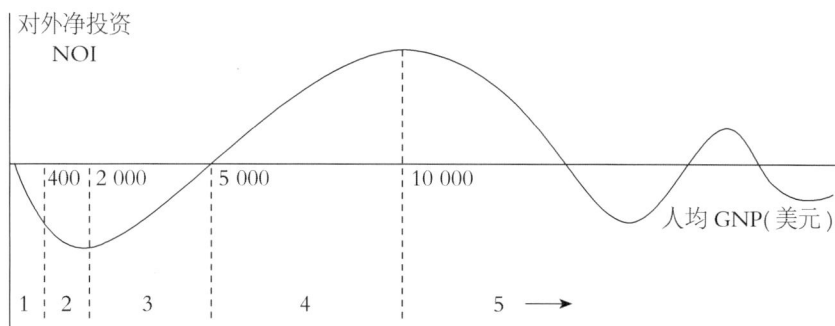

图 2-2　投资发展路径的五个阶段

根据人均GNP，Dunning区分了五个发展阶段：

第一阶段：人均GNP低于400美元。处于这一阶段的国家，经济发展落后，区位优势不足，除了个别拥有特殊自然资源的国家外，其他国家难以吸引FDI流入，而且没有FDI流出。

第二阶段：人均GNP处于400~2 000美元之间。处于这一阶段的国家，FDI流入有所增加，但FDI流出很少或者基本没有。

第三阶段：人均GNP处于2 000~5 000美元之间。处于这一阶段的国家，经济实力有了很大的提高，FDI流入迅速增长，FDI流出也达到较大规模。虽然FDI流入依然大于FDI流出，但两者差距在缩小，即NOI开始加速增长。

第四阶段：人均GNP处于5 000~10 000美元之间。处于这一阶段的国家，生产力已经达到较高水平，FDI流出的增速大于FDI流入的增速，NOI呈正数增长。

第五阶段：人均GNP超过1万美元。处于这一阶段的国家，NOI将围绕图2-2的横轴上下波动。一国的FDI流入和流出都将继续增长，此时出现了两个现代经济特有的新现象：第一，贸易越来越多地在科层制的跨国公司内部进行，而不是通过外部市场；第二，随着国家间产业能力趋同，国际投资也渐趋平衡。

IDP理论动态描述了对外直接投资与经济发展的关系，指出一国所有权优势、区位优势和内部化优势可以从国家、产业、企业三个层面分析。国家层面包括自然资源禀赋、劳动力素质、市场规模、产业政策等，产业层面包括产品和加工技术深度、产品差异程度、规模经济、市场结构等，企业层面包括生产规模、生产技术、企业创新能力、企业组织结构等。

（2）Uppsala国际化模型

20世纪70年代中期，一批北欧学者以企业行为理论为基础，提出了著名的企业国际化过程理论，也被称为"Uppsala国际化模型"。Uppsala大学的乔汉森和瓦尔尼（Johanson & Vahlne，1977[①]，1990[②]）研究了瑞典四家有代表性的制造业公司的国际化案例，发现这些企业在海外经营步骤上有惊人的相似之处。它们的国际化过程可以分成四个阶段，依次代表国际化程度的逐步提高。第一阶段，最初与国际市场的联系是从偶然的、零星的出口开始的；第二阶段，随着出口的增加，母公司掌握了更多的海外市场信息和联系渠道，出口市场开始通过国外代理商稳定下来；第三阶段，随着市场需求的增加和海外业务的扩大，母公司开始在海外建立自己的销售子公司；第四阶段，当市场成熟后，母公司开始在海外建立生产基地，当地生产、当地销售。

乔汉森和瓦尔尼基于对瑞典跨国公司国际化的经验数据，指出企业利润最大化是企业国际化的根本动力。由于瑞典国内市场狭小、资源短缺以及影响企业发展的其他原因，企业不得不把目光扩展到全球并开展国际化经营。"干中学"是企业获取市场知识的唯一途径。市场知识包括两部分：一部分是一般的企业经营知识和技术，另一部分是关于具体市场的知识和经验。决策者市场知识的多寡直接影响海外经营决策，因此，海外经营经验决定海外经营活动，即早期学到的知识和能力对后期的对外直接投资有根本影响（见图2-3）。

---

① JOHANSON J, VAHLNE J E. The Internationalization Process of the Firm—a Model of Knowledge Development and Increasing Foreign Commitment[J]. Journal of International Business Studies, 1977,8(2):23-32.
② JOHANSON J, VAHLNE J E. The Mechanism of Internationalization[J]. International Marketing Review,1990 ,7(4):11-24.

图 2-3　Uppsala 国际化模型

北欧学者用心理距离（psychic distance）[1]来分析企业投资海外市场的先后顺序。早期积累的市场经验可能会改变企业的心理距离，让企业首先选择心理距离近的国家投资，而不一定是地理距离近的国家。根据Uppsala 国际化模型，企业的国际化成长体现在两个方面：一是海外市场范围扩大的地理顺序，通常是本地市场、地区市场、全国市场、海外相邻市场、全球市场；二是进入海外市场方式不断深化，最常见的方式是从间接出口到直接出口，再到建立海外销售分支机构，最终实现海外生产制造。

（3）投资发展一体化理论

日本学者小泽辉智（Ozawa，1992）提出了"投资发展一体化理论"[2]。该理论把一国的经济发展、比较优势和内外向 FDI 作为相互作用的三个因素结合于一体进行分析，试图动态解释经济发展到一定阶段时，发展中国家如何建立自己的跨国公司来实现产业升级和经济转型。小泽辉智认为各国经济发展水平具有科层等级结构，这对各国经济都十分重要。欠发达国家拥有赶超机会，发达国家拥有跨国转移知识与技术的机会。小泽辉智以日本经济为例，提出了 FDI 模式选择的问题。他认为 FDI 模式选择应将国家现有和潜在的比较优势激发出来，并达到最大化，因此，发展中国家 FDI 模式必须与本国的工业化战略结合起来。

从国家层面来讲，发展中国家 FDI 会经历四个连续的阶段：第一阶段为吸引外国投资阶段；第二阶段为输入 FDI（inward-FDI）到输出 FDI（outward-FDI）的转型阶段；第三阶段为从劳动力导向型 FDI 向技术导向型、贸易支持型 FDI 过渡；第四阶段是资本密集型输入 FDI 和

① 心理距离是指由企业对市场熟悉程度、信息来源网络的完善程度所决定的一种市场评价。比如，一些发达国家偏好对原殖民地投资，就受心理距离因素的影响，实际上它们之间的地理距离往往是非常遥远的。
② OZAWA.Foreign Direct Investment and Economic Development [J]. Transnational Corporations, 1992, 1(1):27-54.

资源导向型输出 FDI 同时并存阶段。小泽辉智把跨国公司对经济增长的推动作用与对外开放理论结合起来，强调发展中国家的经济发展会改变本国要素禀赋和比较优势，推动企业跨国经营；跨国经营反过来又会提升企业的竞争力，让相关企业成长为国际领先企业。

部分中国学者也尝试对发展中国家 FDI 问题进行研究，并提出了对外投资发展阶段论。吴彬和黄韬（1997）[①]提出"两阶段模式"论。他们认为，企业可以同时在国内和国外两个市场进行生产经营活动，目的是实现综合收益最大化。基于此，即使企业在海外的投资无利可图甚至出现亏损，只要这一投资使企业在母国市场或者第三国市场的收益增加，进而总收益得以增加，对外直接投资就是可行的。实际上，发展中国家对外直接投资通常要先经历"经验获得阶段"（第一阶段），然后在积累国际化的经验、提高海外经营能力后，才会进入"利润攫取阶段"（第二阶段）。

冼国明和杨锐（1998）[②]把发展中国家对外直接投资分为两种：FDI-Ⅰ（对发达国家的投资）和 FDI-Ⅱ（对其他发展中国家的投资）。他们认为，FDI-Ⅰ 是一种学习型投资，其目的在于获得发达国家的技术、知识、管理经验等。FDI-Ⅱ 是竞争策略型投资，主要目的是盈利。FDI-Ⅰ 可以理解为企业通过 t 时刻的策略 FDI_t（学习型）加强技术累积的速度和效果，以增加 $t+1$ 时刻的所有权优势。FDI-Ⅱ 可以理解为发展中国家企业基于 $t+1$ 时刻的所有权优势 O_{t+1}，通过 $t+1$ 时刻的策略 FDI_{t+1}（竞争策略型），巩固 $t+2$ 时刻的 OLI 结构和市场份额。也就是说，发展中国家（企业）为获得有利的国际分工地位，可以在 $[0, t+1]$ 时期采取学习型 FDI 策略，在 $[t+1, +\infty]$ 时期采取策略竞争型 FDI 策略。当技术差距小于某个特定的 $\bar{G}$ 时，即 $t \in [t+1, +\infty]$，FDI-Ⅰ 开始向 FDI-Ⅱ 转换。

庞明川（2009）[③]提出发展中国家 FDI 的三种模式：学习型（FDI-Ⅰ）、竞争策略型（FDI-Ⅱ）和市场势力型（FDI-Ⅲ），分别代表从低

① 吴彬,黄韬.二阶段理论:外商直接投资新的分析模型[J].经济研究,1997(7):25-31.
② 冼国明,杨锐.技术累积、竞争策略与发展中国家对外直接投资[J].经济研究,1998(11):56-63.
③ 庞明川.技术追随、策略互动与市场势力:发展中国家的对外直接投资经济研究,[J].财贸经济,2009(12):99-104.

阶向高阶的发展演进过程。实证分析表明：大多数发展中国家的对外直接投资已度过初期的学习型 FDI 阶段，正处于学习型 FDI 与竞争策略型 FDI 混合阶段，极少数发展中国家的跨国公司正酝酿进入更高级别的市场势力型 FDI 阶段。随着经济的发展，发展中国家的一些企业通过技术追随与累积已逐步获得特定优势，即所有权优势，当存在内部化动因和适宜的区位优势时，发展中国家企业开始从事对外直接投资，实现跨国经营，并在国际市场上与发达国家、其他发展中国家的跨国公司展开激烈竞争。

2.2　资源基础理论

资源基础理论（Resource-based View，RBV）在战略管理文献中较为常见。从 20 世纪 90 年代起，资源基础理论被国际商务研究领域的学者们接受和采纳，并被应用于 FDI 的研究中。资源基础理论的一个突出特点是重视对于企业异质性资源的研究，从企业内部来找寻竞争力差异的根源。因此，运用这一理论可以深入分析发展中国家跨国公司的异质性资源，如市场的异质性、资源禀赋和文化的异质性、企业家才能的异质性、特色制度的异质性等。异质性资源的形成机制及对企业国际化的影响为发展中国家 OFDI 理论的研究提供了新的视角。

2.2.1　资源基础理论的产生与发展

狭义的资源基础理论是由彭罗斯（Penrose，1959）开创、沃纳菲尔特（Wernerfelt，1984）加以发展的，广义的资源基础理论则包括企业能力论（Barney，1991）、核心竞争论（Prahalad & Hamel，1990）、动态能力论（Teece，Pisano & Shuen，1997）、知识资源论（Kogut & Zander，1993；Spender & Grant，1996）等。总体而言，这些理论都是以资源、能力作为核心概念来分析企业的非均衡增长的。一般认为，沃纳菲尔特 1984 年发表的经典论文《企业资源基础论》（A Resource-based View of the Firm）标志着资源基础理论正式形成。该文与巴尼 1991 年发表的论文《企业资源与持久竞争优势》（Firm Resources and

Sustained Competitive Advantage）一起，被认为是继彭罗斯之后最重要的两篇资源基础理论文献。

（1）资源与战略性资产

彭罗斯（1959）写的《企业成长理论》[①]一书主要从三个方面奠定了资源基础理论的基本思想。首先，彭罗斯对企业的性质进行了探讨，认为企业是生产资料的集合体，生产资料包含有形资产（工厂、装备、土地、原材料等）和人力资源（工人、管理、财务、法律、技术等）。其次，彭罗斯认识到由于资源的不可分割性、资源间的不平衡性以及知识和能力的有限性，企业总是存在未被利用的资源，而未被利用资源的再利用是企业成长的原因。最后，彭罗斯基于前面两点回答了"企业如何成长"这一重要问题，认为企业内在因素决定企业成长，企业成长是企业有效协调其资源和管理职能的结果，是不断挖掘未被充分利用资源的动态过程。

沃纳菲尔特（1984）正式提出了"资源基础观"[②]，认为资源是指任何与企业优劣势有关联的有形和无形资产，包括品牌、内部技术、熟练技工、贸易合同、机械设备、有效的流程管理和资本等。企业通过鉴别和获得所需的关键资源来取得高于正常回报的利润。关键资源则指生产能力、客户忠诚、生产经验、领先技术等。沃纳菲尔特随后提出"资源–产品"矩阵，用于分析和解释企业的多元化战略行为。对于采取多元化战略的企业，一个非常重要的问题是如何实现在利用现有资源和发展新资源之间的合理均衡，而并购是利用现有资源并发展新资源的一种有效途径。

巴尼（1991）则把企业资源定义为"一个企业所控制并使其能够制定和执行改进效率和效能之战略的所有资产、能力、组织过程、企业特性、信息和知识等"[③]，主要有三类：物质资本资源（physical capital resource）、人力资本资源（human capital resource）和组织资本资源（organizational capital resource）。巴尼进一步强调，并非所有的企业资源

① 彭罗斯.企业成长理论[M].赵晓，译.上海:上海三联书店,2007.
② WERNERFELT B. A Resource-based View of the Firm[J].Strategic Management , 1984, 5 (2): 171–180.
③ BARNEY.Firm Resources and Sustained Competitive Advantage [J]. Journal of Management, 1991,17(1):99–120.

都能形成竞争优势，具有形成竞争优势潜力的企业资源必须具备三个特征：首先，这种资源对于企业利用机会、减少环境中的威胁是有价值的；其次，这种资源在企业目前和潜在的竞争对手中是少有的；最后，这种资源不能被完全模仿。

企业特殊资源被认为是企业跨越国界，在世界范围内进行投资或经营活动的最基本要件。马库森（James R. Markusen）把它称为企业特定资产（firm-specific assets）。这些资产主要指无形资产，包括技术优势、规模优势、组织管理优势和融资便利优势等。Amit 和 Schoemaker（1993）将企业资源与产业组织理论结合在一起，提出了"战略性资产"（strategic assets）的概念。它是指难以通过贸易和模仿获得的、稀缺的、特殊的并且能够成为企业竞争优势的资源和能力，如专有技术能力、品牌管理能力、对分销渠道的控制能力、营销与管理能力等（如图2-4所示）。拥有战略性资产的企业会比其他企业获得更多的经济租。Markides 和 Williamson（1994）强调，企业的一般资产，尤其是实物资产，其收益遵循边际收益递减规律，但战略性资产的一个突出特点就是遵循边际收益递增规律，这是企业能够从一个生产函数跃升到新的生产函数的根本原因。

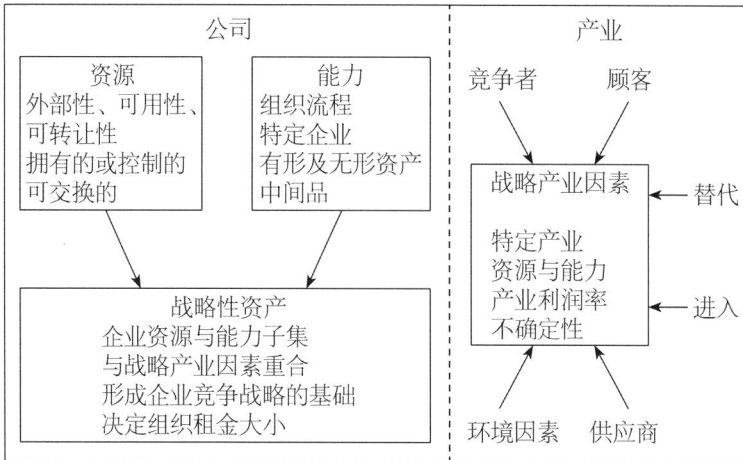

图 2-4　战略性资产

资料来源　AMIT R，SCHOEMAKER P J H. Strategic Assets and Organizational Rent[J].Strategie Management Journal，1993，14(1): 33-46.

（2）能力、核心能力与动态能力观

企业仅仅拥有资源优势是不够的，还需要拥有某种特殊能力（capacity）来更好地利用这些资源。Grant（1996）[①]认为资源与能力之间存在重大差别，就资源本身而言，很少是可生产的，资源的生产需要不同组合资源间的合作和协调。这种组合资源来完成某项活动的组织流程和手段就是能力。Amit 和 Schoemaker（1993）[②]认为企业为达到特定的目标对资源进行配置的能力，是企业独特的、基于信息的、有形或无形的管理过程，这种能力能够随着企业资源间的复杂作用而发展，可以被抽象地视为企业产生的以提高其资源生产率、战略灵活性和保护最终产品或服务的"中间产品"。

资源是企业能力的基础，而能力是企业竞争优势的基础。普拉哈拉德和哈默尔（Prahalad & Hamel，1990）提出了"核心能力"（core competence）的定义，它是"通过组织的共同学习而知道怎样协调多种多样的生产技能以及使不同系列的技术一体化的能力"[③]。核心能力被认为是通过组织的群体性学习积累起来的特定专长，这种专长包括企业的技术能力和组织能力。与企业外部条件相比，内部条件对于企业占据市场竞争优势具有决定性作用。企业内部能力、资源和知识的积累是解释企业获得超额收益和保持市场地位的基石，是企业生存和成长的最基本单元，是企业生命体的基因。核心能力论强调企业能力的路径依赖和演化，在产业格局发生重大变化的时候，核心能力能够随之发生变化；否则，企业的竞争优势就可能丧失。新兴企业也可以凭借自身核心能力与产业方向的一致性确立在竞争中的优势地位。

Teece、Pisano 和 Shuen（1997）提出的"动态能力"（dynamic capabilities）框架分析了企业在技术快速变革背景下财富的获取和创造模式[④]。他们认为，在技术快速变革的背景下，企业拥有的资产并不足

---

① GRANT R M. Toward a Knowledge-based Theory of the Firm[J]. Strategic Management Journal, 1996(17):109-122.
② AMIT，SCHOEMAKER. Strategic Assets and Organizational Rent[J].Strategie Management Journal, 1993,14(1): 33-46.
③ PRAHALAD,HAMEL.The Core Competence of the Corporation[J].Harvard Business Review, 1990(3-6):79-91.
④ TEECE,PISANO,SHUEN . Dynamic Capabilities and Strategic Management[J]. Strategic Management Journal, 1997,18(7):509-533.

以维持其竞争地位，全球市场竞争的胜利者通常还拥有更快的反应能力、产品创新能力和灵活组织协调内外部资源的能力，这就是"动态能力"。其中，"动态"强调更新能力与变化的商业环境的一致性，"能力"则是调整、整合、配置内外部技能、资源和职能以满足变化的商业环境的要求。Teece等（1997）认为，企业竞争优势的形成主要依赖三个方面：①组织和管理流程（managerial and organizational processes），指企业内部的流程管理模式，包括企业惯例、执行和学习方式等。②资产位势（asset position），即企业内外的资源优势。内部资源指企业明确可使用的资源，如财务资产、技术资产、名誉资产和结构资产等，外部资源指企业的外部市场结构资产。③路径（path），指决定企业发展方向的路径依赖和技术机会。一家企业可以走多远，依赖于它当前的路径和对这些路径的修正力量。

（3）知识资源观

知识可以划分为隐性知识和显性知识（Nonaka，1994；Nonaka，1995；Grant，1996），也可以划分为信息和诀窍。Kogut和Zander（1993）[1]、Spender和Grant（1996）[2]把企业看作一个知识的独特集合体，蕴藏在企业组织或组织层次的社会知识或集体知识是企业长期竞争优势的源泉，尤其是隐性知识。在不同任务环境、具有不同的成长路径以及不同的组织文化的企业所产生的隐性知识，完全嵌入到员工个人身上，根植于企业的实践和经验之中，从而有助于企业获得并维持竞争优势。

新古典经济学认为知识是公共物品，可以无成本地传播和转移，所以知识本身并不影响转移的进程，企业要做的是知识保密，避免溢出造成知识使用的负外部性。Rugman（1980）说"跨国公司销售自有的知识产品时，缺乏合适的市场，也没有价格。跨国公司被迫通过内部市场的建立来使用知识产品，从而克服外部市场的不完全性"。而Kogut和Zander（1993）认为，跨国公司实质上并不是知识产品销售市场失灵的产物，而是一个有效实现知识跨国界使用的组织工具。企业就是一个致力于知识的创造和内部转让的社会组织。

---

[1] KOGUT B, ZANDER U. Knowledge of the Firm and the Evolutionary Theory of the Multinational Corporation[J]. Journal of International Business Studies, 1993,24(4):625-645.

[2] SPENDER, GRANT. Knowledge and the Firm: Overview[J]. Strategic Management Journal, 1996(17):5-9.

Grant（1996）结合知识管理、组织学习、创新管理等相关理论基础，以专用分组交换机制造公司为例，提出了一个基于知识整合的组织能力模型。该模型的底层是由组织成员掌握的专业知识。整合过程首先是通过专业任务对这些专业知识进行整合，形成单一业务能力；然后，单一业务能力通过整合成为职能能力，如营销、制造、研发和财务等能力；最后，在更高层次上对职能能力进行整合，形成跨职能的能力，如新产品开发等。

信息类的明晰知识是很容易转移的，但一些默会性知识，如管理诀窍、经验、设备操作技巧等是很难编码、不容易传播的。薛求知和关涛（2006）[①]认为，知识默会性、嵌入性以及知识转移工具的使用影响跨国公司内部知识转移效果。他们构建了一个包含知识特性、转移工具和知识跨国界转移效果的知识转移过程模型，并进行了相应的实证研究。结果表明：知识的默会性、简单嵌入性、初级转移工具对知识从国外母公司向中国子公司的跨国界转移起到了显著的直接作用，而高级转移工具对默会性起到了部分中介作用，对关系嵌入变量起到了完全中介作用。

总之，资源基础理论揭示了资源、能力、核心能力与企业竞争优势之间的复杂关系。企业资源是一个范围广泛的概念，包括资产（狭义资源）、能力与核心能力、知识资源等。其中，能力与核心能力本质上是一种显性或隐性知识，是连接资源（投入）和竞争优势（产出）的中间处理过程。企业资源的价值性、稀缺性、不完全模仿性与不可替代性越强，它们创造持久竞争优势的潜力就越大。因此，企业就是一个利用资源创造财富的综合体。

2.2.2　资源基础理论对发展中国家 OFDI 的解释

近年来，资源基础理论成为研究企业国际化问题的一个重要理论基础。这一理论认为，战略性资源由于其高价值、稀缺性、不易模仿和不易替代性，成为一个企业可持续竞争优势的主要来源。资源基础理论与所有权优势的本质是一致的，两者都强调企业只有拥有这些资源，如先

---

①　薛求知,关涛.跨国公司知识转移:知识特性与转移工具研究[J].管理科学学报,2006(12):64-72.

进技术、组织管理能力、营销能力等，才能降低跨国投资所带来的高成本和高风险，更好地开展跨国经营。

（1）资源利用说（asset-exploitation）

资源基础理论把企业海外扩张看作企业利用已有资源在海外市场寻租的结果。将企业异质性资源转向海外，有助于企业降低海外市场由于复杂的经营环境所导致的高成本和高风险，实现规模经济和范围经济。

Kogut 和 Zander（1993）[①]通过问卷方式调查企业跨越国界转让新产品生产技术的模式，是转让给海外子公司还是转让给其他公司？结果显示：当技术越复杂、越难以传授时，技术越容易在母公司和海外子公司之间内部转移。这一研究结果表明：跨国公司OFDI的决定取决于知识在内部转移和外部转移相对效率的比较，而与市场失灵无关。跨国公司本质上是一个将知识产品跨国界内部转让的组织工具。

Markusen（1998）[②]在允许总部和实际生产活动之间具有不同要素密集度的前提下，把垂直型国际直接投资理论和水平型国际直接投资理论纳入到统一的分析框架内，建立了对外直接投资的知识资本模型。在该模型中，知识资本是跨国公司总部所创造的各类知识性资产的总称，包括研发、管理、营销、财务等总部行为。企业既可以选择多工厂水平化的生产（HFDI），也可以选择总部和唯一工厂地域上的垂直化分割（VFDI）。企业的决策过程遵循两阶段博弈：第一阶段，企业决定总部的区位和工厂数目，选择水平型FDI还是垂直型FDI；第二阶段，根据同质产品古诺竞争模型决定企业的产量。知识资本的不同特性决定跨国公司的类型，当市场条件不同时企业会选择不同的FDI模式和生产经营模式。

（2）资源寻求说（asset-seeking）

一些学者（Kogut & Chang，1991；Lecraw，1993；Dunning，1995；Almeida，1996；Kumar，1998；Moon & Roehl，2001；Child & Rodrigues，2005；Mathews，2006）认为，从事海外投资的企业并不仅仅是为了充分利用现有的资源和能力，也是为了探索和寻求新资源和新

---

① KOGUT B, ZANDER U. Knowledge of the Firm and the Evolutionary Theory of the Multinational Corporation[J]. Journal of International Business Studies, 1993,24(4):625-645.
② MARKUSEN J R. Multinational Firms,Location and Trade[J]. World Economy, 1998,21(6): 733-756.

能力。Moon 和 Roehl（2001）[①]将彭罗斯（1956，1959）提出的"资产不平衡理论"拓展到 FDI 领域，用来解释发展中国家跨国公司的 OFDI 行为。该理论认为发展中国家跨国公司的 OFDI 一方面是为了扭转在市场竞争中的不利地位或在资产上的不平衡性，寻求互补性资产，从而弥补其所有权劣势，促进资产平衡；另一方面是为了巩固现有所有权优势或创造新的所有权优势，提高企业国际竞争力。因此，OFDI 是处于相对劣势的企业弥补其所有权劣势、培育竞争优势的有效途径。

从资源寻求视角可以更好地理解跨国直接投资的"战略资产寻求"动因，即企业希望通过跨国直接投资获取新的战略资产，或者希望把在东道国得到的某些资源转移到国内，以消除母公司的竞争劣势（Child & Rodrigues，2005）[②]。Dunning（1998）认为发展中国家企业在政府支持下的对外直接投资不仅是利用所有权优势的过程，而且是获取、保持和扩展新竞争优势的过程。新优势的来源就是通过 OFDI 从发达国家获取的战略资产，这种资产往往比企业自身优势更有利于母国的产业升级。Driffield 和 Love（2003[③]，2009[④]）利用英国制造业的面板数据证明了技术寻求型 OFDI 逆向技术溢出效应的存在，并指出国际技术溢出集中于研究密集型行业，溢出效应的大小则取决于产业的空间集中度。刘志彪（2009）[⑤]探讨了中国通过 OFDI 获取技术溢出的必要性，认为处于国际代工低端地位的中国企业很难通过代工链中的学习过程提升自己独立研发的能力，通过 FDI 收购国外同行业中的某些上市公司，以获取这些公司所拥有的技术能力，对提高自主研发能力有重要作用。

美国是当今世界科技最先进的国家，也因此成为其他国家跨国公司开展技术寻求型 OFDI 的重要东道国。Kogut 和 Chang（1991）[⑥]考察了日本企业对美国直接投资的动因，是资产利用还是技术寻求？结果表

---

① MOON, ROEHL . Unconventional Foreign Direct Investment and the Imbalance Theory [J]. International Business Review, 2001,10(2):197–215.
② CHILD J, RODRIGUES S.The Internationalization of Chinese Firms:a Case for Theoretical Extension[J]. Management and Organization Review,2005,1(3):381–410.
③ DRIFFIELD ,LOVE .Foreign Direct Investment, Technology Souring and Reverse Spillovers [J]. The Manchester School, 2003,71(6):659–672.
④ DRIFFIELD , LOVE, Taylor.Productivity and Labour Demand Effects of Inward and Outward Foreign Direct Invest and on UK Industry[J]. The Manchester School , 2009,77(2):171–203.
⑤ 刘志彪. 国际外包视角下我国产业升级问题的思考[J]. 中国经济问题,2009 (1):6–15.
⑥ KOGUT,CHANG .Technological Capabilities and Japanese Foreign Direct Investment in the United States [J].The Manchester School, 1991,73(3):401–413.

明：日本对美国的直接投资主要集中于技术密集型产业，大多以合资企业的方式，从而使日本公司能够有效地分享和学习到美国合资者的技术能力。Almeida（1996）[1]研究了美国半导体产业的国外投资情况，发现外国企业对本地专利的引用次数明显高于本土企业，呈现出很强的技术寻求动因。Shan 和 Song（1997）[2]在对美国生物科技产业的研究中也发现了类似的证据，具有较高技术能力的本土企业往往更容易成为国外企业股权投资的目标，这些外国企业通过并购高水平的美国生物科技企业，来获取包含在企业技术优势中的国家特定优势。Branstette（2006）[3]利用原始的微观企业面板数据研究日本跨国公司在美国投资的知识溢出情况，结果表明：OFDI 是日本企业从美国获取知识溢出的重要媒介，OFDI 增加了日本企业知识外溢的流入和流出量。

2.3 产业基础理论

2.3.1 产业基础理论的产生与发展

产业组织学作为经济学科的一个分支，在 1941 年被美国经济学会承认，哈佛大学梅森教授（Edward S. Mason）及其学生们在这一领域做出了杰出贡献。梅森提出了产业组织理论体系和研究方向，他的学生贝恩（Bain，1959）出版了第一部系统论述产业组织理论的教科书《产业组织》，核心内容就是著名的结构-行为-绩效分析范式（Structure-Conduct-Performance，SCP）。这一范式把产业作为一个分析单位，利用所观察到的产业的各个特征，对产业中的企业行为做出分析和预测。SCP 范式的基本要义在于强调市场结构是企业行为的决定因素，而在一个给定的市场结构中，企业行为又是市场绩效的决定因素。SCP 范式奠定了现代意义上的产业组织理论体系[4]。1970 年谢勒（Scherer F.M.）的

① ALMEIDA. Knowledge Sourcing by Foreign Multinationals: Patent Citation Analysis in the US Semiconductor Industry （Winter special issue）[J].Strategic Management Journal, 1996(17):155-165.
② SHAN, SONG. Foreign Direct Investment and the Sourcing of Technological Advantage: Evidence from the Biotechnology Industry[J].Journal of International Business Studies, 1997,28 (2):237-284.
③ BRANSTETTER. Is Foreign Direct Investment a Channel of Knowledge Spillovers? Evidence from Japan's FDI in the United States[J].Journal of International Economics, 2006,68(2): 325-344.
④ 以梅森、贝恩为代表的现代主流产业组织理论的开创性研究基本是以哈佛大学为中心展开的，因此这一学派被称为产业组织理论的"哈佛学派"。

《产业市场结构和经济绩效》进一步完善了产业组织理论，至此，SCP
范式得到系统、完整的阐释。

20世纪70年代之后，以分析企业策略性行为为主旨的、与以往根
本不同的产业组织理论出现了，它被称为新产业组织理论。其标志性著
作是斯蒂格勒（Stigler，1968）的《产业组织》。旧产业组织理论没有考
虑到企业之间的策略性行为的相互影响，这成为其固有的一大缺陷。而
新产业组织理论研究竞争对手之间的依赖性以及竞争对手的反应、行为
选择的相互影响和相互依赖。其实，市场结构以及产业特点只是影响企
业行为选择的部分因素，企业之间的策略性行为的相互影响是决定企业
行为选择的更为重要的因素，因此，博弈论被广泛用于分析企业间的策
略性行为及选择。

在国际商务领域，博弈论也被广泛用来分析市场领导者和追随者之间
的策略性行为的影响。在吸收寡占反应研究成果的基础上，Graham
（1990）创建两国双寡头垄断模型，提出并论证交换威胁战略导致企业对
外直接投资。在无限重复博弈过程中，只要一个寡头进行对外投资，则其
隐性串谋——子博弈精炼纳什均衡被打破，另一寡头必然进入对方母国开
展直接投资，实施交换威胁战略，以报复竞争对手的不合作。从Graham
的研究结论可推出，对外直接投资可能与企业的技术水平高低无关，纯粹
是国际寡头争夺市场的一种战略。即使企业缺乏特定优势，国际垄断寡头
之间策略竞争的结果也可能导致对外投资的发生。Fosfuri和Motta
（1999）[1]通过构建两国双寡头古诺模型论证技术溢出对技术水平不同企业
国际化决策的影响。技术领先企业选择出口方式，放弃FDI方式；技术落
后企业选择FDI方式，代替出口方式。Petit和Sanna-Randaccio（2000）[2]
构建国际寡头竞争模型来研究R&D活动对企业对外直接投资的影响，寡
头博弈均衡的结果是：R&D强度大且R&D活动效率高的企业选择对外直
接投资，而R&D强度小且R&D活动效率低的企业选择出口。随着R&D
费用的增加与R&D活动效率的提升，企业进行OFDI的可能性增大。

　　① FOSFURI, MOTTA. Multinationals without Advantages[J].Scand. J. of Economics，1999，101(4):617-630.
　　② PETIT,SANNA- RANDACCIO.Endogenous R&D and Foreign Direct Investment in International Oligopolies [J].International Journal of Industrial Organization, 2000(2):339-367.

波特（Porter，1990）[1]基于产业分析提出了竞争优势理论，指出国家竞争发展的四个阶段：要素驱动阶段、投资驱动阶段、创新驱动阶段、财富驱动阶段。其中，处于创新驱动阶段的企业，凭借高技能水平和先进技术能力取得了生产优势。这些企业开始仅服务于国内市场，但随着企业的发展，它们开始在全球范围内竞争。根据波特的观点，竞争优势是动态变化的。在前三个阶段，国家竞争优势不断加强，第四个阶段则是竞争优势渐渐走向衰落的阶段。他强调，一国要在全球竞争中战胜对手，国内需要激烈的竞争。激烈的竞争一方面促使企业进行海外直接投资，另一方面又为企业在国际竞争中获胜创造条件。由此可见，国家竞争优势的获取是与激烈的市场竞争紧密相连的，激烈的竞争是国家竞争优势不断加强的动力。

2.3.2　产业基础理论对发展中国家 OFDI 的解释

（1）产业转移说

工业发展是一个动态比较优势变化的过程。当一国的资源供给或产品需求条件发生变化时，某些产业就会从该国转移到别的国家，这就是产业的国际转移。而跨国公司寻找合适的生产区位的过程，就是 OFDI 的过程。产业国际转移的实质是企业为了应对变化了的要素条件而进行地理区位再调整的过程，是国际分工深化的结果。

产业转移有助于维持母国工业创新领先地位。发达国家由于技术持续创新、产业结构高级化和人均 GDP 提高，其国内要素条件发生了改变。此时，它需要通过 OFDI 或外包转移其中的劣势生产环节，保留和专注于核心和关键的生产环节，从而将竞争力建立在动态比较优势的基础上。Vernon（1966）[2]从产品生命周期角度来解释比较优势的变化和企业的对外直接投资行为，指出新产品最初产生于高收入国家，尤其是20世纪五六十年代的美国，然后向世界其他国家扩散，先是次发达国家，最后是发展中国家。在产品处于成熟阶段或标准化阶段时，发达国家跨国公司就开始对外直接投资。对外投资行为使母公司可以将有效资源集中于新技术和新产品研发，使发达国家保持在产品生产周期中的创新国

① PORTER. The Competitive Advantage of Nations[M]. New York: Free Press,1990.
② VERNON R. International Investment and International Trade in the Product Cycle[J]. Quarterly Journal of Economics,1966,80 (5):190–207.

地位。阿瑟·刘易斯（1978）[①]提出了"劳动密集型产业转移论"，解释了第二次世界大战后，发达国家由于人口自然增长率下降和非熟练劳动力供给不足，引起劳动力成本上升，促使其通过 OFDI 将某些劳动密集型产业转移到发展中国家。该理论同时也阐明了发达国家向发展中国家转移劳动密集型产业的行为有助于本国产业结构升级。Lipsey（2002）[②]基于对美国跨国公司的分析指出，美国跨国公司将劳动密集型产业转移到海外其他国家去，而在母国集中发展资本密集型或技术密集型产业。

分工是经济增长的源泉，而产业转移是实现空间分工的重要途径。小岛清（1978）[③]以要素禀赋论为基础提出了"边际产业扩张"理论。他指出对外直接投资是向东道国传播资本、经营能力、技术知识等经营资源的综合体，从投资国已经或即将处于比较劣势的产业（marginal industries，边际产业）开始，向具有比较优势或具有潜在比较优势的东道国转移，这种边际产业的国际转移为国内优势产业发展提供了空间和资源。类似的观点也见于小泽辉智（1979），他认为20世纪70年代的日本面临工业化发展陷阱（Ricardo-Hicksian Trap），必须将不适合国内生产的衰退产业向海外转移，而那些从衰退产业中退出的生产要素，一部分随边际产业转移到海外，另一部分转移到新兴产业，从而扩大了新兴产业的要素供给，促进了国内产业结构高级化。Blomström、Konan 和 Lipsey（2000）讨论了对外直接投资在日本经济重组中的作用，指出日本在经济结构调整过程中，把一些在世界市场上丧失比较优势的行业，如食品、纺织品和服装、木材、纸和纸浆等，逐步转移到国外，使日本母公司在地理空间上重新配置，促使产业结构向附加值更高的产业调整。李国平（2001）、Head 和 Ries（2002）基于日本制造业企业的研究认为，日本制造业企业将低技术含量、劳动投入多的生产环节转移到中国、东盟等国，在本国集中资源从事高附加值环节的专业化生产，从而较为成功地推进了产业结构的高级化以及日本企业经营的国际化。

（2）产业升级说

---

① 刘易斯.国际经济秩序的演变[M].乔依德，译.北京:商务印书馆,1984.
② LIPSEYRE. Home and Host Country Effects of FDI[R]. Cambridge, M A: NBERWorking Paper 9293, 2002.
③ 小岛清.对外贸易论[M].周宝廉，译.天津:南开大学出版社,1987.

后发国家有模仿和学习先发国家的动力。亚当·斯密在《国富论》中提到:"一国当它的邻国都是富裕和工业化的,那它在很大程度上也会通过贸易致富。"著名的飞雁模式(flying geese pattern)最早由赤松(Akamatsu,1935)提出,用来解释发展中国家制造业的渐进发展过程;即发展中国家的工业追赶和模仿过程,该过程是利用OFDI依次转移劳动密集型产业来实现的。东亚的雁阵最初是从日本开始的,然后是NIEs(中国香港、新加坡、韩国、中国台湾),其次是ASEAN-4(泰国、马来西亚、印度尼西亚、菲律宾)以及中国。

也有学者认为后发跨国企业(late comer firm,LCF)作为先发跨国公司的挑战者,可以在全球市场的边缘地带先建立自己的领地,充分利用联系、杠杆和学习战略,逐步扩展到其他区域。Mathews(2006)[1]通过分析亚太地区后发跨国公司的典型案例,提出了3L范式(linkage-leverage-learning framework)。该范式认为,作为后来者的新兴市场跨国公司,在缺乏资源和国际化经验的背景下,可以先通过"外部联系"(linkage)为公司创造进一步发展和产业升级的机会;然后利用"资源杠杆"(leverage)强化这种联系,获取技术扩散或转移;最后通过"干中学"(learning)以及OFDI,主动学习和获取先进技术和管理经验,形成自我加速态势,最终获取竞争优势。3L范式较好地解释了新兴市场国家企业加速国际化的现象。

在全球价值链体系中,参与价值创造的各个国家之间有着明显的科层结构。发展中国家往往处于微笑曲线的底端,如何从被"俘获"与被"压榨"中突围,实现工艺升级、产品升级、功能升级和链条升级?OFDI被看作实现价值链两端延伸的重要路径。坎特维尔和托兰惕诺(1990)认为,发展中国家企业通过技术累积先向周边国家投资,最后向发达国家的上行投资过程,是发展中国家"逆产品生命周期"的一种努力。发展中国家企业通过对成熟技术的吸收与改造,从制造标准化产品到最终参与高端技术产品竞争,提高在产业链条中的地位和自主创新

———————
① MATHEWS J A.Dragon Multinationals:New Players in 21st Century Globalization[J].Asia Pacific Journal of Management,2006,23:5-27.

能力。刘志彪（2007）[①]认为，在全球价值链中处于被"俘获"地位的中国，必须构建与 GVC 并行的、相对独立的国家价值链产业升级机制。而国家价值链中"链主"（中国的跨国公司）的培育与成长至关重要，"走出去"、"逆向发包"、市场成长性的收购兼并活动是塑造 NVC 中"链主"地位的主要手段和途径。姚枝仲、李众敏（2011）[②]认为中国的对外直接投资主要集中在国外资源能源、市场服务和先进制造企业这三个领域，既不是规避出口高成本的水平投资，也不是分散生产的垂直投资，而是具有明显的通过对外直接投资和海外并购活动来延伸生产与价值链的特点，是一种"价值链延伸型"的对外直接投资。

2.4 制度基础理论

早期对企业国际化的研究大多基于对发达国家跨国公司国际化的研究。发达国家国内市场机制相对完善，市场化程度高，社会经济体制比较稳定，制度因素对企业国际化战略的影响很小，因此，对发达国家跨国公司国际化的分析主要基于资源观和产业观的视角，制度被视为外生变量，其对企业竞争力的影响和支撑作用被忽略。然而，发展中国家跨国公司和发达国家跨国公司面临的制度环境不同，发展中国家市场机制尚不完善，正式和非正式制度作为一种游戏规则影响企业战略和行为（North，1990）。发展中国家政府为了促进企业国际化发展，制定一系列支持和鼓励措施，从而有效弥补企业在国际市场的竞争劣势，更好地促进企业"走出去"。因此，在研究发展中国家企业国际化的过程中，制度是一个不容忽视的重要影响变量。

2.4.1 制度基础理论的产生与发展

随着全球化的日益深化，制度基础理论已成为解释企业国际化行为的一个重要理论。制度包括一个国家各种法律规章及社会规范，影响企业

---

① 刘志彪,张杰.全球代工体系下发展中国家俘获型网络的形成、突破与对策——基于GVC与NVC的比较视角[J].中国工业经济,2007(5):39-47.
② 姚枝仲,李众敏.中国对外直接投资的发展趋势与政策展望[J].国际经济评论,2011(2):127-140.

国际化的方向、模式和选择。根据制度基础理论，企业的国际化决策受各种正式或非正式制度的影响，这些制度因素影响企业资源和能力的升级。

（1）制度的含义

目前尚没有对制度的统一定义。新制度经济学家诺斯（North，1991）认为制度是"为人类设计的，构造政治、经济和社会相互关系的一系列约束"。制度是由非正式约束（道德约束力、禁忌、习惯、传统和行为准则）和正式的法规（宪法、法令、产权）所组成的。制度是人们设计的，它形成市场交易秩序并减少交易行为中的不确定性。它与正式的经济约束一道共同界定选择集合，并且决定交易成本和生产成本，决定经济活动的盈利性和可行性。

与诺斯的定义类似，Scott（1995）将制度定义为"由管控制度（regulative）、规范制度（normative）和认知制度（cognitive）构成，提供社会生活的稳定性和意义"。其中，管控制度采用最常用的法规形式，反映社会中以规则和法规形式存在的正式约束。它通过行政或法律规定来指导组织行动；规范制度部分反映了一个社会中所存在的准则和价值观，从而反映了适当和必要的行为模式，指定某些事情以预期的方式进行。认知制度表现为对社会现实和意义的共同信仰和看法。因此，认知制度与文化因素联系比较密切。

制度包括正式制度和非正式制度。根据 Zueker（1987）、Seot（2001）、Baron（1995）、张维迎（2001）、赵锡斌（2004）等人的研究结论，正式制度总是与国家权力或某个组织相关联的，是指这样一些行为规范：它们以某种明确的形式被确定下来，并且由行为人所在的组织进行监督和用强制力保证实施，如各种成文的法律、法规、政策、规章、契约等。而非正式制度是指对人的行为不成文的限制，是与法律等正式制度相对的概念，包括价值信念、伦理规范、道德观念、风俗习惯和意识形态等。也有学者认为制度受到当地文化的影响，因而，从一定程度上来讲，文化是制度制定的基础。文化因素有的稳定、有的动态变化，文化的整合与分散、发展与变化都对企业国际化产生深刻影响（Leung，2002）。Redding（2005）将企业资源分为资本（capital）、人力资本（human capital）与社会资本（social capital），指出制度是人们用来

约束和规范社会行为，并提供友好交易环境的。制度不仅促进企业关键
资源的形成，而且影响其未来发展方向。

（2）制度与企业国际化

传统的对跨国公司国际化的研究大多基于对美国等发达国家的研
究，这些国家市场机制完善，制度相对稳定，因此制度被视为外生变
量。以 Barney（1991）为代表的资源基础理论强调企业拥有的资源和能
力具有异质性，指出企业拥有的资源和能力决定企业市场绩效，而企业
国际化过程中所处的制度环境也同样不恰当地被视为"背景"
（background）。然而，在研究发展中国家跨国公司国际化问题时，由于
发展中国家市场机制尚不完善，制度在企业国际化过程中发挥着重要作
用，此时，将制度视为企业国际化的外生变量已不合适。随着新兴市场
国家企业国际化的发展，制度日益显示其对企业国际化的促进和支撑作
用。越来越多的学者意识到制度在企业国际化过程中的重要作用，企业
生产经营所处的制度框架影响着企业的国际化战略（Leung et al.，
2002；Redding，2005；Peng et al.，2008；Dunning & Lundan，2008；
Yamakawa et al.，2008）。

Peng（2002[①]，2008[②]）在研究中国及东欧等社会主义转型国家变革
的基础上，系统整合了战略管理领域的产业基础理论和资源基础理论，
并创造性地加入制度基础理论，认为制度构成企业国际化战略中的第三
条腿（the third leg）。他认为企业国际化战略并不仅仅是产业条件和企
业能力所驱动的，也受企业所处的正式和非正式制度框架的影响，这
些因素是动态地相互作用的。资源观、产业观、制度观这三种观点相
互补充，形成了国际直接投资的新范式，被称为"战略三角"理论
（见图2-5）。"战略三角"理论分析框架为发展中国家对外直接投资的
研究提供了新的视角，在解释新兴经济体对外直接投资行为中得到普
遍认同。

① PENG M W. Towards an Institution-based View of Business Strategy[J].Asia Pacific Journal of Management, 2002,19(2/3):251-267.
② PENG M W,WANG D Y L,JIANG Y.An Institution-based View of International Business Strategy:a Focus on Emerging Economies[J].Journal of International Business Studies, 2008,39(5):920-936.

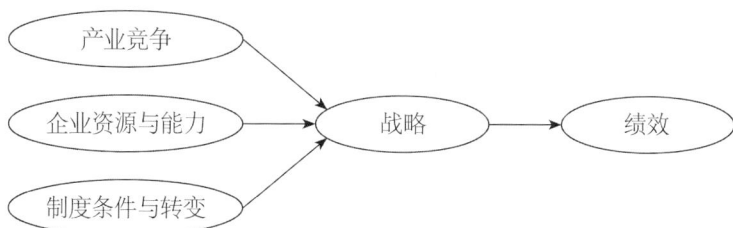

图 2-5 "战略三角"理论分析框架

资料来源 PENG M W. Towards an Institution-based View of Business Strategy [J].Asia Pacific Journal of Management， 2002，19(2/3):251-267.

越来越多的学者认为制度基础理论有助于我们更好地理解不同形式跨国公司对外直接投资的差异性（Redding，2005；Dunning & Lundan，2008；Yamakawa et al.，2008），其中，管控制度、规范制度、认识制度对企业国际化的影响程度各不相同。Yamakawa 等（2008）[1]研究了新兴市场国家企业向发达经济体投资的驱动力，指出制度因素和资源因素、产业因素一样，发挥着促进和推动作用，并分别探讨了管控制度、规范制度、认识制度对企业国际化的影响力。Meyer 等（2013）[2]以对缅甸的国际化交易为例研究制度对企业国际商务活动的影响，他们根据投资动因把商务活动分为资源寻求型（采矿业、服装制造业）和市场寻求型（电信业、消费品业），分别研究管控制度、规范制度、认知制度对企业国际商务活动的影响，结果表明：企业随制度变化而修正海外投资行为，即便不存在管控制度，规范制度仍对企业战略产生较大影响。

Dunning 和 Lundan（2008）[3]研究了制度因素对企业战略及国际化决策的影响，对 OLI 范式进行了拓展，将制度因素融入 OLI 范式（见表 2-3）。他们认为制度的设计与实施对 OLI 范式的三个要素都会产生影响。从宏观层面来看，制度对国家经济增长和区位优势的重要性不言而喻，尽管人们通常总是将注意力集中在不同组织形式的交易的静态效率上，但内部化因素也是在宏观层面上制度化的；从微观层面来看，所有权优势除资产优势和交易优势外，还包括企业制度所产生的优势。制度视

① YAMAKAWA Y, PENG M W, DEEDS D L. What Drives New Ventures to Internationalize from Emerging to Developed Economies? [J]. Entrepreneurship: Theory & Practice, 2008,32(1): 59-82.
② MEYER K E, Thein H H. Business under Adverse Home Country Institutions: the Case of International Sanctions against Myanmar[J].Journal of World Business, 2013(4): 1-16.
③ DUNNING J H, LUNDAN. Institutions and the OLI Paradigmof the Multinational Enterprise [J]. Asia Pacific Journal of Managemnet,2008(25):573-593.

角是有效联系宏观分析和微观分析的"桥梁",为深入理解当前跨国公司的实践提供了有效途径。制度因素融入 OLI 范式无疑拓展了 OLI 范式的适用范围,有助于深入理解新兴市场跨国公司的成长、演化路径及特征。

表 2-3　　　　　正式与非正式制度对企业 OLI 结构的影响

		O（组织/治理）	L（社会资本）	I（关系）
制度	正式	法律、规章制度、协定 经济市场规则	法律、规章制度、协定 政治市场规则	企业内外部合同
	非正式	规则、社会规范 国家/企业文化 个人道德水准	宗教、社会习俗、传统 民间团体	协议、行为规范、企业内外部的信任关系通过网络或企业集群所建立的制度
执行机制	正式	制裁、罚金 税收、激励 利益相关者的行为（消费者、投资者和工会）	制裁、惩罚 公共组织的质量 教育	违反合同的处罚 罢工、停业、高素质员工的离职 教育、培训
	非正式	道德劝告 社会地位认同或失去 报复 信任的建立或削弱 投反对票	犯罪感与羞耻感 非正式的示威、积极参与组织决策 道德劝告	犯罪感与羞耻感 无重复交易 因网络/结盟导致的外部经济/不经济 投反对票

资料来源　DUNNING J H, Sarianna M. Institutions and the OLI Paradigm of the Multinational Enterprise[J]. Asia Pacific Journal of Management，2008(25):573-593.

　　Leung 等（2002）研究文化因素在企业国际化中的作用,这些文化因素有的稳定、有的动态变化,文化的整合与分散、发展与变化都对企业国际化产生深刻的影响。Redding（2005）将企业资源分为资本、人力资本与社会资本,指出制度是人们用来约束和规范社会行为,并提供友好交易环境的。制度不仅促进企业关键资源的形成,而且影响其未来发展方向。

2.4.2　制度基础理论对发展中国家 OFDI 的解释

（1）制度逃离/套利论

　　一些学者提出了制度逃离/套利论,认为新兴市场基础设施和制度落后的约束使当地企业在本国市场的交易费用超过跨越国际边界的经营费用,逼迫企业在相对早期发展阶段提前国际化,以逃离本国不协调制度的压迫（Witt & Lewin，2007）。同时，国外资本市场的融资便利以及西方发达国家保护私有财产权利的制度拉动了中国企业的国际化（Child & Rodrigues，2005）[1]。此外，外商在华经营所享有的优惠措施诱使一些国内本土企业通过在境外投资建立实体，然后回国投资以获取更多的政策优惠（Boisot & Meyer，2008）[2]。

Witt和Lewin（2007）[3]提出了"制度逃离论"，认为发展中国家落后的制度约束逼迫国内企业在相对早期发展阶段提前国际化，以逃离本国不协调制度的约束。以中国为例，尽管中国在市场经济制度建设方面取得了长足进步，但国内对不同所有制企业市场定位的不同以及地方政府对引进外资的过度重视等原因，造成不同所有制、不同规模的企业在税收、财政支持、融资便利等方面存在差异。具体来说，外资企业通常享受较多的超国民待遇，大型国有企业较易获得垄断地位，民营企业处境相对艰难，存在各种显性或隐性的产业进入壁垒和限制。因此，制度约束会促使一些企业通过 OFDI 绕过制度壁垒，获得制度差异带来的收益。

国际化理论认为，只有占领国内市场的企业才会国际化，即大型垄断企业最有可能国际化。然而，目前国际化的中国企业按国际标准来看规模还很小，其国际化的动因是什么？Boisot和Meyer（2008）提出"制度套利"（institutional arbitrage）的概念，认为中国国内市场由于地方保护主义和较高的物流成本使企业面临能力成本（capacity costs）、运营成本（operating costs）、科斯式交易成本（Coasean TCs）、管理成本（administrative costs）等在内的阿罗式交易成本（Arrovian TCs）较高的问题，而国外市场制度，尤其是知识产权保护制度优于国内，反而降低了企业的交易成本，因此，企业国际化的动因源于国内交易成本与国际交易成本的比较。当国内交易成本大于国际交易成本时，企业会在较早发展阶段提前国际化，这就是"制度套利"。用它解释中国企业国际化现象，与其说是对国际市场的战略性进入，不如说是对国内市场的战略性退出。

---

① CHILD J, RODRIGUES S.The Internationalization of Chinese Firms:a Case for Theoretical Extension[J]. Management and Organization Review,2005,1(3):381–410.
② BOISOTM,MARSHALL W.Which Way through the Open Door? Reflections on the Internationalization of Chinese Firms[J].Management and Organization Review, 2008(11): 349–365.
③ WITT M A,LEWIN A Y.Outward Foreign Direct Investment as Escape Response to Home Country Institutional Constraints[J].Journal of International Business Studies, 2007 (38): 579–594.

如图 2-6 所示，纵轴表示企业的交易成本。在一省地界内，企业的阿罗式交易成本是稳定不变的，然而跨越省界后，交易成本随着省界空间距离的扩大而快速增加。当企业跨越国界时，交易成本迅速下降。因此，与邻国的交易成本小于与国内较远省份的交易成本。企业跨国经营后，阿罗式交易成本依然随着空间距离的扩大而增加，然而增长速度慢于省际增长速度。从图 2-6 中可以得出以下结论：①企业国际化动机是 "制度套利"，即追求国外市场比国内市场更低的交易成本；②企业在 A 点就开始了国际化，而不是完全占领国内市场后，企业在较早发展阶段提前国际化被称为 "蛙跳"。直至 B 点，企业国际化经营的交易成本都是小于省际交易成本的。

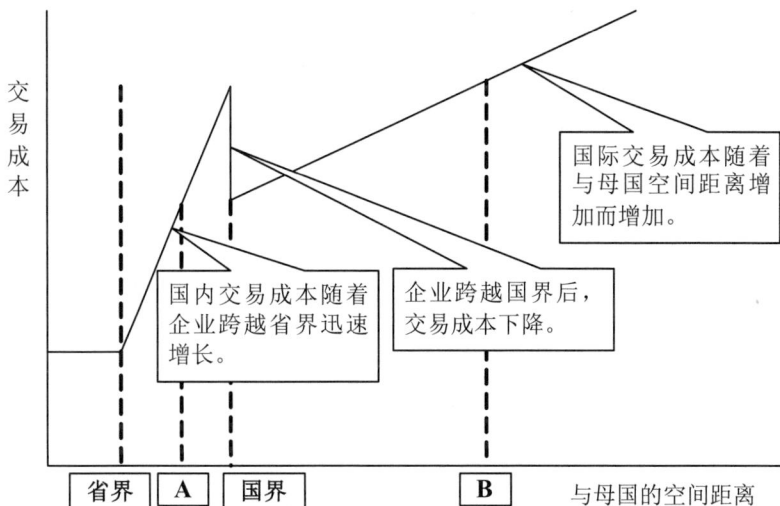

图 2-6　中国企业国际化模型

资料来源　WITT MA，Lewin AY.Outward Foreign Direct Investment as Escape Response to Home Country Institutional Constraints[J].Journal of International Business Studies，2007(38): 579-594.

Nguyen 等（2013）[①]研究新兴市场国家中小企业国际化过程中的制度影响时，指出与发达国家中小企业相比，新兴市场国家的中小企业面临制度劣势。许多新兴市场国家的政府，如中国、印度尼西亚、越南等，更倾向于支持大型国有企业或外资企业，私营中小企业无论是资源

_____

① NGUYEN T V, LE N TB, Bryant S E.Sub-national Institutions,Firm Strategies, and Firm Performance: a Multilevel Study of Private Manufacturing Firms in Vietnam[J]. Journal of World Business, 2013(48): 68-76.

还是市场机会都处于劣势，在商业运营中要支付更多成本，甚至从银行融资也十分艰难。因此，国际化成为私营中小企业摆脱不利母国制度环境约束的重要选择。

"制度逃离"或"制度套利"虽然可以解释部分中国企业的国际化动机，但无疑忽视了中国长期改革开放政策承诺的制度演变，以及企业自身对环境动态适应的竞争能力的逐步提升对其国际化行为的支撑。

（2）制度促进论

在新兴市场跨国公司国际化过程中，政府扮演了一个重要角色。许多发展中国家政府为支持和推动本国企业对外直接投资，制定了大量优惠政策（UNCTAD，2008）。Lau（2003）认为韩国企业在发展阶段中提前国际化就是因为韩国政府强有力的支持，类似的国家还有中国、新加坡、印度等。Buckley等（2007）[1]认为在中国，国有企业的经济行为更直接地体现政府的宏观战略规划。相对于其他性质的企业，国有企业更易获得政府各项优惠政策和制度便利，因此，国有大型企业是中国对外直接投资的主力军。Luo等（2010）[2]以中国为例，研究新兴市场国家的政府如何促进企业海外直接投资，指出中国政府的"走出去"战略有效弥补了中国企业在全球竞争中的劣势，对企业海外扩张起到重要的引导和促进作用。Peng（2012）[3]研究了中国企业的国际化战略，指出中国企业在缺乏明显的技术和管理资源的前提下，以并购作为市场进入的主要模式，中国政府作为一种制度力量在其中发挥了重要的推动作用。

在母国，规范制度[4]对企业国际化有重要影响。在发展中国家，人们普遍认为能够在发达国家投资的企业，往往是产品质量好、经营能力强的企业，是优秀企业。企业是否具备海外投资经历影响母国政府、投资者和消费者对企业的态度。从母国政府角度来看，企业在发达国家的OFDI有助于提高政府对企业实力的评价，从而改善企业在国内的经营

① BUCKLEY P J,CLEGGL J, CROSS A R, LIU X,VOSS H, ZHENG P. The Determinants of Chinese Outward Foreign Direct Investment[J].Journal of International Business Studies, 2007,38(4):499–518.
② LUO Y, XUE Q, HAN B. How Emerging MarketGovernments Promote Outward FDI: Experience from China[J]. Journal of World Business, 2010(45): 68–79.
③ PENGM W. The Glogal Strategy of Emerging Multinationals from China [J].Global Strategy Journal, 2012(2): 97–107.
④ 规范制度是指遵循当前的规则（to follow the norms），认知制度对企业国际化的影响指企业去做应该做的事（to do the right thing）。

待遇。从投资者角度来看，能够在发达国家市场占有一席之地的企业竞争力更强，更有投资价值，从而无形中降低了企业在母国经营的资金成本。从消费者角度来看，企业通过广告宣传其在发达国家的投资经历，提升企业形象和提高产品质量，从而吸引更多消费者。

跨国公司的对外直接投资受到相对友好的东道国制度环境的"拉力"，良好的东道国制度环境是保证 FDI 发挥作用的前提条件，具有良好制度环境的国家往往具有较高的生产率，因而对外国投资者有较大的吸引力。糟糕的东道国制度环境，比如严重的政府腐败会给 OFDI 带来额外的成本，制度的不确定性会给海外直接投资带来高沉没成本，这种不确定性包括政府工作效率的低效、政策的不稳定性、法律体系的不完善以及较弱的知识产权保护能力等。人们普遍认为拥有较大市场规模、较丰富自然资源禀赋、较大贸易规模以及良好政治制度环境的东道国更易成为对外直接投资的目标国（Buckley et al.，2007；Cheung & Qian，2009；Kolstad & Wiig，2012；Ramasamy et al.，2012）。

母国与东道国的双边制度环境影响企业对外直接投资。双边投资协定（BIT）是两国政府签署的双边协议，目的是促进和保护双边投资。作为联系两国的双边制度因素，双边投资协定给企业提供了不同于国家制度环境的保护，因而可能对企业的投资区位决策产生影响。宗芳宇等（2012）[①]基于 105 家中国上市公司 2003—2009 年对外直接投资数据的实证研究，发现双边投资协定对中国企业 OFDI 的促进作用并不显著，但是它能够替补东道国制度的缺位——东道国的制度环境越差，签署双边投资协定对于促进双边国家企业的投资的作用就越大；在考虑了双边投资协定与企业属性交互影响后发现，双边投资协定还能弥补母国制度环境的不足，对于帮助非国有制企业到签约国投资有着显著的积极作用。

双边关系网络对企业对外直接投资有明显的促进作用。在双边关系网络下，投资项目盈利性的信息、市场进入信息以及发展机会信息都是完备的，而且双边关系网络还能有效减少投资风险和商业风险。Dunning（2002）强调了新兴市场跨国公司在 OFDI 过程中对社会关系

① 宗芳宇,路江涌,武常岐.双边投资协定、制度环境和企业对外直接投资区位选择[J].经济研究,2012(5):71-82.

网络的依赖性，并提出"关系资产"（relational asset）的概念，他把这种特有的关系视为一种独特的所有权优势融入OLI范式中。

一些学者通过计量研究证实了"关系"因素对中国OFDI的推动作用。Erdener和Shapiro（2005）针对中国的研究发现，东道国华裔居民密集度越高，中国企业在东道国投资所具有的整合资源的内部化优势越强。Buckley等（2007）基于1984—2001年中国批准的对外直接投资数据研究中国OFDI的影响因素，以"文化相似性"指标[①]来衡量非正式制度因素的影响。实证结果表明：这一指标有效地促进了中国的OFDI。阎大颖等（2009）[②]利用2006—2007年中国企业微观数据，以东道国华裔居民占总人口比重来测度该国华裔关系资源。研究结果表明：东道国华裔居民所占比重越大，意味着潜在的海外华人网络关系越丰富，越有利于中国企业"走出去"。

2.5 本章小结

发展中国家对外直接投资模式和动机的多样化，使对外直接投资理论，尤其是发展中国家对外直接投资的研究呈现出流派林立的状况，既有"小规模技术论"、"技术地方化理论"、"技术创新产业升级理论"，也有从宏观经济发展、企业国际化进程等方面研究的动态投资发展阶段论。目前对发展中国家OFDI的理论解释缺乏统一的"通论"。Peng等（2008，2009）系统整合了战略的资源观、产业观和制度观，提出"战略三角"理论分析框架。这一分析框架既融合了传统OLI范式所有权优势和产业组织理论中竞争优势的精髓，又创造性地提出制度构成了"战略三角"中的第三角，为新兴经济体OFDI的解释拓展了新的研究空间。基于这一理论分析框架，本章分别从资源、产业、制度三方面对跨国公司对外直接投资理论和发展中国家对外直接投资的研究文献进行了总结和评述，避免了单一理论范式与发展中国家跨国公司多样性的冲突，并将不同理论流派对同一问题的研究进行了比较分析。

① 当华裔人口在总人口中的比重>1%时，"文化相似性"指标取值为1；否则，取值为0。
② 阎大颖,洪俊杰,任兵.中国企业对外直接投资的决定因素:基于制度视角的经验分析[J].南开管理评论,2009(12):135-142.

对外直接投资理论发展的脉络可以用图 2-7 来表示。

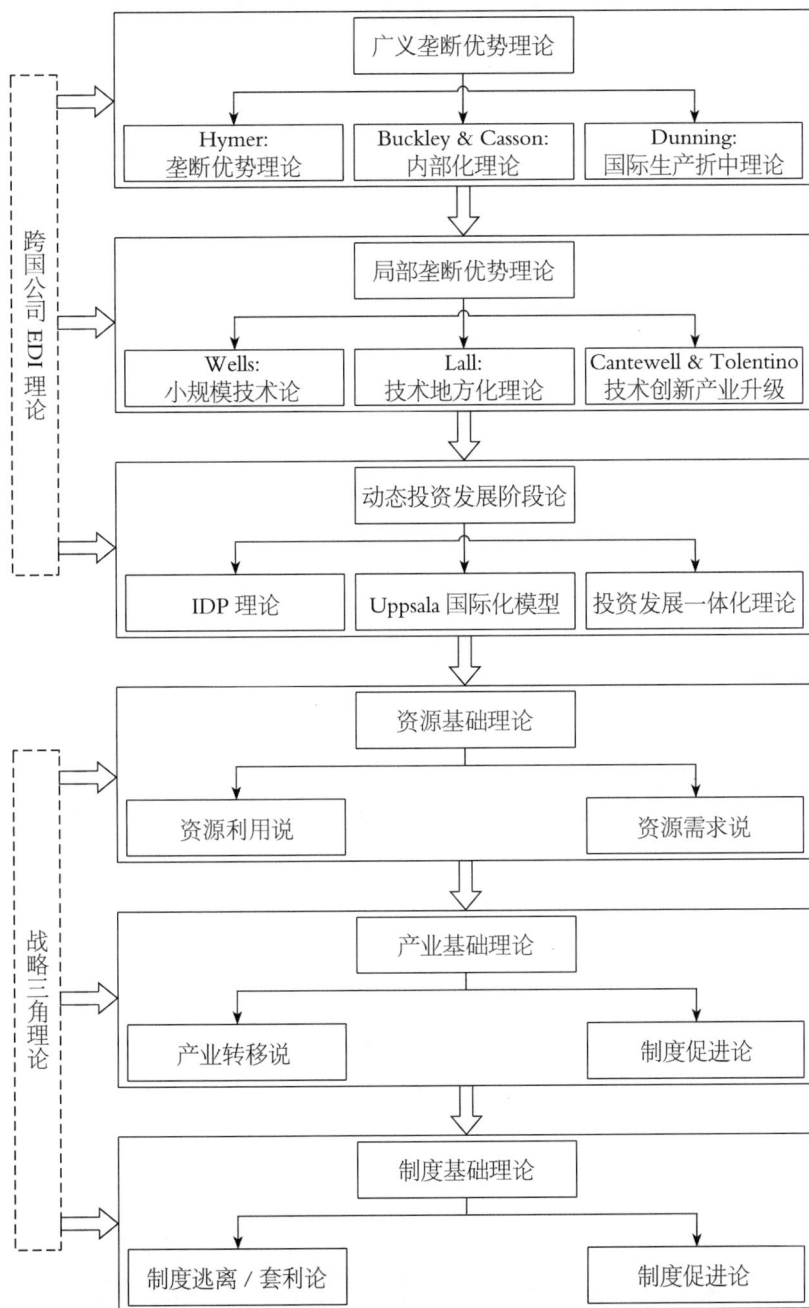

图 2-7 OFDI 理论框架

第3章 中国对外直接投资动力机制Ⅰ：
母国的推力

3.1 概　述

全球对外直接投资流出量（FDI outflows）在2007年达到22 672亿美元的历史最高水平之后，受2008年国际金融危机和随后世界经济衰退的影响，出现了连续下滑，2009年降幅高达42.9%。反观同期中国对外直接投资的表现，则十分抢眼，不仅没有出现下降趋势，反而呈现飞速上升态势，每年均保持2位数的增长速度。

在全球经济持续衰退和国际直接投资大幅下降的背景下，中国对外直接投资逆势上扬，引起了国内外的普遍关注，部分学者甚至断言中国对外直接投资时代已经到来，目前正是中国企业加快对外投资、"抄底"海外资产缩水企业的大好时机。一些学者把中国目前的大规模"走出去"浪潮与20世纪80年代大批日本企业蜂拥购买美国廉价资产相提并论，认为中国正在收购世界。实际上，与20世纪80年代末日本企业大规模"走出去"相比，中国对外直接投资呈现出许多不同的特点：

第一，投资主体中国有企业（state-owned enterprises，SOEs）占了半壁江山，非国有企业占比不断扩大①。从表3-1中可以看出，2008—2013年间，国有企业对外直接投资占中国对外总投资存量的比重达到一半以上，最高时达到69.6%，最低时也有55.2%。有限责任公司所占比重持续攀升，从2008年的20.1%增长到2013年的30.8%。国有大中型企业一直是中国对外直接投资的主力军，其中，中央企业（包括国有企业、国有资本控股的有限责任公司和股份有限公司）对外直接投资占中国全部对外直接投资的2/3以上。这说明，中央政府控制的国有或国有控股企业的对外直接投资行为，在一定程度上反映了中国对某些战略性产业或资源的国际诉求，具有明显的国家战略导向特征。

表3-1　　　中国非金融类对外直接投资存量按境内投资者

注册类型分布情况（2008—2013年）（%）

企业类型	2008	2009	2010	2011	2012	2013
国有企业	69.6	69.2	66.2	62.7	59.8	55.2
有限责任公司	20.1	22.0	23.6	24.9	26.2	30.8
股份有限公司	6.6	5.6	6.1	7.6	6.0	7.5
私营企业	1.0	1.0	1.5	1.7	2.2	2.2
股份合作企业	1.2	1.0	1.1	1.6	2.9	2.0
外商投资企业	0.8	0.5	0.7	0.9	1.1	1.2
集体企业	0.4	0.3	0.2	0.2	0.2	0.1
港澳台投资企业	0.1	0.1	0.2	0.2	0.3	0.4
其他	0.2	0.3	0.5	0.2	0.7	0.6

数据来源　《中国对外直接投资统计公报》（2008—2013年度）。

第二，投资行业以商务服务业和采矿业为主。中国对外直接投资已经从以前的主要投资贸易、能源、餐饮等少数行业发展到现在的多行业全面投资，但中国对外直接投资行业分布不均衡，主要集中在第三产业和采矿业（见表3-2）。2013年，中国对外直接投资流量超过100亿美

① 《中国对外直接投资统计公报》将境内投资者按工商注册类型分为国有企业、有限责任公司、股份有限公司、股份合作企业、私营企业、外商投资企业、集体企业、港澳台投资企业和其他。

元的行业大类有四个，分别是租赁和商务服务业、采矿业、金融业和批发零售业，累计金额816.2亿美元，占流量总额的75.7%。其中，排名第一的租赁和商务服务业（以投资控股为主要目的）所占比重为25.1%，排名第二的采矿业所占比重为23%，排名第三的金融业所占比重为14%，排名第四的批发零售业所占比重为13.6%。从对外直接投资存量规模来分析，截至2013年年末，76.4%的对外直接投资流向第三产业（服务业）。其中，与进出口贸易有关的对外直接投资（主要指商务服务、批发零售、交通运输、仓储）占47.8%；流向第二产业的对外直接投资占22.5%。由此可见，中国企业对外直接投资呈现的"贸易导向"和"资源寻求"特征十分明显。

表 3-2　中国对外直接投资流量行业分布（2008—2013 年）（%）

行　业		2008	2009	2010	2011	2012	2013
第一产业	农林牧渔业	0.3	0.6	0.8	1.07	1.7	1.7
第二产业	采矿业	10.4	23.6	8.3	19.36	15.4	23.0
	制造业	3.2	4.0	6.8	9.43	9.9	6.7
	小计	13.6	27.6	15.1	28.79	25.3	29.7
第三产业	租赁和商务服务业	38.8	36.2	44.0	34.29	30.4	25.1
	批发和零售业	11.7	10.8	9.8	13.82	14.8	13.6
	金融业	25.1	15.5	12.54	8.13	11.5	14.0
	交通运输、仓储和邮政业	4.8	3.7	8.2	3.43	3.4	3.1
	房地产业	0.6	1.6	2.34	2.65	2.3	3.7
	建筑业	1.3	0.6	2.37	2.21	3.7	4.0
	其他服务业	3.8	3.4	4.85	5.61	6.9	5.1
	小计	86.1	71.8	84.1	70.14	73.0	68.6

数据来源　《中国对外直接投资统计公报》（2008—2013 年度）。

第三，对外直接投资区域以亚洲和拉丁美洲为主。亚洲和拉丁美洲是中国对外直接投资流向最多的区域，占对外投资流量的80%左右（见表3-3）。对亚洲的直接投资主要流向香港地区，2013年对香港地区的投资占对亚洲投资流量的83.1%。对欧洲、北美洲等发达国家的直接投资呈明显上升趋势，由2008年的5.7%上升到2013年的13.4%。中国企业向以欠发达国家为主的非洲地区OFDI所占比重较小且有下降趋势，由2008年的9.8%下降到2013年的3.2%。根据《2013年度中国对外直接投资统计公报》，2013年直接流向发展中国家（地区）的投资为917.3亿美元，占85.1%；流向发达国家经济体138.3亿美元，占12.8%；流向转型经济体22.8亿美元，占2.1%。

表3-3　中国对外直接投资流量地区构成情况（2008—2013年）（%）

地　区	2008	2009	2010	2011	2012	2013
亚洲	77.9	71.4	65.3	60.9	73.8	70.1
拉丁美洲	6.6	13.0	15.3	16.0	7.0	13.3
小计	74.5	84.4	80.6	76.9	80.8	83.4
欧洲	1.6	5.9	9.8	11.1	8.0	5.5
北美洲	0.6	2.7	3.8	3.3	5.6	4.5
大洋洲	3.5	4.4	2.7	4.4	2.7	3.4
小计	5.7	13.0	16.3	18.8	16.3	13.4
非洲	9.8	2.6	3.1	4.3	2.9	3.2
合　计	100	100	100	100	100	100

数据来源　《中国对外直接投资统计公报》（2008—2013年度）。

《2013年度中国对外直接投资统计公报》对中国2.54万家境外企业所处地区做了详细统计，五成企业集中在亚洲地区（1.4万家，占55.6%），主要分布在中国香港、越南、日本、新加坡等。其次是欧洲地区、北美洲、非洲、拉丁美洲和大洋洲。2013年年末，中国设立境外企业最多的国家（地区）分别是：中国香港、美国、俄罗斯、越南、日本、澳大利亚等。香港地区是我国设立境外企业数量最多、投资最活跃的地区，共设有境外企业 7 000 多家，占境外企业总数的 28.2%。由此可见，中国对外直接投资地域分布具备"二元性"特征，既包括对发达国家的逆梯度上行投资，也包括对发展中国家的顺梯度平行或下行投资。

针对中国对外直接投资中所涌现出的"中国式对外直接投资"特点，以国际生产折中理论为代表的主流 FDI 理论能否解释中国企业近年来的对外直接投资行为？中国对外直接投资是否存在有别于发达国家的动力机制？Dunning（1981）[1]指出对外直接投资的跨国公司自身必须具备相对过硬的主体条件，即企业必须拥有所有权优势，也被称为企业特定优势，这些优势包括核心技术、专利、国际品牌、管理经验、营销能力等。中国跨国公司是否拥有这种所有权优势呢？一些学者持否定态度。Rugman 和 Li（2007）[2]认为中国跨国公司缺乏发达国家跨国公司所拥有的系统整合和内部管理协调方面的知识型能力，中国跨国公司的规模优势是建立在中国国家特定优势基础上的，包括低廉的劳动力、丰富的自然资源等，这种优势并不持久。Rugman（2009）[3]进一步指出没有企业特定优势的跨国公司是不可能成功实现国际化的，提起中国什么时候能产生自己的世界级跨国公司这一问题时，他的答案是"10 年或 20 年内都是不可能的"。

另一些学者则对中国企业是否具有所有权优势这一问题持肯定态度，认为中国跨国公司虽然没有传统所有权优势，但有其他新型所有权优势。Erdener 和 Shapiro（2005）[4]认为中国企业在向亚洲一些国家投资时，相对发达国家跨国公司具有特殊优势。这些国家通常有和中国相似的经营环境，主要是指不稳定的经济发展模式、半透明的政府管制、不完全的市场竞争等。而中国企业在类似市场环境下长期经营，经验丰富。另外，利用在亚洲国家的文化联系及华人社交网络也成为中国跨国

① DUNNING J H. International Productionand the Multinational Enterprise[M].London:Allen & Unwin,1981.
② RUGMAN A, LI J. Will China's Multinationals Succeed Globally or Regionally?[J].European Management Journal,2007,25(5): 333–343.
③ RUGMAN A. Theoretical Aspects of MNEs from Emerging Countries： in Emerging Multinationals in Emerging Markets[M]//Ramamurti R, Singh J. Emerging Multinationals in Emerging Markets.Cambridge: Cambridge University Press, 2009: 42–63.
④ ERDENER C,SHAPIRO D M. The Internationalization of Chinese Family Enterprises and Dunning's Eclectic MNE Paradigm[J].Management and Organization Review,2005(11):411–436.

公司特有的所有权优势（Scott，2002；Buckley 等，2007）。

笔者认为，对中国对外直接投资动力机制的研究应从以下两方面入手：一是从母国的推力入手，母国的推力是指来自母国的推动力，具体包括企业优势、产业优势、制度优势三个层面的推动力；二是从东道国的引力入手，东道国的引力是指东道国的国家特定优势对中国对外直接投资的吸引力，具体包括东道国的市场规模、自然资源、技术资源等（见图 3-1）。因此，本章和下一章将在回顾相关理论与实证研究的基础上，分别从母国和东道国两方面分析中国对外直接投资的动力机制。

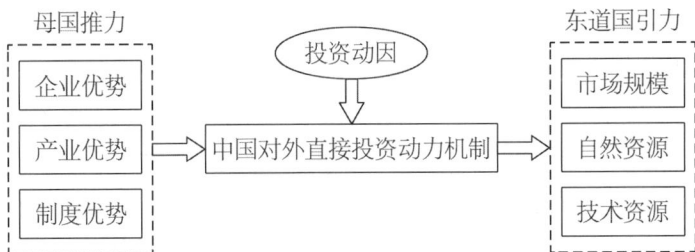

图 3-1 中国对外直接投资动力机制的分析框架

3.2 中国对外直接投资动力机制：理论分析

企业国际化战略的驱动力是什么？这是国际商务领域研究的一个基本问题。产业基础理论（Porter，1980）和资源基础理论（Barney，1991）分别从产业特征和企业能力方面解释了企业国际化的动力。Peng 等人（2008，2009）在分析新兴市场跨国公司国际化行为的基础上，创造性地提出了"战略三角"的理论分析框架，指出除了产业基础理论和资源基础理论之外，制度基础理论构成了分析跨国公司国际化战略的第三角。"战略三角"理论把正式制度和非正式制度纳入企业国际化的分析框架中，对于分析中国这样的新兴市场国家国际化行为具有很强的解释力。下面以"战略三角"作为基本理论框架，结合中国对外直接投资的实践，分别从企业优势、产业优势和制度优势三方面分析中国对外直接投资的母国推动力。

3.2.1 中国对外直接投资：企业优势

跨国公司在开展对外直接投资时，"异国身份缺陷"使其与当地企业竞争时处于不利的市场地位。要克服这种"异国身份缺陷"，消除海外直接投资过程中产生的不确定性，跨国公司自身必须具备相应的主体条件，即企业必须拥有所有权优势（Dunning，1981）。它也被称为企业特定优势（firm - specific advantages，FSAs）（Rugman & Verbeke，1990），这些优势包括核心技术、专利、国际品牌、管理经验、营销能力等。然而，与欧美老牌跨国公司相比，中国跨国公司缺乏企业特定优势，尤其是知识资产方面的企业特定优势，中国企业对外直接投资的能力受到质疑。

虽然中国跨国公司缺乏传统意义上的所有权优势，但中国政府所提供的国家特定优势（country-specific advantages）作为特定要素为中国企业提供新的竞争优势来源（裴长洪、樊瑛，2010）[①]。孙黎等（2010）[②]在比较中国和印度企业跨国并购的基础上提出"比较所有权优势"，认为新兴市场国家企业要把企业层面的资源和能力与国家层面的要素禀赋结构优势有机结合起来，通过外部获取和内部积累的动态交互过程，最终形成比较所有权优势。欧阳峣（2006）[③]指出对于中国这样的发展中大国，对外直接投资战略应当以"多元结构"形成的"整合性"优势为依托，整合不同地区，不同层次的自然、经济和技术方面的资源，形成融发达国家和发展中国家优势于一体的"大国综合优势"。

经过30多年的改革开放，中国已经培育出了一批大企业集团。截至2013年年底，我国有1.53万家境内投资者在国（境）外设立投资企业，有85家企业跻身世界500强企业名单[④]，中石化、中石油、国家电网分列第四、第五和第七位。在表3-4中，我们列出了按2013年年末对外直接投资存量排序的中国非金融类跨国公司前20强。从表3-4中

[①] 裴长洪,樊瑛.中国企业对外直接投资的国家特定优势[J].中国工业经济,2010(07):45-53.
[②] 孙黎,任兵,阎大颖,等.比较所有权优势:中国和印度企业跨国并购的理论框架[J].中大管理研究,2010(5):1-32.
[③] 欧阳峣.基于"大国综合优势"的中国对外直接投资战略[J].财贸经济,2006(5):57-60.
[④] 根据《财富》杂志的排名，2003年中国内地企业进入世界500强的仅11家，到2013年增长到85家。

可以看出，前20强企业大多是中央企业，具体包括大型能源企业集团（中石化、中石油、中海油）、大型工业企业集团（中化、中铝）、大型建筑企业集团（中建）、大型专业外贸公司（华润、五矿）、大型物流企业（中远、中航）等。这些中央企业（中石油、中石化、中海油等）开展的自然资源寻求型 OFDI、战略资产寻求型 OFDI 直接反映了我国对某些战略性产业或资源的国际诉求，体现了国家的战略导向特征。这些企业对外直接投资的所有权优势主要来自国家特定优势，长期来自政治体制的异质性资源是这些企业国际竞争力的重要来源。

表 3-4　　　　按 2013 年年末对外直接投资存量排序的

中国非金融类跨国公司前 20 强

序号	公司名称	序号	公司名称
1	中国石油化工集团公司	11	中国联合网络通信集团有限公司
2	中国石油天然气集团公司	12	华为技术有限公司
3	中国海洋石油总公司	13	中国化工集团公司
4	中国移动通信集团公司	14	中国五矿集团公司
5	华润（集团）有限公司	15	中国中信集团有限公司
6	中国远洋运输（集团）总公司	16	中国交通建设集团公司
7	中国中化集团公司	17	中粮集团有限公司
8	中国建筑工程总公司	18	中国航空集团公司
9	招商局集团有限公司	19	中国长江三峡集团公司
10	中国铝业公司	20	国家电网公司

数据来源　中华人民共和国商务部，中华人民共和国国家统计局，国家外汇管理局.2013年度中国对外直接投资统计公报[R].北京:中国统计出版社，2014.

另外，与绝大多数发展中国家企业相比，中国企业在生产技术、经营管理、人员素质等方面具有明显的竞争优势。中国企业在东南亚、非洲、拉丁美洲、中东欧地区以及一些发达国家与当地企业积极开展经贸合作，建立了良好的信誉。中国企业的所有权优势已经成为开展境外直接投资的一项重要竞争优势。

中国企业的竞争优势具体体现在大规模低成本生产优势、局部技术创新优势、市场定位和销售能力。

（1）大规模低成本生产优势

大规模低成本生产优势是中国企业的特有优势。中国企业的大规模低成本优势主要体现在三个方面：一是母国廉价的要素市场，如原料、半成品、劳动力以及其他要素；二是母国资本市场使其享受的低成本融资资源，中国部分国有企业能以低于市场利率的成本获得资金，典型的是国家银行的低息贷款；三是中国企业在劳动密集型产业成本和质量控制上积累了大量的经验知识。在这种大规模低成本生产优势的基础上，中国企业进行海外竞争时，能与本国的供应链保持联系，最大化其低成本融资利益，并且将质量管理、生产技术、成本管理等知识转移到其海外子公司。

（2）局部技术创新优势

技术优势包括技术、信息、知识、无形资产和诀窍等。随着产品生命周期的缩短、技术进步的加快，企业开发新产品或改进老产品并尽快将其推向市场的能力，以及企业发明新工艺、降低生产成本的能力等，日益成为企业竞争力的重要决定因素。因此，企业通过对外直接投资必须具备相应的技术优势，特别是应具备开发新产品、发明新工艺，以及对现有产品、工艺进行改造等技术创新优势。在传统的FDI文献中，技术被广泛视为竞争优势和市场能力形成的基础，技术较强的公司进行国际化的可能性更大。

中兴通讯一直坚持自主创新并建立以技术驱动的战略联盟，使中兴在PHS、TD-SCDMA、Home Gateway等产品上有明显的技术优势，从而形成了中兴通讯与国际领先通信企业的差异化优势，并据此在许多国际区域市场上形成竞争优势。中兴通讯非常重视技术研发，目前，所获专利总数已经超过4 000项，国际专利达350项，90%以上为发明专利，已经成为中国专利申请的"十强企业"。中兴通讯参与制定国内90%的通信标准，总计700多项[1]。在大多数业务领域，中兴通讯拥有自

---

[1] 中兴通讯案例研究组.中兴通讯成功之道[M].北京:机械工业出版社,2012:88.

主知识产权数量已经远远超过国内竞争对手。中兴通讯还与国际上许多通信巨头保持良好的合作关系，优秀的技术能力使中兴通讯的国际化进程有序开展。

（3）市场定位和销售能力

产品差异化并不仅仅体现在技术水平和生产工艺上，还包括对产品物质形态做少量变化、由广告形成的商标以及不同的销售条件等。产品差异化在一定程度上与企业的销售能力有关。市场调查、推销、广告和促销等活动是必需的。一些大型跨国企业，如可口可乐、肯德基、麦当劳等，在市场营销上所花的努力，远远超过其在实验室中的R&D投入。

我国企业生产的产品往往同质化严重，价格弹性低，在与跨国公司竞争时处于不利地位，因此，我国企业应在市场定位和销售能力上形成差异化优势。在对目标市场的选择上，可以选择一些需求层次与我国相仿的发展中国家市场，从而与大型跨国公司不构成直接的竞争。通过对外直接投资，我国企业可以在东道国设立分支机构，研究、设计和生产适合当地需求的产品，迎合当地市场的口味。因为面临的细分市场不同，我国企业往往作为大型跨国公司的补充，填补更为零散的市场空白。

华为集团就是从细分市场入手的典型案例，其国际化模式被称为"农村包围城市"的先易后难策略。这一策略可分为四个步骤：第一步，进入香港地区。1996年，华为与和记电信合作，提供以窄带交换机为核心产品的"商业网"产品。第二步，开拓发展中国家市场，重点是市场规模大的俄罗斯和南美地区。1997年华为分别在俄罗斯、巴西建立了合资公司。第三步，全面拓展其他地区，包括泰国、新加坡、马来西亚等东南亚市场，以及中东、非洲等区域市场。第四步，开拓发达国家市场，主要是西欧市场和北美市场。

3.2.2 中国对外直接投资：产业优势

我们用产业组织理论解释对外直接投资分为产业转移论和产业升级论。根据小岛清的"边际产业转移"理论，一国对外直接投资的产业应当是在本国丧失比较优势，但在他国仍具有比较优势的产业。东南亚的雁阵模式就是"边际产业转移"理论最好的案例。

"边际产业转移"理论能否说明我国目前的 OFDI 现象呢？诚然，目前一些中国企业如苏泊尔、江淮动力、宗申动力、阳光照明等确实在越南、柬埔寨等劳动力成本比较低的国家设有海外工厂，但从我国制造业自身产业结构演进的进程来看，还没有到大规模向外转移生产能力的阶段。一方面国内劳动力成本还有优势，另一方面东中西区域差异使国内存在产业转移的空间，所以，产业转移类 OFDI 在我国对外直接投资中只占很小的比例。

实际上，经过 30 多年的改革开放，我国已经形成了一批具有国际竞争力的优势产业，目前对外投资的产业不是我国已经丧失比较优势的边际产业，而是这些已经成长并处于快速发展阶段的优势产业。从 2001 年加入 WTO 开始，中国由于劳动力成本低、市场规模大等原因成为诸多跨国公司产业外包的首选。我国许多产业的外向化程度和国际竞争力都在稳步提升，不仅包括纺织、服装等劳动密集型产业，还包括重化工业、电信设备、汽车、集成电路等技术、资本密集型产业。

（1）中国制造业的国际竞争力

李钢、刘吉超（2012）[1]研究了入世十年来中国产业国际竞争力的变化，认为入世以来我国产业国际竞争力明显提升（见表 3-5）。以 2001 年制成品综合指数为 100，2010 年达到 125.6，提升了 25.6%。其中，钢铁、EDP 和办公设备、电信设备、集成电路和电子元件、纺织品的国际竞争力都有超过 40% 的提升，服装行业有 21.11% 的提升。

中国的产业结构正处于转型升级期，中国的优势产业正从传统的劳动密集型产业向技术密集型和资本密集型产业转变，传统劳动密集型产业的比较优势正在下降，而技术密集型和资本密集型产业的比较优势正在上升。中国在服装和纺织品等劳动密集型产业保持强大的国际竞争力的同时，在 EDP 和办公设备、集成电路、电信设备等技术密集型和资本密集型产业也具备了较强的国际竞争力。正是这些产业国际竞争力的提升，使产业内的企业具备了对外直接投资的能力。

---

① 李钢,刘吉超.入世十年中国产业国际竞争力的实证分析[J].财贸经济,2012(8):88-96.

表 3-5　　2001 年和 2010 年中国制造业国际竞争力指数的比较

行　业	比较优势指数		竞争优势指数		综合指数		提升幅度
	2001	2010	2001	2010	2001	2010	2001—2010
制成品	100	105.1	100	146.2	100	125.6	25.62%
1.钢铁	52.8	77.9	86.3	119	69.6	98.4	41.45%
2.化学成品及有关产品	62.9	63.9	85.6	99.6	74.2	81.7	10.14%
医药	52.8	52.8	82.1	86.2	70.1	69.5	−0.94%
3.机械及运输设备	80.3	93.9	93.4	148.8	86.8	121.3	39.75%
办公设备的电子产品	88.6	111.9	104	209.6	96.3	160.8	66.98%
（1）EDP 和办公设备	91.4	127.1	109.2	257.1	100.3	192.1	91.77%
（2）电信设备	98.5	111	117.5	224.4	108	167.7	55.3%
（3）集成电路和电子元件	56.6	82.7	84.7	137.9	70.7	110.3	56.04%
（4）汽车产品	54.9	57.8	76.5	87.4	65.7	72.6	10.46%
4.纺织品	105.1	110.1	129.2	222.3	117.2	166.2	41.86%
5.服装	143	121.3	165.7	252.5	154.3	186.9	21.11%

　　数据来源　李钢，刘吉超.入世十年中国产业国际竞争力的实证分析[J].财贸经济，2012(8):88-96.

　　注：比较优势使用目标行业出口额占该国总出口的比例、相对出口优势指数、出口增长率优势指数和相对出口优势指数变化率四个指标来衡量。竞争优势使用国际市场占有率、贸易竞争指数、国际市场占有率提升速度和贸易竞争指数提升速度四个指标来衡量。每个指标和因素的权重各占 1/8。综合指数是将各因素指数乘以各自的权重，相加即可。

　　（2）中国制造业科技创新能力

　　中国作为发展中国家，在先进技术领域还不具备与发达国家跨国公司全面竞争的能力，但是，随着政府加大对基础研究的投入、企业致力于应用技术的开发，还有跨国企业进入中国产生的技术溢出效应，使中国企业在技术创新投入与产出方面具备了一定的所有权优势。从表 3-6 所列的中国制造业科技创新投入与产出指标可以看出，制造业 R&D 活动经费支出逐年增长，以新产品开发项目数和发明专利数来体现的科技创新能力不断增强，创新能力最强的行业分别是通信设备、计算机及电子设备制造业、电气机械及器材制造业、通用设备制造业和交通运输制造业。

表 3-6 中国制造业科技创新投入与产出指标

		2007	2008	2009	2010
科技创新投入	R&D 活动经费支出（万元）	20 095 641	29 293 282	38 111 525	37 713 267
	R&D 活动人员全时当量（人·年）	777 572	1 136 392	1 354 195	1 275 445
科技创新产出	新产品开发项目数（项）	109 305	180 980	232 273	155 072
	发明专利数（项）	35 479	58 101	90 552	70 688

资料来源 根据《中国科技统计年鉴》、《中国统计年鉴》相关数据计算整理。

产业的国际化程度往往显著影响企业的国际化程度。从理论上看，四类行业的国际化程度是比较高的：①在本国全部或部分生产，其经营必然是不经济的产品生产行业，如对自然资源依赖较大的石油、木材加工、烟草、橡胶等行业；②研发密集型高技术行业，如计算机、电子设备、医药产品等行业；③规模经济比较明显的行业，如汽车、电子产品制造业；④加工行业中资本密集度高，同时又具有高需求收入弹性的差异产品生产行业[①]。因此，我国目前石化、计算机、电信设备、医药等行业的企业"走出去"的进程明显快于其他行业，行业国际竞争力和科技创新能力成为推动它们"走出去"的重要力量。

3.2.3 中国对外直接投资：制度优势

发达国家企业的多元化战略取决于"业务相关性"，而新兴市场国家企业的多元化战略决定于"制度相关性"（Peng，Lee & Wang，2005）。在新兴市场国家企业国际化过程中，正式制度和非正式制度扮演了重要角色，成为影响企业国际化战略的重要因素。Luo 等（2010）[②]指出中国企业在对外直接投资过程中缺乏所有权优势，短期内

---

① 张纪康.跨国公司与直接投资[M].上海:复旦大学出版社,2012:83.
② LUO Y, XUE Q, HAN B. How Emerging Market Governments Promote Outward FDI: Experience from China[J]. Journal of World Business, 2010(45): 68‐79.

靠企业自身实力积累很难迅速形成，而中国政府为企业提供金融和非金融方面的支持，从而有效弥补了中国企业作为后来者在国际市场上的竞争劣势。

（1）正式制度

第一，"走出去"战略。每年不断增长的对外直接投资金额与我国"走出去"战略密切相关。"走出去"战略是中国对外开放政策的重要组成部分，2000年10月在北京召开的党的十五届五中全会首次提出"走出去"战略，并把它与西部大开发战略、城镇化战略、人才战略并称为"四大战略"。2001年3月，"走出去"战略正式写入第九届全国人民代表大会第四次会议通过的《国民经济和社会发展第十个五年计划纲要》，强调"鼓励能够发挥我国比较优势的对外投资，扩大国际经济技术合作的领域、途径和方式"。之后，在党的十六大报告、党的十七大报告、党的十八大报告、"十一五规划"、"十二五规划"以及历年政府工作报告中，均对"走出去"战略有明确表述。

在"走出去"战略指引下，中国政府为加速提升国家整体的国际竞争力，加大了对国有大型企业ODI的扶植力度，如各种直接的财政补贴和间接的优惠贷款，以及其他外汇审批等方面的便利措施。这使国有大型企业在"走出去"时凭借特定的政策优势，实施海外投资的动机更强、实力更雄厚，从而更有效抵消了东道国市场环境各种不利因素给对外直接投资带来的成本和风险。

第二，双边投资协定。双边投资协定是两国政府签署的双边协议，目的是促进和保护相互之间的投资。作为联系两国的双边制度，双边投资协定给企业提供了不同于国家制度环境的保护，因而可能对企业的投资区位决策产生影响。中国是双边投资协定的缔约大国，从1982年与瑞典签订第一个双边投资协定起，到2011年共签署了130个多边投资协定，实际生效102个。虽然双边投资协定在一定程度上促进了我国企业的OFDI，但由于现有双边投资协定的内容主要是吸引外资进入，而不是支持企业"走出去"，所以它对海外投资企业的权益保护作用有限。

（2）非正式制度

在企业国际化的早期阶段，企业投资通常会投向那些与母国具有相似文化背景的国家或有一定关系网络的东道国（Johanson & Vahlne，1977）[①]。在双边关系网络下，投资项目盈利性的信息、市场进入信息以及发展机会信息都是完备的，而且关系网络还能有效地减少投资风险和商业风险。Dunning（2002）[②]也强调新兴市场跨国公司在OFDI过程中对社会关系网络的依赖性，并提出"关系资产"的概念，把这种特有关系视为一种独特的所有权优势融入到OLI范式中。

很多学者的研究表明中国企业在经营时十分注重特有的"关系"因素。东道国的华人是促进双边文化联系的重要纽带，也是中国企业"走出去"可以借用的重要"关系"资源。通过全球华人关系网络，企业能够有效降低投资风险和交易成本。实践也表明：长期以来，相当大比重的中国资本输出流向华裔集中的地区，如中国香港、新加坡、印度尼西亚、马来西亚等。截止到2012年，中国企业OFDI存量中68.5%分布于亚洲，这些地区的华裔人口占中国境外华裔人口总数近90%。

一些学者通过计量研究证实了关系资源对中国OFDI的推动作用。Erdener和Shapiro（2005）针对中国的研究发现，东道国华裔居民密集度越高，中国企业在东道国投资时所具有的整合资源的内部化优势越强。可见，东道国的华裔关系资源也是中国企业OFDI必要的比较所有权优势之一。Buckley等（2007）基于1984—2001年中国批准的对外直接投资数据研究了中国OFDI的影响因素，其中以"文化相似性"指标来衡量非正式制度的影响，实证结果表明这一指标有效地促进了中国企业的OFDI。对于中国企业"走出去"的关系因素，国内学者也进行了实证研究。阎大颖、洪俊杰、任兵（2009）利用2006—2007年间中国企业微观数据，以东道国华裔居民占总人口比重来测度该国华裔关系资源。研究结果表明：东道国华裔居民所占比重越大，对中国企业而言，潜在的海外网络关系越丰富，越有利于中国企业"走出去"。

① JOHANSON J, VAHLNE J E. The Internationalization Process of the Firm: a Model of Knowledge Development and Increasing Foreign Commitment[J]. Journal of International Business Studies, 8(2), 1977:23-32.

② DUNNING J H. Relational Assets, Networks and International Business Activity[M]// CONTRACTOR F J,LORANGE P.Cooperative Strategies a Alliances. Pegamon: Amsterdam, 2002: 569-593.

3.3 中国对外直接投资动力机制：实证检验

目前，我国学者们对中国对外直接投资动力机制的研究大多是从理论层面展开的，实证研究相对较少。田巍、余淼杰（2012）[①]利用浙江省制造业企业生产和对外直接投资的企业层面微观数据，考察了企业劳动生产率和对外直接投资的关系，结果表明：劳动生产率对企业海外投资有积极的显著影响。孟丁、许志超（2013）[②]基于中国制造业上市公司的数据对企业资源（研发资源和广告资源）和企业国际化程度之间的关系进行了实证研究。结果表明：制造业上市公司国际化程度和研发密度之间呈现显著的正"U"形关系，国际化程度和广告密度之间不存在显著的倒"U"形关系。王成歧等（2012）[③]选取了产业竞争程度、产业外资进入程度、产业技术密集度三个指标来衡量产业环境，并检验产业环境对企业"走出去"的影响。结果表明：产业竞争程度与企业国际化选择具有显著的正相关关系，产业外资进入程度、产业技术密集度与企业国际化选择有显著的负相关关系。张建红等（2012）[④]使用2003—2009年中国企业海外并购数据分析36个产业的产业特征与国际化的关系。其中，产业指标有：产业收益率、产业要素构成、产业出口强度、产业规模。结果表明：产业海外并购与产业收益率、产业技术密集度、产业出口强度、产业规模呈显著正相关关系，与产业劳动密集度呈显著负相关关系。

现有实证研究大多是使用国家层面、行业层面的总体数据进行的（程惠芳、阮翔，2004；李辉，2007），然而，国家层面、行业层面的总体数据忽略了对外投资行业和企业的异质性，对中国OFDI动力机制的解释力远不如微观层面企业数据强。本书拟在资源观、产业观和制度观的综合视角下，利用分属19个制造业行业的304家中国制造业上市公司

① 田巍,余淼杰.企业生产率和企业"走出去"对外直接投资:基于企业层面数据的实证研究[J].经济学（季刊）,2012(2):383-408.
② 孟丁,许志超.企业资源对企业国际化程度影响的实证研究[J].经济体制改革,2013(3):91-95.
③ WANG C, HONG J J, KAFOUROS M, BOATENG A. What Drives Outward FDI of Chinese Firms? Testing the Explanatory Power of Three Theoretical Frameworks[J].International Business Review, 2012, 21(3):425-438.
④ 张建红,葛顺奇,周朝鸿.产业特征对产业国际化进程的影响——以跨国并购为例[J].南开经济研究,2012,(2):3-19.

对外直接投资的微观数据，从企业资源、产业特征、制度因素三个维度来研究中国OFDI动力机制的母国推动力。

3.3.1 分析框架与假设

本章基于Peng等人（2008，2009）提出的"战略三角"理论分析框架，从企业资源、行业特征和制度因素三方面分析中国对外直接投资的母国推动力。

（1）企业资源

资源基础理论把企业看作资源束，企业拥有的资源与能力，特别是企业长期累积的商标或品牌等无形资产，以及在产品研发上的独特技术优势等异质性资源，是企业竞争优势的重要来源（Barney，1991）。资源基础理论在重视企业资源的形成和获得的同时，也关注企业资源的发展，指出OFDI是为了"能够接触到东道国的技术创新，从而产生信息溢出效应，给未来组织学习和成长提供机会"（王夏阳，2002）。

企业特殊资源被认为是企业跨越国界、在世界范围内进行投资或经营活动的基本要件，这些资源主要指无形资产，包括技术优势、规模优势、组织管理优势和融资便利优势等。在企业特定资产中，创新和学习能力是不可或缺的，而R&D投入是企业创新活动的重要体现。R&D投入对企业对外直接投资具有两方面影响：一方面，R&D投入直接影响企业技术水平，R&D投入较高的企业往往具备更大的技术创新优势和更强的技术吸引能力。这种技术创新能力构成了企业对外直接投资的基础和特有优势，对外直接投资实质上就是企业利用这种特定技术优势与东道国的劳动力、资本等资源相结合的海外寻租行为。另一方面，由于发展中国家跨国企业与发达国家跨国企业在核心技术上存在差距，OFDI成为发展中国家跨国企业缩小技术差距、弥补后发劣势的重要路径。能否通过OFDI实现技术赶超和跨越，企业的技术吸引能力是一个重要的影响因素，而技术吸引能力的大小建立在企业前期的R&D投入上（Kafouros & Buckley，2008）。

Uppsala国际化模型指出企业国际化是一个渐进的过程，企业通过出口掌握更多的海外市场信息和联系渠道后，随着国际业务量的增长，会逐步在海外建立自己的销售子公司及生产基地。因此，出口通常是先于对外直接投资的一种国际化方式，出口可以为企业对外直接投资积累国际化经验。国际贸易中的比较优势论也指出，出口导向型的企业通常在国际劳动分工中具有比较优势，这种比较优势也是企业所有权优势的重要来源，对于企业对外直接投资有积极影响。由此可以推断，出口越多的企业，对外直接投资的动机和能力越强。

企业的盈利能力在一定程度上反映了企业整合内外部资源的组织管理能力。组织管理能力是企业核心能力之一，是企业以低成本获取生产要素的能力，以及以标准化或成熟技术制造产品的能力。组织管理能力强的企业，可以比竞争对手以更高效率供应产品，从而具有更强的国际化动机。

假设 1：中国企业对外直接投资水平与以下企业因素正相关：（a）企业研发投入；（b）企业出口能力；（c）企业盈利能力。

（2）产业特征

根据产业组织理论的观点，不同产业的国际化进程和潜力不同，产业与国际化的影响是相互的。一方面，产业特征与发展阶段决定产业国际化的模式和进程；另一方面，产业国际化进程反过来又会影响产业的发展方向。所以，企业国际化战略受其产业特征的制约（Yip，1992），具体的产业特征包括产业集中度、产业竞争程度、产业技术密集度、产业外向度等。本书仅就产业竞争程度和产业技术密集度对企业国际化的影响进行分析。

波特的产业竞争五力模型指出，产业竞争力受五种因素的影响：新加入者的威胁、客户的议价能力、替代品或服务的威胁、供货商的议价能力以及现有产业内企业间的竞争程度。其中，现有产业内企业间的竞争程度是影响产业竞争力的一个重要因素。一个产业的市场准入门槛越低，对企业的资金规模要求越小，进入者越多，竞争越激烈。一方面，激烈的市场竞争推动行业内企业通过提高管理和生产绩效来提升企业竞争力（McDougall et al.，1992；Robinson & McDougall，1998）；另一方面，市场高度分割降低了企业的平均利润率，迫使企业通过国际扩张来寻求新的利润增长点（Yang等，2009）。由此可以推断，一个产业竞争越激烈，产业内企业向海外扩张的动机和能力也越强。

产业技术密集度影响企业的国际化动机。现有对企业国际化的研究大多选择高科技企业作为案例（Burgel & Murray，2000；Zahra et al.，2000），一方面是因为数据的可得性，另一方面也是因为高科技产业对国际化的需求较其他产业更高。由于知识在产业发展中的重要作用，这些产业中的企业更易走国际化道路。事实上，已经有很多实证研究证实了产业知识密集度和技术密集度对企业国际化的重要影响（Autio et al.，2000；Zahra et al.，2000）。20世纪90年代末，跨国公司R&D全球化趋势推动技术发展日新月异，产品生命周期缩短，发展中国家技术密集型产业内企业为了提高技术创新能力，缩小与发达国家的技术差距，积极向技术领先国家开展技术寻求型R&D投资。因此，技术密集度较高产业内的企业对外直接投资动机较强。

假设2：中国企业对外直接投资水平与以下产业因素正相关：（a）产业竞争程度；（b）产业技术密集度。

（3）制度因素

在制度观框架下，新兴市场国家的制度对企业OFDI行为具有制约与激励双重作用。在新兴市场国家企业国际化过程中，母国政府扮演了一个重要角色。Lau（2003）认为韩国企业在发展过程中提前国际化就是因为韩国政府强有力的支持，类似的国家还有中国、新加坡、印度等。Luo等（2010）分析了制度因素对中国OFDI的促进作用，指出中国政府为企业提供金融和非金融方面的支持，从而有效弥补了中国企业作为后来者在国际市场上的竞争劣势。Peng（2012）[①]以中国为例研究新兴市场跨国公司的国际化战略，指出中国政府作为重要的制度变量，对中国企业OFDI有积极和消极两方面的作用。

然而，我国对不同所有制企业的OFDI支持与促进政策是不同的。长期以来，国有大型企业一直是我国海外投资的主体。《2012年度中国对外直接投资统计公报》显示，截止到2012年，国有企业OFDI的存量占全国的59.8%。国有企业对外直接投资不仅包含企业自身的战略寻求

---

① 20世纪90年代中期之前，中国政府采取各种管制措施限制企业"走出去"。90年代中期之后，中国政府开始给予企业各种优惠政策（低息贷款、财税优惠等），鼓励企业"走出去"。

和逐利动机，还承担着部分实现国家战略目标的责任，因此，它们更容易得到政府的政策支持（宗芳宇等，2012）。Buckley等（2007）认为相对于其他性质的企业，国有企业更易获得政府各项优惠政策和制度便利，如各种直接的财政补贴和间接的优惠贷款，以及外汇审批等其他方面的便利措施。相比之下，非国有企业的平均规模比国有企业小，对外投资起步晚，且缺少国家战略的主导，能得到的资源支持相对较少，受到的制度约束比较大（阎大颖等，2009；张宇，2009）。所以，与非国有企业相比，国有企业更倾向于与国家政策保持一致性，它们拥有较强的从国家获取资源的能力。我们认为具有较高国有属性的企业更有可能选择"走出去"。

假设3：中国企业对外直接投资水平与国有持股比例正相关。

3.3.2 计量模型

（1）样本选择

为了从微观层面深入考察中国OFDI的动力机制，本书的实证研究需要大量从事过海外直接投资的企业数据，然而，由于企业数据难以获取，我们只能采用上市公司的数据来研究这一问题。本书以沪深两市的上市公司为样本，研究中国企业对外直接投资的母国推动力。研究样本的选取标准如下：①2011年及以前上市的制造业公司，不包括采矿业、建筑业以及服务业企业；②企业海外直接投资目的地不包括英属维尔京群岛、开曼群岛和百慕大群岛的企业，因为这类企业向避税地的投资动机与本书研究的投资动因有很大差异；③有本书研究所需的完整的企业出口规模、研发投入和财务数据，不包括ST企业。根据研究需要，本书最终选取了304家制造业上市公司作为研究样本，这些公司按我国证券监督管理委员会颁布的《上市公司行业分类指引》分别归属于19个行业。

（2）变量说明

①被解释变量：

本书的样本数据是一个横截面数据，被解释变量是企业海外子公司或联营公司的数量（截止到2011年），属于计数（count）变量，是非负的整数随机变量。计数数据一般服从泊松分布，其概率密度函数为：

$$\Pr(Y_i = y_i | x_i) = \frac{e^{-\lambda_i} \lambda_i^{y_i}}{y_i!} \ (y_i = 0, 1, 2, \cdots) \tag{3-1}$$

其中，Y_i 表示 i 公司在 2011 年所拥有的海外子公司数量；y_i 是随机变量的取值；$\lambda_i > 0$ 被称为泊松到达率，由解释变量 x_i 所决定。泊松分布的期望值和方差均等于 λ_i，即 $E(y_i) = \mathrm{Var}(y_i) = \lambda_i$。对服从泊松分布的随机变量，一般使用泊松回归模型来估计期望参数 λ_i 与解释变量的关系，即：

$$\lambda_i = \exp(x'_i \beta) \tag{3-2}$$

泊松分布最重要的约束条件是条件均值和条件方差相等，然而这一约束条件在经验应用中经常不存在。实际上计数模型通常会存在过度分散（overdispersion）问题，即被解释变量的方差明显大于期望，可以考虑使用负二项回归（negative binomial regression）模型来代替泊松模型，即假设样本来自负二项分布，然后使用似然函数极大化来估计模型的参数。

②解释变量：

企业变量：一是企业年龄，用企业建立年份到第 t 年的年数来测算；二是企业规模，用主营业务收入来表示；三是企业研发投入，用研发费用总额占主营业务收入比例来表示；四是企业出口能力，用主营业务收入中国外市场收入占总收入比重来表示；五是企业盈利能力，用净资产收益率来表示。

产业变量：一是产业竞争程度，用企业净流入数来表示，即产业的净进入企业的个数（新进入企业的个数减去退出企业的个数），该指标可用来衡量整个产业的竞争状况；二是产业技术密集度，用产业内规模以上企业有效发明专利数来表示。

制度变量：国家持股变量，表示企业是否含有国家持股或国有法人持股比例，这是一个哑变量，当存在国家持股或国有法人持股时，取值为 1，否则为 0。

本部分所涉及企业变量和制度变量（见表 3-7）的数据均来自巨潮

资讯网所公布的上市公司年报（2011年），行业数据来自《中国统计年鉴》（1998—2012年）。

表 3-7　　　　　　　　　　　　变量说明

变量名		变量含义	符号
企业变量	企业年龄 AGE	用企业建立年份到第 t 年的年数来测量	+
	企业规模 SCALE	用主营业务收入来表示（亿元）	+
	企业研发投入 R&D（H1a）	用研发费用总额占主营业务收入比例来表示（%）	+
	企业出口能力 EXP（H1b）	用主营业务收入中国外市场收入占总收入比重来衡量（%）	+
	企业盈利能力 ROE（H1c）	用净资产收益率来表示（%）	+
产业变量	产业竞争程序 COMPE（H2a）	用企业净流入数来表示（个）	+
	产业技术密集度 TECH（H2b）	用产业内规模以上企业有效发明专利数来表示（个）	+
制度变量	国家持股 OWNER（H3）	当企业存在国家持股或国有法人持股时，取值为1，否则为0	+

3.3.3　计量结果与分析

根据上述分析，我们建立如下模型来检验中国企业对外直接投资的母国推动力：

$$OFDI_i = \beta_0 + \beta_1(AGE)_i + \beta_2(SCALE)_i + \beta_3(RD)_i + \beta_4(EXP)_i + \beta_5(ROE)_i + \beta_6(COMPE)_i$$
$$+ \beta_7(TECH)_i + \beta_8(OWNER)_i + \varepsilon_i \qquad\qquad (3-3)$$

其中，下标 i 代表样本公司；ε 为随机扰动项。本书使用 Stata 12.0 程序包进行参数估计。

（1）变量的描述性统计

为了将 OFDI 与各解释变量之间可能存在的非线性关系转换成线性

关系，减少异常点以及残差的非正态分布和异方差性，本书对产业竞争程度和企业规模两个变量进行对数化处理。各变量的描述性统计见表3-8。

表 3-8　　　　　　　　　　　　变量的描述性统计

变量名称	观测值	均值	方差	最小值	最大值
OFDI	304	1.6414	2.7018	0	15
AGE	304	14.289	5.2629	1	32
LnSCALE	304	3.3079	1.4836	−0.2231	8.3774
R&D	304	2.2885	2.1211	0.01	13.127
EXP	304	20.8240	23.6560	0.001	97.01
ROE	304	10.2956	9.3255	−32.8295	55.7759
LnCOMPE	304	9.5256	0.5450	8.0913	10.1860
LnTECH	304	9.2303	1.1662	5.9322	11.0375
OWNER	304	0.3783	0.4858	0	1

（2）计量结果

根据被解释变量的数值类型以及存在大量零值的特点，本书依次采用泊松回归、负二项回归、零膨胀泊松回归以及零膨胀负二项回归四个模型进行拟合。表3-9显示了泊松回归和负二项回归的结果。样本数据显示：被解释变量OFDI的期望（1.6414）小于方差（2.7018），负二项回归模型结果中alpha的95%置信区间为（0.33，0.77），故可以在5%的显著性水平上拒绝alpha = 0的原假设，即拒绝使用泊松回归，应该使用负二项回归。

由于样本中被解释变量OFDI的大量取值为零，可以考虑使用零膨胀泊松回归（zero-inflated poisson regression，ZIP）或零膨胀负二项回归（zero-inflated negativebinomial regression）。究竟应该使用标准泊松回归还是零膨胀泊松回归？Stata提供了一个Vuong统计量，其渐近分布

表 3-9 模型估计结果（1）

OFDI	泊松回归		负二项回归	
	系数	标准误	系数	标准误
AGE	0.025	0.011	0.026	0.012
LnSCALE	0.489***	0.038	0.557***	0.057
R&D	0.087***	0.028	0.105***	0.038
EXP	0.011***	0.003	0.014***	0.003
ROE	0.022***	0.006	0.019**	0.008
LnCOMPE	0.234**	0.152	0.167*	0.144
LnTECH	−0.022	0.094	−0.027	0.077
OWNER	−0.054	0.169	−0.091	0.163
_cons	−4.531***	1.508	−4.159***	1.396
N	304		304	
Log likelihood	−486.4527		−449.53	
Wald chi2	408.95		205.11	
Prob > chi2	0.0000		0.0000	

注：*表示在10％水平上显著，**表示在5％水平上显著，***表示在1％水平上显著。

为标准正态。如果 Vuong 统计量很大，则应选择零膨胀泊松回归（或零膨胀负二项回归）；反之，如果 Vuong 统计量很小（为负数），则应选择标准泊松回归（或标准负二项回归）。表 3-10 显示了零膨胀泊松回归和零膨胀负二项回归的结果。零膨胀泊松回归的 Vuong 统计量为 1.3，零膨胀负二项回归的 Vuong 统计量为 0，均小于 1.96，故拒绝使用零膨胀泊松回归和零膨胀负二项回归，应使用标准泊松回归和标准负二项回归。

表 3-10 模型估计结果 (2)

OFDI	零膨胀泊松回归		零膨胀负二项回归	
	系数	标准误	系数	标准误
AGE	0.021	0.009	0.026	0.014
lnSCALE	0.464***	0.034	0.557***	0.057
R&D	0.085***	0.024	0.105***	0.038
EXP	0.010***	0.002	0.014***	0.003
ROE	0.020***	0.004	0.019**	0.007
lnCOMPE	0.240**	0.102	0.167	0.137
lnTECH	−0.031	0.048	−0.027	0.064
OWNER	−0.042	0.114	−0.091	0.157
_cons	−4.159***	1.994	−4.159***	1.332
N	304		304	
Log likelihood	−480.4301		−449.53	
Wald chi2	288.25		152.14	
Prob > chi2	0.0000		0.0000	

注：*表示在10%水平上显著，**表示在5%水平上显著，***表示在1%水平上显著。

综合上述模型可以看出，负二项回归模型具有更强的解释力。根据该模型的实证结果，我们很容易看出与企业相关的几个变量除企业年龄外系数都显著为正，说明上市公司企业资源变量对企业"走出去"具有明显的推动作用。

企业规模通过了在1%水平上显著性检验，系数为正，说明企业规模与对外直接投资有正相关关系。样本中一些规模较大的企业，如宝钢股份、中联重科、三一重工、上汽集团等，拥有更多的海外子公司。企业研发投入变量通过了在1%水平上显著性检验，系数为正，这一结果支持了假设1（a）的成立。中国制造业上市公司中，对外直接投资较多的企业往往是R&D投入比例较高、拥有一定技术能力的企业。这在一定程度上证明对外直接投资的中国企业拥有相对技术优势。企业出口能力变量通过了在1%水平上显著性检验，系数为正，这一结果支持了假设1（b）的成立。在本书的研究样本中，一些出口型企业，如国投中鲁、成霖股份、长城开发、金山开发等，都在中国香港等主要销售地设立了海外销售代理处。企业盈利能力变量通过了在1%水平上显著性检验，系数为正，这一结果支持了假设1（c）的成立，说明企业国际化与盈利能力之间有正相关关系。

产业变量和制度变量中，产业竞争程度的系数为正，且在10%的水平上显著，这一结果支持了假设2（a）的成立，说明企业数量较多、竞争比较激烈的产业，如非金属矿物、金属制品业、通用设备制造业、电气机械等，企业拥有更强的国际化动机。产业技术密集度系数为负，且没有通过显著性检验，因此假设2（b）不成立。国家持股变量系数为负，且没有通过显著性检验，因此，没有足够证据支持假设3的成立。实际上，随着越来越多的民营企业"走出去"，国有企业所占比重正逐年下降。

（3）实证结论

实证结果显示：企业规模、企业R&D投入、企业出口能力、企业盈利能力和产业竞争程度对中国企业OFDI有显著正向影响。

结论主要有三点：

①与企业资源相关的三个变量均显著，说明企业所有权优势对"走出去"有促进作用，也证明了主流FDI理论的"优势前提论"对中国OFDI仍具有解释力。企业R&D投入高意味着企业拥有较先进的技术能力，并依靠这种能力克服跨国经营中的所有权劣势。目前，我国一些企业，如苏泊尔、新希望、宗申动力等对越南、孟加拉国等发展中国家的投资就是利用相对技术优势，结合当地廉价劳动力资源，开展国际化生产。企业出口能力和企业盈利能力分别说明企业国际化的经验和企业管理能力对"走出去"的促进作用。另外，企业规模变量也显著为正，规模大的企业可以通过规模经济、范围经济降低交易成本，提高利润率，从而有更高的资源配置能力，对企业国际化有积极影响。另外，有

足够大的国内市场作为支撑，企业才能更好地"走出去"。

②产业变量中，产业竞争程度与OFDI显著正相关。竞争激烈的产业，企业更有动力寻求国外市场，这一结论与王成歧等（2012）的结论相同。在经济全球化背景下，中国企业已经无法复制当年日、韩等国企业的成功模式，日、韩等国企业可以花20年获得品牌、渠道或成本上的优势，但中国企业没有那么多的时间和成本利润结构。因此，一个足够庞大、竞争激烈的国内市场可以为中国企业"走出去"提供有力支撑[①]。技术密集度与OFDI关系不显著，尽管技术密集型产业通过海外R&D投资获取国外先进技术的动机更强，但其他行业企业也同时加快了"走出去"的步伐。

③制度变量中，国家持股变量与OFDI关系不显著，这与张建红等（2012）的结论相同。这一结论与本书的研究样本选择有很大关系。本书以我国上市公司为研究样本，这些股份有限公司无论是国有企业还是民营企业，都会得到来自政府的制度支持。另外，本书样本数据的研究时间截止到2011年，在这一时间段，随着政府对OFDI审批权限的放松，越来越多的民营企业"走出去"，在国外建立销售平台、生产基地或者研发机构，成为中国对外直接投资的重要组成部分。

3.4 本章小结

本章借助Peng等人（2008，2009）提出的"战略三角"理论分析框架，结合中国对外直接投资的实践，从资源观、产业观、制度观三方面分析了中国对外直接投资动力机制的母国推力。

理论研究表明，中国对外直接投资动力机制体现在三方面：企业所有权优势、产业优势和制度优势。中国企业的所有权优势主要表现为大规模低成本生产、局部技术创新、市场定位和销售能力，产业优势体现在产业国际竞争力和技术创新能力的提高上，制度优势体现在国家"走出去"战略的政策支持上。在实证层面，本书利用304家中国制造业上

---

① 麦肯锡中国公司合伙人徐浩洵认为："如果你在国内不是处于一个充分竞争的行业，没有很好的技能，并非通过竞争赢得你的市场和利润，那么我相信'走出去'成功的可能性很小。"由此可见，中国庞大的竞争激烈的国内市场为企业"走出去"提供了支持。

市公司的对外直接投资微观数据，从企业资源、产业特征、制度因素三方面研究了中国对外直接投资的动力机制。结果表明：企业规模、企业 R&D 投入、企业出口能力、企业盈利能力和产业竞争程度对中国企业 OFDI 有显著正向影响。结论主要有三点：①与企业资源相关的三个变量均显著，说明由企业研发能力、出口能力、管理能力共同构成的企业所有权优势对"走出去"有明显的促进作用；②企业规模对企业国际化程度有积极影响，规模大的企业可以通过规模经济、范围经济降低生产和交易成本，提高利润率，从而拥有更高的资源配置能力，对企业"走出去"有积极影响；③企业对外直接投资受产业特征的影响，竞争激烈的产业对外直接投资的动力高于其他产业。

第4章　中国对外直接投资动力机制Ⅱ：
东道国的引力

4.1　概　述

　　上一章分析了中国对外直接投资动力机制中的母国推力，本章将探讨中国对外直接投资动力机制中的东道国引力。OFDI的东道国区位问题一直是国际经济学和区域经济学研究的热点问题之一，对OFDI东道国区位特征的揭示在很大程度上能够解释对外直接投资的内在动因，同时对跨国公司区位选择的研究具有很好的政策含义，可以帮助政策当局制定或修订引导对外直接投资流向的相关政策框架。

　　在研究中国对外直接投资的东道国引力之前，必须明确一个基本问题，即中国"走出去"战略的目标是什么？2001年3月，"走出去"战略正式写入九届人大四次会议通过的《国民经济和社会发展第十个五年计划纲要》，强调"鼓励能够发挥我国比较优势的对外投资，扩大国际经济技术合作的领域、途径和方式"。因此，早期"走出去"的主要目标是通过OFDI带动产品出口。随后，在《国民经济和社会发展第十一个五年规划纲要》中提出"通过跨国并购、参股、上市、重组联合等方式，培育和发展我国的跨国公司"，《国民经济和社会发展第十二个五年规划纲要》中除了传统的海外研发、资源寻求动因外，还强调了"鼓励制造业优势企业有效对外投资，创建国际化营销网络和知名品牌"。由此可见，国家"走出去"战略的目标正逐步由出口促进型转变为战略资产寻求型（见表4-1）。当然，"走出去"战略目标能否实现，还有待实践的检验。

表4-1　　　　　　　　　**"走出去"战略的政策内容**

	政策内容	OFDI动因[①]
"十五"计划（2001年）	鼓励有竞争优势的企业开展境外加工贸易，带动产品、服务和技术出口。支持到境外合作开发国内短缺资源，促进国内产业结构调整和资源置换。鼓励企业利用国外智力资源，在境外设立研究开发机构和设计中心	促进出口 资源寻求 技术寻求
"十一五"规划（2006年）	支持有条件的企业对外直接投资和跨国经营。以优势产业为重点，引导企业开展境外加工贸易，促进产品原产地多元化。通过跨国并购、参股、上市、重组联合等方式，培育和发展我国的跨国公司。按照优势互补、平等互利的原则扩大境外资源合作开发。鼓励企业参与境外基础设施建设，提高工程承包水平，稳步发展劳务合作	效率寻求 战略资产寻求 资源寻求
"十二五"规划（2011年）	深化国际能源资源开发和加工互利合作。支持在境外开展技术研发投资合作，鼓励制造业优势企业有效对外投资，创建国际化营销网络和知名品牌。扩大农业国际合作，发展海外工程承包和劳务合作，积极开展有利于改善当地民生的项目合作。逐步发展我国大型跨国公司和跨国金融机构，提高国际化经营水平	资源寻求 技术寻求 战略资产寻求

在明确"走出去"战略目标之后，我们再从官方统计数据解读中国

[①] 关于跨国公司OFDI的动因，Dunning（1977，1993）指出，跨国公司对外直接投资存在三个基本动因：市场寻求型、效率寻求型和资源寻求型，后来他（2001）又补充了战略资产寻求型的动因。

对外直接投资的区域分布，了解数字背后 OFDI 的真实动因。从上一章表 3-3 "中国 OFDI 流量地区分布"中可以看出，亚洲和拉丁美洲是中国对外直接投资流量最集中的区域，集中了中国 OFDI 流量的 80% 左右。亚洲主要流向中国香港，拉丁美洲主要流向英属维尔京群岛、开曼群岛，这些地区都是国际上知名的"避税天堂"或离岸金融中心。表 4-2 列出了"中国 OFDI 流量前十位的国家（地区）"，可以看出中国香港、英属维尔京群岛、开曼群岛一直名列前茅。为什么中国大量 OFDI 流向香港地区、英属维尔京群岛和开曼群岛呢？一些学者认为，对这些地区的投资有可能是出于套利的目的，部分资金甚至会回流到大陆（Cheng & Ma，2008），也可能是出于财富转移的目的（Morck et al.，2008）。当然，中国香港具有特殊性，投资中国香港的原因主要有：第一，中国香港有优惠的税收体系，对海外所得免征所得税，对分配给境外投资者的股息不征收预提所得税，而且没有流转税。香港与内地签订了最优惠的税收安排①。税收优惠使得很多内地企业选择在香港设立子公司，然后再以香港子公司的名义对外投资②。第二，中国香港是国际上有名的国际贸易中心和国际金融中心。第三，中国香港与内地文化联系密切，无语言障碍，地理距离与心理距离都很近，因此，很多内地企业"走出去"的第一步都选择香港。

既然从官方数据很难看出中国对外直接投资的真实流向，那么究竟哪些东道国符合中国对外直接投资的目标国要求呢？Dunning（1998）提出国际生产折中理论，强调跨国公司对外直接投资须具备三大优势：所有权优势、区位优势和内部化优势，即 OLI 范式。其中，"L"指东道国必须具备某种区位优势（也被称为国家特定优势），如自然资源禀赋优势、劳动力优势、市场规模优势等。正是由于东道国拥有这些国家特定优势，才会吸引跨国公司的 OFDI。Dunning 和 Lundan（2008）③进

---

① 1998 年，内地与香港特别行政区政府间首个行业方面的税收协议安排签署并实施。2006 年 8 月，在双方税务机关的共同努力下，《内地和香港特别行政区关于对所得避免双重征税和防止偷漏税的安排》签订。

② 许多中国公司的海外并购都是通过香港子公司完成的，如中国中化集团公司收购挪威国家石油公司巴西佩格里诺油田 40% 股权、中国石油化工集团公司收购加拿大日光能源公司 100% 股权、中国蓝星集团公司收购挪威埃肯公司 100% 股权。

③ DUNNING J H, LUNDAN. Institutions and the OLI Paradigm of the Multinational Enterprise [J]. Asia Pacific Journal of Management,2008(25):573-593.

一步强调国家特定优势对某一地区而言是特定的，对在该地区的所有企业都适用，不论是本土企业还是外资企业。

表 4-2   **中国对外直接投资流量前十位的国家（地区）**

（2008—2012 年）

排名	2008	2009	2010	2011	2012
1	中国香港	中国香港	中国香港	中国香港	中国香港
2	南非	开曼群岛	英属维尔京群岛	英属维尔京群岛	美国
3	英属维尔京群岛	澳大利亚	开曼群岛	开曼群岛	哈萨克斯坦
4	澳大利亚	卢森堡	卢森堡	法国	英国
5	新加坡	英属维尔京群岛	澳大利亚	新加坡	英属维尔京群岛
6	开曼群岛	新加坡	瑞典	澳大利亚	澳大利亚
7	中国澳门	美国	美国	美国	委内瑞拉
8	哈萨克斯坦	加拿大	加拿大	英国	新加坡
9	美国	中国澳门	新加坡	卢森堡	印度尼西亚
10	俄罗斯	缅甸	缅甸	苏丹	卢森堡

数据来源　《中国对外直接投资统计公报》（2008—2012年度）。

那么，具备何种特征的东道国对中国OFDI更有吸引力？人们普遍认为，拥有较大的市场规模、较丰富的自然资源禀赋、较高的贸易规模以及良好的政治制度环境的东道国更易成为中国OFDI目标国（Buckley et al.，2007；Cheung & Qian，2009；Kolstad & Wiig，2012；Ramasamy et al.，2012）。Buckley 等（2007）[①]研究了1984—2001年中国OFDI的区位因素，发现东道国的市场规模、贸易、文化相似性等因素对中国OFDI有显著的正影响。Ramasamy等（2012）[②]将中国企业分为国有企业和私有企业两类，分别研究其决定因素，发现国有企业大多投向自然资源丰富且政治风险较高的国家，私营企业大多投向市场规模较大的国家。Cheung和Qian（2009）[③]发现中国对发达国家的OFDI受东道国市场因素的影响较

① BUCKLEY, CROSS et al.. Historic and Emergent Trends in Chinese Outward Direct Investment [J]. Management International Review,2008,48(6):715-748.
② RAMASAMY B, YEUNG M, LAFORETS.China's Outward Foreign Direct Investment: Location Choice and Firm Ownership [J].Journal of World Business ,2012 (47):17-25.
③ CHEUNGYW, QIAN XW.Empirics of China's Outward Direct Investment [J].Pacific Economic Review,2009,14(3):312-341.

大，对发展中国家的OFDI受东道国自然资源因素影响较大。

国内一些学者也从不同角度对中国OFDI区位选择影响因素进行研究，项本武（2009）[①]采用GMM分析方法研究发现，东道国市场规模对中国OFDI具有显著负影响，出口对中国OFDI具有显著正影响，而东道国工资水平的影响并不显著。罗伟、葛顺奇（2012）[②]基于异质性水平型跨国公司理论，研究中国对世界100多个国家和地区OFDI的区位影响因素，发现中国OFDI存量倾向于流入市场规模大、工资水平低、贸易成本高，以及OFDI和出口的固定成本差异程度小的国家和地区。蒋冠宏、蒋殿春（2012）[③]利用2003—2009年中国对95个国家的OFDI数据，考察了中国OFDI的区位选择，发现中国对发展中国家的投资，存在市场寻求和资源寻求的动机，其中技术输出的动机也很明显；中国对发达国家的投资，有战略资产寻求动机，而市场和资源寻求动机不明显。韦军亮、陈漓高（2009）从东道国政治风险角度，宇芳宇等（2012）从投资协定和制度角度，池建宇、方英（2014）从制度约束角度，肖文、周君芝（2014）从投资动机和能力角度分别研究中国OFDI的区位因素，并得出各自的结论。

由于研究视角不同，上述对中国对外直接投资东道国区位研究的结论也不尽相同。本章结合中国对外直接投资微观动因（自然资源寻求型、市场寻求型、战略资产寻求型），通过建立引力模型，分析东道国区位特征对中国对外直接投资区位选择的影响，然后再结合中国对发达国家和发展中国家的不同投资动机，分别研究其区位因素。

4.2 中国对外直接投资的微观动因

按对外直接投资的流向，OFDI可划分为顺梯度OFDI与逆梯度OFDI两种。"顺梯度OFDI"是指向经济发展水平相同或更差国家的投

① 项本武.东道国特征与中国对外直接投资的实证研究[J].数量经济技术经济研究,2009(7):33-45.
② 罗伟,葛顺奇.中国对外直接投资区位分布及其决定因素——基于水平型投资的研究[J].经济学（季刊）,2013(7):1443-1464.
③ 蒋冠宏,蒋殿春.中国对外投资的区位选择:基于投资引力模型的面板数据检验[J].世界经济,2012(9):21-40.

资，企业以获取东道国的自然资源、市场及劳动力资源为主要动因。"逆梯度OFDI"是向相对发达国家的投资，企业以获取市场、技术、销售渠道等为主要动因。中国目前的OFDI具有二元性，既包括对发达国家的逆梯度上行投资，也包括对发展中国家的顺梯度平行或下行投资。从投资动因上看，中国向发达国家的投资主要有市场寻求型（差异化产品）、战略资产寻求型；向发展中国家的投资主要有自然资源寻求型和市场寻求型（标准化产品）（见图4-1）。基于已有研究对投资动机的分类，下面我们从自然资源寻求型、市场寻求型、战略资产寻求型三方面分析中国企业OFDI的微观动因。

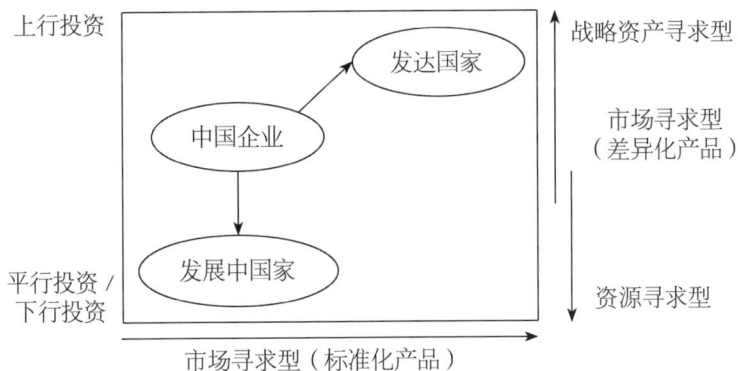

图4-1　中国对外直接投资的动因

4.2.1　自然资源寻求型

自然资源寻求型OFDI是跨国公司对外直接投资的重要组成部分，大多投向矿业、农业、林业和渔业等初级产业部门。由于要开发和利用的自然资源只存在于自然资源丰富的区域，因此这类投资具有很强的地理区位特征。自2001年中国加入WTO以来，廉价的劳动力资源使中国成为了"世界工厂"，"中国制造"流向世界各个国家（地区），中国成为了国际贸易大国，进出口总额占世界的1/10。2013年，中国超过美国成为世界第一货物贸易大国，进出口总额达4.16万亿美元。国际贸易的增长使资源成为我国经济发展最为紧缺的生产要素，资源需求的刚性增长使资源约束日益严重，我国对重要原材料的消费不断增加，成为国际市场上原油、矿产、木材等自然资源的主要进口国。

为了缓解日益增长的资源供需矛盾，自20世纪90年代开始，中国就以OFDI方式对资源丰富的国家进行资源开采利用，主要集中于中西亚、北非、南美、东南亚和澳大利亚，如赞比亚（铜矿）、秘鲁（铁矿石）、哈萨克斯坦（石油）、南非（矿产）、委内瑞拉（石油）。甚至在向部分资源丰富的发达国家的逆向投资中，也存在自然资源寻求的动机，如美国（林业）、澳大利亚（铁矿石）、加拿大（木材、渔业）。

截至2013年，中国采矿业对外直接投资存量为1 061.7亿美元，占中国对外直接投资总存量的16.1%，是中国第三大对外直接投资行业，主要集中在石油和天然气开采业、黑色金属和有色金属矿采选业。这一类投资主体以国有大型企业为主，如中国石油化工集团公司、中国石油天然气集团公司、中国海洋石油总公司、中国铝业公司、中国五矿集团公司等。在投资方式上，多以股权投资方式为主，如宝钢集团公司通过股权投资，拥有与力拓集团合资组建的宝瑞吉矿山公司46%的股权，项目设计年产铁矿石1 000万吨，全部销往中国市场。中石化2005年收购美国第一国际石油公司，2008年收购加拿大Tanganyika公司，2009年收购总部位于瑞士的Addax石油公司。武汉钢铁（集团）公司通过与BHP、哈默斯利、恰那矿、FMG四家公司签署长期协议，锁定了每年1 150万吨铁矿石资源。

总之，伴随着高速的城市化进程和重工业产能的扩张，资源寻求在未来很长时期内都将是中国企业对外直接投资的主要动因，中国资源寻求型OFDI不仅符合国家的整体利益和战略安全，也有利于企业可持续发展。

4.2.2 市场寻求型

市场寻求型OFDI包括被动防守型和主动进攻型。被动防守型指企业在出口遭遇配额、反倾销、反补贴等贸易保护措施时，为了保住出口市场，在出口东道国或第三国投资设厂进行当地化生产、销售及售后服务。主动进攻型是从企业国际化战略出发，为了巩固和扩大现有市场份额或开发新的海外市场，在当地投资设厂进行生产、销售及售后服务，向当地消费者提供更好的产品和服务。

中国跨国公司市场寻求型OFDI既有被动防守型也有主动进攻型。在全球经济低速增长、失业率总体偏高的情况下，一些国家为了维护市场、增加就业，实施各种形式的贸易保护主义。商务部公布的《中国对外贸易形势报告（2014年春季）》显示，2013年，中国共遭遇19个国家和地区发起的92起贸易救济调查，比2012年增长了18%。其中，新兴经济体和发展中国家发起的案件约占2/3，贸易摩擦已经严重影响中国出口的稳定增长。为了维持出口市场份额，部分中国企业不得不将生产基地转移到贸易限制较松的第三国（柬埔寨、毛里求斯、牙买加等），在该国生产并出口。另一个防守型动机是由中国国内生产要素价格上涨带来的成本上升引起的。近年来，中国东南沿海地区劳动用工成本上升、生产用原材料价格上涨、银根紧缩导致融资成本上升等因素加大了企业的生产成本，使一些劳动密集型企业竞争力下降，一些企业逐步将生产基地转移到其他劳动力成本较低的国家（如越南、柬埔寨等）。第三个防守型动机是为了避开区域经济一体化对非成员国的贸易壁垒，如为了进入美国市场在墨西哥投资，为了进入东南亚市场在柬埔寨和越南投资等。

主动进攻型海外直接投资主要是由中国大型跨国公司所主导的。尽管中国跨国公司在国际市场上属于后来者，相对缺乏竞争力，但是一部分中国企业已经成长起来，具备了在全球市场竞争和整合资源的能力。根据《财富》杂志的排名，中国企业进入世界500强的企业，2003年仅11家，到2013年已经达到85家。这些企业根据自身全球化战略开展的OFDI是主动型的。它们把中国的成熟产业转移到低收入国家，从而有效利用这些国家廉价的劳动力资源，如加纳的中国自行车产业。它们在高收入国家的市场寻求型投资则大多集中于技术密集型产业的差异化产品，如华为、海尔、联想等企业在美国、欧洲的投资，这些企业通过在东道国设立分支机构来更好地接近市场和服务客户，减少运输成本和信息成本。

4.2.3 战略资产寻求型

Amit 和 Schoemaker（1993）[①]将战略资产定义为难以通过贸易和模仿获得的、稀缺的、特殊的并能够成为企业竞争优势的资源和能力，如专有技术能力、品牌管理、对分销渠道的控制、营销与管理能力等。战略资产寻求型 OFDI 是一种资产寻求型的对外直接投资，即企业在东道国的直接投资是为了获取战略性资产或互补性资产，以提高其所有权优势。中国以低成本优势、以加工贸易方式嵌入全球生产网络，在国际分工中逐渐形成了以劳动密集型、低成本生产制造为核心的比较优势。由于我国企业长期处于全球生产价值链的低端环节，而国际领先跨国公司由于具备先进的技术、高效率的产品设计和研发能力，以及全球著名品牌、成熟的营销和服务网络，占据了生产价值链的高端环节，因此，领先技术、著名品牌、营销网络等成为中国企业目前在对外直接投资过程中最看重的战略资产。

早期中国企业关注的战略资产主要是国外的先进管理经验和市场信息。Taylor（2002）[②]的研究认为中国对发达国家的直接投资主要是为了获取市场信息，以便更好地促进本国产品出口。现在，中国跨国公司更侧重于从东道国获取品牌、专有技术、营销渠道等综合性资产。如 TCL 国际控股有限公司 2003 年并购法国 Thomson 公司，成立 TCL-Thomson 电子有限公司（TTE），并购的一个主要目的就是获得商标使用权，Thomson 授予 TTE20 年 Thomson、RCA 等品牌的商标使用权。成立后的 TTE 将采取多品牌策略进入不同的市场，在亚洲及新兴市场以推广 TCL 品牌为主，在欧洲市场以推广 Thomson 品牌为主，在北美市场以推广 RCA 品牌为主，并视不同的市场需求推广双方拥有的其他品牌。吉利汽车 2009 年全资收购了全球排名第二的汽车自动变速器独立生产商——澳大利亚 DSI 公司。对于吉利汽车来说，通过收购 DSI，可以在原有小扭矩自动变速器的自主知识产权的基础上，进一步丰富产

① AMIT R, SCHOEMAKER PJH. Strategic Assets and Organizational Rent[J].Strategie Management Journal, 1993, 14(1): 33-46.
② TAYLOR R. Globalization Strategies of Chinese Companies: Current Developments and Future Prospects[J].Asian Business and Management, 2002, 2(1):209-225.

品线，强化吉利自动变速器的研发与生产能力。2010年，吉利又收购了沃尔沃轿车公司100%的股权。此次收购，吉利买到了沃尔沃的核心技术、专利等知识产权和制造设施，还获得了沃尔沃在全球的经销渠道。

4.3 中国对外直接投资的东道国特征：实证检验

4.3.1 分析框架与假设

（1）市场寻求型。东道国的市场规模一直是影响 FDI 流入的重要因素之一。在市场规模大的东道国投资，有助于企业近距离接触消费者，了解客户的消费需求和消费习惯，及时获取市场信息，掌握市场主动权，降低运输成本，改善市场竞争地位。很多研究都证明了市场规模与 FDI 流入之间的正相关性。UNCTAD《世界投资报告（1998）》强调当东道国市场规模比较大时，可以通过 OFDI 实现规模经济和范围经济。Dunning（1988）提出的国际生产折中理论也非常重视东道国的市场规模和特性。商务部等三部委发布的《2012 年度中国对外直接投资统计公报》显示，中国境内投资者行业构成多数为制造业（6 042 家，占 37.8%）、批发和零售业（5 241 家，占 32.8%）等市场依赖性行业，这些行业企业在进行境外投资时，大多是以小规模商业存在方式进行的，从而能够更好地把握东道国市场目标客户的消费偏好以及竞争者的营销信息，为企业的经营决策提供参考。总之，市场寻求型是中国对外直接投资的重要动因。

假设 1：中国对外直接投资与以下企业因素正相关：（a）东道国市场规模；（b）东道国人均市场规模；（c）东道国市场增长率。

（2）资源寻求型。资源寻求型被众多学者视作中国 OFDI 的重要动机（Taylor，2002；Ramasamy et al，2010 等）。作为世界工厂，中国 2013 年 GDP 总量位居全球第二，货物贸易总额位居全球第一，钢铁、水泥、化肥、汽车、船舶等许多产品产量位居全球第一。每年的高产出量和高经济增长率，意味着中国对矿产、石油、农产品等自然资源有巨大需求，而OFDI是中国在世界范围内寻求资源供给的重要手段。因而，对自然资源产权的内部化需求意味着中国OFDI与自然资源丰富国家间的正相关关系。

假设2：中国对外直接投资与东道国自然资源禀赋正相关。

（3）战略资产寻求型。战略资产寻求型OFDI是一种资源寻求型投资，即企业在东道国的投资是为了获取战略性资产或互补性资产，吸收和学习后将其整合为自身所有权优势（Chang，1995；Dunning，1995）。中国以低成本优势、以加工贸易方式嵌入全球生产网络，长期处于生产价值链的加工环节，研发、营销等高附加值环节都掌握在国外领先企业手中。因此，技术、品牌、销售渠道/网络等成为中国企业目前在对外直接投资过程中最看重的战略资产，即中国OFDI倾向于战略资产禀赋丰富的国家，本书中用技术禀赋来表示战略资产。

假设3：中国对外直接投资与东道国技术禀赋正相关。

（4）贸易因素。出口与进口是衡量中国与东道国贸易关系的重要指标，该指标与中国企业的市场寻求动机密切相关。贸易与投资的关系最初是由Mundell（1957）提出并进行论述的，在H-O一般均衡模型中，Mundell证明了国际贸易与国际资本流动具有完全的替代性。然而，如果资本的流动是由于全球范围内生产环节的分割与优化配置，那么投资和贸易之间就有可能呈现互补关系（Rugman，1990；Swensson，1997）。20世纪90年代中国的对外投资大多以小规模商业存在方式进行，目的是促进中国产品出口，为母公司提供信息、交通、市场等方面的出口辅助性咨询服务（Wu & Sia，2002）。中国企业进口的往往是富含本国稀缺要素的产品，企业OFDI也是为了获取本公司稀缺的资源或互补性资产，因此企业进口越多，其对外直接投资的动机就越强烈。

假设4：中国对外直接投资与以下因素正相关：（a）中国对东道国的出口规模；（b）中国从东道国的进口规模。

（5）地理距离因素。许多学者研究了距离因素对企业国际化的影响，强调企业开始国际化时总是从自己地理或心理距离较近的国家开始（Johanson & Vahlne，1977）。一般而言，距离越近，彼此间的文化、贸易、联系越多，投资就越多；而距离越远，文化、语言、心理距离、管理成本、经营风险越大，投资就越少。Dunning（1993）在分析国家层面对外直接投资时，也提到过地理距离对对外直接投资的阻碍作用。

假设5：中国对外直接投资与地理距离负相关。

（6）政治制度因素。东道国的政治制度因素是影响对外直接投资流入的一个重要因素。Lucas（1990）较早就间接地从制度角度考虑过OFDI的区位选择问题，他认为具有明确政策环境的东道国更容易成为OFDI的目标国。Dunning（1993）比较分析了制度差异对OFDI区位选择的影响，认为在同等条件下，具备良好制度环境的东道国更受外国投资者的欢迎。Wei（2000）指出东道国政府腐败行为对FDI流入具有明显的阻碍作用。中国OFDI同样受东道国政治制度环境的影响。韦军亮、陈漓高（2009）基于对中国企业2003—2006年对73个国家非金融类对外直接投资的研究中发现，东道国政治风险对中国非金融类对外直接投资具有显著的抑制效应。

假设6：中国对外直接投资与东道国制度环境正相关。

（7）投资自由化因素。双边投资协定是两个国家为了鼓励、促进和保护相互之间的投资而签署的法律协定，是保障海外投资者权益的双边条约。Egger和Pfaffermayr（2004）研究发现OECD国家之间生效的双边投资协定能够增加30%的双边投资存量。宇芳宇、路江涌、武常岐（2012）研究发现双边投资协定能够有效替补东道国制度的缺位，弥补母国制度支持的不均衡性，对于帮助企业到签约国投资有着积极显著的作用。截止到2011年年底，中国已经与102个国家签订了双边投资协定，已生效101个，成为对外签订双边投资协定最多的发展中国家。随着越来越多的中国企业"走出去"，双边投资协定正在逐渐发挥保护对外投资、促进双边投资自由化的作用。

假设7：双边投资协定促进中国企业向签约国的对外直接投资。

4.3.2　计量模型

（1）模型构建

引力模型是考察FDI区位决定因素的基本工具。Tinbergen（1962）最早借助引力模型来解释两个国家之间的双边贸易流量问题。他得出两国间的贸易量与两个国家的经济规模成正比，与地理距离成反比的结论。Anderson（1979）将其拓展至国际直接投资领域，用来解释投资流量问题。本书运用引力模型对中国对外直接投资的区位选择因素进行实证分析，结合上述理论分析，中国OFDI区位选择影响因素的面板模型如下：

$$OFDI_{i,t} = \alpha + \beta_1 GDP_{i,t-1} + \beta_2 GDPP_{i,t-1} + \beta_3 GDPG_{i,t-1} + \beta_4 RAW_{i,t-1} + \beta_5 PAT_{i,t-1}$$
$$+ \eta Coutrols_{i,t-1} + \varepsilon_{i,t-1} \tag{4-1}$$

其中，下标 i 表示不同的东道国； t 表示时间。

（2）变量说明与数据来源

①被解释变量：

中国对东道国的直接投资（OFDI），反映中国OFDI状况的有OFDI流量和OFDI存量两类，存量数据比流量数据能更有效地衡量各变量对中国OFDI的长期影响，因此，本书选用OFDI存量作为被解释变量。

②关注变量：

市场规模变量：GDP，东道国的国内生产总值，用来衡量其国内市场规模；GDPP，东道国人均GDP，用来衡量东道国的人均购买力；GDPG，东道国的GDP增长率，用来衡量东道国潜在的市场机会。三个数据均来源于世界银行的World Development Indicators数据库。

自然资源禀赋变量：RAW，东道国的能源产品，用UNcomtrade数据库中第27章产品（燃料、石油和金属矿产）出口占东道国总出口的比重计算所得。

技术禀赋变量：PAT，东道国的技术禀赋，用东道国每万人申请的专利（Patent）数来衡量，数据来源于世界知识产权组织统计数据库（WIPO statistics database）。

③控制变量：

出口变量和进口变量：EXP和IMP，中国对东道国的出口和进口贸易额，数据来源于《中国统计年鉴》（2003—2012年）。

地理距离变量：DIST，地理距离，用东道国首都与中国首都之间的空间地理距离来衡量，数据来自CEPII距离数据库。

制度变量：RISK，政治风险指数，数据来自著名的国际风险评估机构——美国政治风险服务集团（The PRS Group）公布的 International Country Risk Guide（ICRG）政治风险指数。该指数是月度指标，简单算术平均后获得年度指标。值越大，对应经济体的政治风险越低，制度质量越高。

投资协定变量：BIT，双边投资协定，是虚拟变量。若中国与东道国签订了BIT，从生效年份开始，该变量取值为1；否则，取值为0。中国与东道国签订的BIT情况，在中华人民共和国商务部网站可查得。

表4-3是变量说明与数据来源。

表4-3 变量说明与数据来源

变量名	变量含义	数据来源	预期
OFDI	中国对东道国的直接投资存量（百万美元）	2012年度中国对外直接投资统计公报	+
GDP	东道国的国内生产总值（10亿美元）	世界银行数据库	+
GDPP	东道国的人均GDP（10美元）	世界银行数据库	+
GDPG	东道国的GDP增长率（%）	世界银行数据库	+
RAW	东道国的能源产品（燃料、石油和金属矿产）出口额占东道国总出口的比重（%）	UNcomtrade 数据库计算所得	+
PAT	东道国每万人申请的专利数（个）	世界知识产权组织统计数据库	+
EXP	中国对东道国的出口额（亿美元）	中国统计年鉴（2003—2012年）	+
IMP	中国对东道国的进口额（亿美元）	中国统计年鉴（2003—2012年）	+
DIST	两国首都之间的空间地理距离（公里）	CEPII 距离数据库	−
RISK	东道国的政治制度	International Country Risk Guide（ICRG）	+
BIT	当两国签订双边投资协定时，BIT取值为1；反之，取值为0	中华人民共和国商务部网站	+

在样本选择上，尽管中国OFDI高度集中于中国香港、英属维尔京

群岛和开曼群岛等"避税天堂"或离岸金融中心，考虑到其返程投资或资本外逃因素较大，故不包含在本书样本中。本书选取 69 个国家作为研究样本，其中，亚洲 20 个：日本、韩国、新加坡、印度、马来西亚、泰国、柬埔寨、巴基斯坦、印度尼西亚、越南、哈萨克斯坦、蒙古、伊朗、沙特阿拉伯、土耳其、阿拉伯联合酋长国、吉尔吉斯斯坦、文莱、卡塔尔、以色列；欧洲 23 个：德国、瑞典、英国、荷兰、意大利、法国、爱尔兰、奥地利、比利时、希腊、卢森堡、瑞士、挪威、西班牙、俄罗斯、匈牙利、波兰、丹麦、芬兰、葡萄牙、罗马尼亚、捷克、保加利亚；拉丁美洲 12 个：阿根廷、秘鲁、委内瑞拉、智利、巴西、墨西哥、刚果（金）、苏丹、古巴、厄瓜多尔、圭亚那、哥伦比亚；北美 2 个：加拿大、美国；大洋洲 2 个：澳大利亚、新西兰；非洲 10 个：埃及、尼日利亚、南非、阿尔及利亚、赞比亚、加纳、肯尼亚、马达加斯加、尼日尔、安哥拉。其中，发达国家 30 个，发展中国家 39 个[①]；时间 t 为 2003—2012 年，共 10 年。合计 690 个（10×69）观测值。

4.3.3 计量结果与分析

（1）变量的描述性统计

为了将 OFDI 与各解释变量之间可能存在的非线性关系转换成线性关系，减少异常点以及残差的非正态分布和异方差性，本书对 OFDI、GDP、GDPP 等 8 个变量采取了对数形式。综合考虑中国对外直接投资各区位因素解释力的大小，本书先以基础模型 1 进行回归，之后以扩展模型 2 进行回归。两个模型如下所示：

$$\ln OFDI_{i,t} = \alpha + \beta_1 \ln GDP_{i,t-1} + \beta_2 \ln GDPP_{i,t-1} + \beta_3 GDPG_{i,t-1} + \beta_4 RAW_{i,t-1}$$
$$+ \beta_5 \ln PAT_{i,t-1} + \varepsilon_{i,t-1} \qquad (4\text{-}2)$$

$$\ln OFDI_{i,t} = \alpha + \beta_1 \ln GDP_{i,t-1} + \beta_2 \ln GDPP_{i,t-1} + \beta_3 GDPG_{i,t-1} + \beta_4 RAW_{i,t-1} + \beta_5 \ln PAT_{i,t-1}$$
$$+ \eta_1 \ln EXP_{i,t-1} + \eta_2 \ln IMP_{i,t-1} + \eta_3 \ln DIST_{i,t-1} + \eta_4 \ln RISK_{i,t-1}$$
$$+ \eta_5 BIT_{i,t-1} + \varepsilon_{i,t-1} \qquad (4\text{-}3)$$

---

① 联合国采用人类发展指数（HDI）来划分发达国家和发展中国家。按联合国开发计划署（UNDP）《2010 年人文发展报告》的划分，本书样本中发达国家指日本、韩国、新加坡、德国、瑞典、英国、荷兰、意大利、奥地利、法国、爱尔兰、挪威、西班牙、丹麦、芬兰、葡萄牙、加拿大、美国、澳大利亚、新西兰、波兰、匈牙利、阿拉伯联合酋长国、比利时、希腊、卢森堡、瑞士、文莱、卡塔尔、以色列，其余国家为发展中国家。

本书运用 Stata 12.0 分析软件对样本进行实证分析，各变量描述性统计如表4-4所示。

表4-4　　　　　　　　　　　变量的描述性统计

变量	总样本		发达国家样本		发展中国家样本	
	均值	方差	均值	方差	均值	方差
LnOFDI	4.3759	2.9570	3.7871	3.7974	4.8287	1.9826
LnGDP	5.0341	1.8785	6.0246	1.484	4.2721	1.7940
LnGDPP	6.5988	1.6499	8.1294	0.5240	5.4214	1.1891
GDPG	3.9956	4.1205	2.487	3.80714	5.1561	3.9783
RAW	0.22833	0.3023	0.13446	0.2119	0.29909	0.3389
LnPAT	6.8618	2.9329	9.0116	2.0437	5.2080	2.3914
LnEXP	3.4054	2.0073	4.1502	2.0442	2.8309	1.7789
LnIMP	2.832	2.3756	3.5330	1.8072	2.2834	2.6137
LnDIST	8.9046	0.58090	8.8211	0.48429	8.9687	0.6386
LnRISK	4.2491	0.19470	4.4164	0.08146	4.1204	0.1543
BIT	0.7609	0.4268	0.8433	0.36409	0.69743	0.4599

（2）计量结果

本书样本国家69个，时间跨度为10年，属于短面板。用面板数据建立的回归模型通常分为三种：混合回归模型、固定效应模型和随机效应模型。在判断哪一种模型更为适用的问题上，本书分别使用了F检验、LM检验和Hausman检验。在判断使用混合回归模型还是固定效应模型时，Stata固定效应回归结果显示F检验p值为0.0000，故强烈拒绝原假设，即认为固定效应模型优于混合回归模型，应该允许每个个体拥有自己的截距项。在判断使用混合回归还是随机效应模型时，LM检验结果强烈拒绝原假设，即认为在混合回归和随机效应模型中，应该选择随机效应模型。在判断使用固定效应还是随机效应模型时，Hausman检验p值为0.0000，故强烈拒绝原假设，认为应当使用固定效应模型。表

4-5列出了总样本面板数据模型1和模型2的固定效应模型和随机效应模型的最终实证结果。

表 4-5　　　　　　　　　　总样本面板数据回归结果

	固定效应模型		随机效应模型	
	模型 1	模型 2	模型 1	模型 2
LnGDP	0.3376 (0.2714)	0.2524 (0.2696)	1.4239 (0.1791) ***	0.0855 (0.1918)
LnGDPP	3.2374 (0.3588) ***	2.0734 (0.4262) ***	0.4864 (0.1966) **	0.5244 (0.2087) **
GDPG	−0.0573 (0.0201) ***	−0.0554 (0.0203) ***	−0.0378 (0.0239)	−0.0434 (0.0216) **
RAW	2.4238 (1.3979) *	2.1825 (1.3812)	1.0875 (0.7854)	−0.7833 (0.7399)
LnPAT	0.8241 (0.2024) ***	0.7404 (0.2058) ***	−0.5541 (0.1327) ***	−0.4416 (0.1307) ***
LnEXP		0.3382 (0.1034) ***		0.7903 (0.0956) ***
LnIMP		0.3828 (0.1264) ***		0.5037 (0.1028) ***
LnDIST		omitted		−0.4413 (0.4231)
RISK		−2.2374 (1.7485)		−6.187 (1.462) ***
BIT		−0.5646 (0.4561)		−0.0399 (0.3820)
N	69	69	69	69
A-R2	0.4498	0.4746	0.2989	0.3826

注：括号内数据为标准误，*、**、***分别表示在10%、5%、1%置信水平上显著。

由于Hausman检验结果显示固定效应模型优于随机效应模型，故本书根据固定效应模型的回归结果对变量进行分析。首先，三个市场规模变量（GDP、GDPP、GDPG）中东道国的GDP系数为正但结果不显著，假设1（a）不成立。人均GDP（GDPP）系数为正且通过了1%置信水平上的显著性检验，东道国人均GDP每增长1%会促进中国对外直接投资增长2.07%，假设1（b）成立。东道国的GDP增长率（GDPG）虽然通过了1%置信水平上的显著性检验，但系数为负，在本书样本中，一些发达国家的GDP增长率指标尽管明显低于发展中国家，但吸引的OFDI却比发展中国家多，因此，实证结果得出GDPG与OFDI负向相关的结论。其次，自然资源禀赋变量（RAW）不显著，无法证明中国 OFDI 的自然资源导向，假设 2 不成立。再次，技术禀赋变量（PAT）为正且通过了 1% 置信水平上的显著性检验，说明中国 OFDI 投向技术禀赋丰富的国家，东道国技术禀赋变量每增长 1% 会促进中国对外直接投资增长 0.74%，假设 3 成立。

在五个控制变量中，出口变量（EXP）和进口变量（IMP）显著为正，且通过了 1% 置信水平上的显著性检验。出口变量每增长 1% 会促进中国对外直接投资增长 0.34%，进口变量每增长 1% 会促进中国对外直接投资增长 0.38%，说明中国 OFDI 具有很强的贸易导向性。地理距离变量（DIST）没有通过显著性检验，中国对外直接投资主要集中于亚洲和拉丁美洲，传统距离因素对对外直接投资的负向定律在中国的适用性不强，实证研究也未能得到预期回归结果。制度变量（RISK）和投资协定变量（BIT）都没有通过显著性检验，因此，无法证明政治风险因素和双边投资协定对中国对外直接投资有显著影响。

考虑到发达国家和发展中国家在经济发展水平、要素禀赋、政治制度等方面存在差异性，本书将总样本分为发达国家和发展中国家两个子样本，分别研究不同样本影响中国 OFDI 的东道国特征。表 4-6 列出了分样本固定效应模型和随机效应模型的回归结果。

这两个样本组的 Hausman 检验结果均显示固定效应模型优于随机效应模型，故本书根据固定效应模型的回归结果对变量进行分析。在发达国家样本组，人均 GDP、出口和进口三个变量系数显著为正，说明中国 OFDI 在发达国家的区位分布受东道国人均市场规模、双边进出口贸易规模的积极影响。在通常情况下，发展中国家跨国公司对发达国家的逆向投资主要以市场寻求型与战略资产寻求型为主。市场寻求型 OFDI 主要是为了稳定和扩大市场，开拓新市场；战略资产寻求型 OFDI 主要是为了获得东道国的领先技术、管理经验、品牌等战略性资产。从实证结果来看，我国对发达国家的 OFDI 主要是市场寻求型，战略资产寻求动因尚不明显。在发展中国家样本组，人均 GDP、技术禀赋变量和出口三个变量系数显著为正，说明中国对发展中国家的直接投资受东道国人均市场规模、技术禀赋和中国对东道国的出口规模的影响。Lall（1983）的

表 4-6   分样本面板数据回归结果

	发达国家样本		发展中国家样本	
	固定效应模型	随机效应模型	固定效应模型	随机效应模型
LnGDP	0.5244（1.700）	0.0408（0.5136）	0.0099（0 1346）	−0.2166（0.1266）
LnGDPP	5.1672（1.9933）***	1.8246（0.6038）***	1.5991（0.2812）***	0.7859（0.2060）***
GDPG	−0.1145（0.0482）**	−0.0775（0.0461）*	−0.0243（0.0121）**	−0.0267（0.0140）*
RAW	1.3325（5.0490）	−0.5563（1.834）	0.8857（0.7343）	0.1469（0.5406）
LnPAT	0.9304（0.6237）	−0.5814（0.3527）	0.4319（0.1124）***	−0.2531（0.0931）***
LnEXP	0.0460（0.1530）**	0.3570（0.1408）**	0.6654（0.1340）***	1.2633（0.1176）***
LnIMP	0.5572（0.4992）**	1.6252（0.3145）***	0.1028（0.0734）	0.0036（0.0717）
LnDIST	omitted	0.8629（0.9185）	omitted	−0.3994（0.3724）
RISK	−0.0175（0.0758）	−10.3079（3.7001）***	0.1261（0.9303）	−1.3915（0.9518）
BIT	0.0758（1.5452）	0.1698（0.8527）	−0.0805（0.2402）	0.0146（0.2517）
N	30	30	39	39
A−R2	0.4454	0.3907	0.7707	0.7159

注：括号内数据为标准误，*、**、***分别表示在10%、5%、1%置信水平上显著。

技术地方化理论指出，发展中国家跨国公司的技术特征表现为规模小、使用标准化技术和劳动密集型技术，这一特征给企业向相近收入水平国家投资带来特定的竞争优势。因此，中国跨国公司向其他发展中国家投资时，会选择人均GDP较高、相对技术能力较强、出口贸易导向的发展中东道国优先投资。

综合以上分析可以看出，中国对发达国家的OFDI主要流向人均GDP较高、与中国进出口贸易联系紧密的国家。中国对发展中国家的OFDI主要流向人均GDP较高、技术较先进和从中国进口规模较大的国家。因此，无论是对发达国家还是发展中国家的OFDI，市场寻求都是目前中国对外直接投资最主要的动因。目前众多中国企业，尤其是中小企业，通过在海外建立小型分支机构的方式来帮助自己的产品出口，或为海外销售提供售后服务，这是市场寻求型OFDI的直接体现。

4.4　本章小结

　　跨国公司海外直接投资的动因主要有自然资源寻求型、市场寻求型和战略资产寻求型。本章在对中国对外直接投资的微观动因进行分析的基础上，利用2003—2012年中国对69个国家对外直接投资的国别面板数据，通过建立扩展的引力模型，实证检验了影响中国对外直接投资分布的东道国区位因素。研究结果表明：中国对发达国家的OFDI是逆梯度上行投资，主要集中于人均GDP较高、与中国进出口贸易联系紧密的国家；中国对发展中国家的OFDI是顺梯度平行或下行投资，主要集中于人均GDP较高、技术较先进和从中国进口规模较大的国家。这一结果验证了中国市场寻求型、贸易促进型OFDI投资动因的存在。因此，本章的研究结论是：市场寻求是目前中国OFDI最主要的动因。无论是发达国家还是发展中国家，中国对这些国家的投资都具有很强的市场寻求特征。

　　在OFDI东道国各引力因素中，东道国技术禀赋和R&D资源是重要的影响因素。在本章对东道国区位特征的实证研究中，表示东道国R&D资源的技术禀赋变量（PAT）在总样本和发展中国家样本中的实证结果都显著，证明东道国R&D资源对中国OFDI有一定的吸引力。事实上，在中国企业海外投资实践中，以技术寻求为动因的海外研发投资并不少见，这也被称为技术获取型OFDI。技术获取型OFDI能否通过逆向溢出来促进母国技术进步呢？下一章将主要探讨中国海外R&D投资及其逆向技术溢出效应。

第5章　R&D 全球化与中国海外 R&D 投资

5.1 引　言

研究与开发（research and development，R&D）是指人类为了获得新的科学或技术知识而进行的独创性活动。《中国科技统计年鉴》将研究与开发活动定义为：在科学技术领域，为增加知识总量（包括人类文化和社会知识的总量），以及运用这些知识去创造新的应用进行的系统的、创造性的活动，包括基础研究、应用研究、试验发展三类活动。20世纪90年代之后，跨国公司一改过去以母国为研发中心的传统布局，根据东道国在科技资源、科技实力以及科研基础设施上的比较优势，实施 R&D 区域化分工，从而推动跨国公司的研发活动日益朝着全球化、网络化的方向发展。越来越多的跨国公司在海外设立研究机构，将部分 R&D 活动置于母国之外，R&D 全球化指标[①]持续上升，这一现象被称

[①] Gerybadze 和 Teger（1999）用海外 R&D 费用支出占公司总 R&D 费用支出的比重来衡量公司 R&D 全球化程度。Kuemmerle（1999）调查了分属于医药和电子行业的32家大型跨国公司，发现1965年这些公司6.2%的 R&D 活动是在海外完成的，到1995年这一数字上升到25.8%。

为 "R&D 全球化"。

愈演愈烈的 R&D 全球化现象引起了许多国际组织和学者的关注。OECD 于 1999 年出版了《产业 R&D 全球化：政策问题》，联合国于 2005 年出版了《R&D 全球化和发展中国家》、《世界投资报告（2005）》。在《世界投资报告（2005）》中，明确指出"跨国公司正在发达国家之外建立研发设施，而且超出了适应当地市场的范围。在一些发展中国家和东南欧及独联体国家，跨国公司的研发活动日趋以全球市场为目标，并与跨国公司的核心创新努力结合为一体"。

跨国公司 R&D 全球化的案例很多。日本松下电器在美国（新泽西、加利福尼亚州、普林斯顿、马萨诸塞州等），欧洲的德国、英国，亚洲的中国、新加坡、马来西亚、越南等地设立了几十所海外研究机构。世界最大跨国公司通用电气公司在印度的研发活动雇用人数为 2 400 名，涉及领域广泛，包括飞机发动机、耐用消费品和医疗器械。阿利斯康公司（AstraZeneca）、葛兰素史克公司（GlaxoSmith Kline）、诺华公司（Novartis）、辉瑞公司（Pfizer）、赛诺菲安万特公司（Sanofi-Aventis）等制药公司都在印度开展临床研究活动。通用汽车的巴西分公司与在美国、欧洲和亚洲的其他通用汽车公司的子公司相互竞争，设计和制造新型汽车，争夺为总公司开展核心研发活动的权利。自摩托罗拉公司 1993 年在中国设立第一个外资研发实验室开始，跨国公司在中国已经设立了近 1 000 家研发机构。

可以说，跨国公司 R&D 全球化是其生产全球化和营销全球化之后的另一重大举措。全球生产网络的建立使得产品的生产过程被模块化，企业根据各模块的特征，结合各国要素禀赋条件，选择最具优势的生产区域。与此同时，与生产配套的研发和技术支持也在公司全球化战略指导下实现国内外的优化配置。跨国公司通过将研发等高附加值生产活动在全球范围内重新布局，形成了一个全球性的研发网络。全球研发网络内各个节点分别承担不同的研发职能，有的从事适应性研究，从基本生产辅助直到改造和提升引进的技术；有的从事创新性研究，为当地、区域或全球市场开发新产品或新工艺；有的起到技术监测作用，了解国外市场的技术动态，并向国外市场的创新先导和客户学习。通过建立全球研发网络，跨国公司能够充分利用各国的研发资源，弥补自身科技资源和某些学科领域竞争能力不强的劣势，从而提高科技竞争力。

R&D 全球化对中国的影响体现在两个方面：一方面，作为国际 R&D 投资的东道国，中国在发展中国家中是最受跨国公司重视的研发投资地，是最具吸引力的研发东道国。据《世界投资报告（2005）》的资料显示，中国已经成为全球跨国公司海外研发的首选地，有高达 61.8% 的跨国公司将中国作为其 2005—2009 年海外研发地点的首选。跨国公司在中国已经设立了大量的研发机构，目前全球 500 强企业中已有 480 多家在中国投资设立了研发中心近 1 000 家、地区总部近 40 家。另一方面，作为 R&D 投资的母国，一些有实力的中国企业已经具备了跨国研发投资的能力，纷纷"走出去"在海外建立 R&D 分支机构，开展境外 R&D 投资，主动融入全球研发网络。华为从 1999 年开始到现在，已经分别在瑞典、印度、美国等地建立了 20 多个研究所，通过研发国际化配合市场国际化，并且与领先运营商联合成立了 20 多个联合创新中心。中兴通讯在美国、瑞典、法国、印度等地设有 15 个全球研发机构，拥有 3 万多名国内外研发人员，专注于行业技术的研发创新。

我国的对外开放战略也非常重视海外 R&D 投资问题，"十五"计划、"十一五"规划、"十二五"规划中都明确提出鼓励企业利用国外智力资源，在境外设立研究开发机构和设计中心。本章将在对跨国公司海外 R&D 投资相关文献进行评述的基础上，分析中国企业海外 R&D 投资的动因、投资的区位以及投资的模式，并实证研究其影响因素。

5.2 文献综述

跨国公司海外 R&D 投资的发展于 20 世纪 70 年代开始起步，到 90 年代进入高峰期。1995 年，欧洲跨国公司海外 R&D 支出占 R&D 总支出的比重已经超过 30%。这一时期，跨国公司 R&D 国际化问题成为西方学术界关注的热点。最初，研究主要集中于对跨国公司海外 R&D 活动与海外生产、海外销售的相关性研究，指出跨国公司海外 R&D 活动的主要目的是支持当地生产与销售，属于市场支撑型（support-oriented R&D）。后来，随着技术和知识国际化的发展，越来越多的跨国公司试图通过海外 R&D 投资从东道国获取技术，逆向溢出回到母公司，从而提高母公司的技术能力。这一现象使技术寻求型海外 R&D 投资（technology sourcing R&D）成为后期研究的重点。

5.2.1 跨国公司海外 R&D 投资的类型

对跨国公司海外 R&D 机构有多种分类，其中比较典型的是 Ronstadt（1978）按海外 R&D 机构所承担的研发职能的四分法和 Kuemmerle（1999）按海外 R&D 机构设立动机的两分法。

（1）Ronstadt（1978）的四分法

Ronstadt（1978）[①]在研究美国七家跨国企业的海外 R&D 投资时，把海外 R&D 机构按职能分为四类：① 技术转移机构（transfer technology units，TTUs），R&D 机构设立目的是帮助海外子公司掌握、使用母公司的技术，并实现技术本地化；②本地技术机构（indigenous technology units，ITUs），R&D 机构设立目的是面向当地市场进行新产品开发和老产品改进，这些产品并非完全利用母公司的技术；③全球技术机构（global technology units，GTUs），R&D 机构设立目的是面向全球市场的新产品开发和工艺创新；④公司技术机构（corporate technology units，CTUs），R&D 机构设立目的是负责母公司技术的长线研发，承担公司技术的基础性研究。

Hood 和 Young（1982）将海外 R&D 机构分为三类：①技术支持实验室，对跨国公司海外生产和销售提供技术支持；②本地一体化实验室，以东道国市场需求为导向进行新产品开发设计；③国际独立实验室，满足公司全球研发需求，开展面向全球市场的新产品研发。

Sachwald（2008）将海外 R&D 机构分为三种类型：①当地开发中心，目的是开发适应东道国市场的产品；②全球研发实验室，针对全球市场，进行基础研发工作，开拓最新的研究领域；③全球开发中心，主要是利用东道国廉价的研发资源进行母公司成熟技术的开发和改进

---

① RONSTADT R C. International R&D: the Establishment and Evolution of Research and Development Abroad by Seven U. S. Multinationals[J].Journal of International Business Studies, 1978, 9(1):7-12.

工作。

（2）Kuemmerle（1999）的两分法

按跨国公司海外R&D投资的动机，Kuemmerle（1999）[1]把海外R&D投资划分为母国优势利用型（home-base exploiting，HBE）和母国优势扩大型（home-base augmenting，HBA）。HBE强调以母国为基础的技术开发，R&D投资目的是充分利用母公司所创造的技术优势，开拓国际市场，利用这种优势比授权、许可等方式可获取更大的利益；HBA强调以母国为基础的技术增长，R&D投资目的是充分利用东道国的技术资源，扩大母公司知识存量，提高母公司的技术竞争力。Kuemmerle的两分法被广泛使用于各类文献对海外R&D投资动因、模式的研究中。

同Kuemmerle的两分法类似，Iwasa和Odagiri（2004）[2]把海外R&D分为两类：当地生产支持导向型（local-support-oriented，S型）和研究导向型（research-oriented，R型）。Ito和Wakasugi（2007）[3]把海外R&D分为市场支撑型R&D（support-oriented R&D）和知识寻求型R&D（knowledge sourcing R&D）。Shimizutani和Todo（2008）[4]认为跨国公司海外R&D实验室的功能通常有基础/应用研究型（basic/applied research）和开发/设计型（development/design）两种。具有基础/应用研究功能的实验室通常会同时兼具开发/设计型的功能，简称为"R型"，仅有开发/设计功能的实验室被称为"D型"。杜德斌（2007）[5]按投资动机和区位选择的差异将跨国公司的海外R&D机构分为三种类型：生产支撑型的海外R&D机构、技术跟踪型的海外R&D机构、人才和资源利用型的海外R&D机构。

总之，关于跨国公司海外R&D直接投资动因的研究已经形成一个典型化事实，即从动因上可分为两类：一类是生产支撑型，另一类是技

① KUEMMERLEW. Foreign Direct Investment in Industrial Research in the Pharmaceutical and Electronics Industries-results from a Survey of Multinational Firms[J]. Research Policy , 1999,28 (2/3): 179-193.
② IWASA, ODAGIRI. Overseas R&D, Knowledge Sourcing, and Patenting: an Empirical Study of Japanese R&D Investment in the US [J]. Research Policy, 2004(33)：807-828.
③ ITO , WAKASUGI. What Factors Determine the Mode of Overseas R&D by Multinationals? Empirical Evidence[J]. Research Policy, 2007(36): 1275-1287.
④ SHIMIZUTANI , TODO . What Determines Overseas R&D Activities? The Case of Japanese Multinational Firms [J]. Research Policy, 2008, 37: 530-544.
⑤ 杜德斌.跨国公司R&D全球化:地理学的视角[J].世界地理研究, 2007(12): 106-114.

术寻求型（见表5-1）。

表 5-1 　　　　　　　　跨国公司海外 R&D 直接投资的分类

	生产支撑型	技术寻求型
Kuemmerle（1999）	HBE（母国优势利用型）	HBA（母国优势扩大型）
Iwasa& Odagiri（2004）	S型（当地生产支持导向型）	R型（研究导向型）
Ito&Wakasugi（2007）	市场支撑型 R&D	知识寻求型 R&D
Shimizutani&Todo（2008）	D型（开发/设计型）	R型（开发/设计型＋基础/应用研究型）

5.2.2 　跨国公司海外 R&D 投资的动机

R&D 是企业创新活动的重要组成部分，它与生产、营销、管理等活动紧密相连，因此一个公司的 R&D 活动应该设立在公司总部附近。然而，为什么越来越多的跨国企业把部分 R&D 活动置于海外呢？Manfield 等（1979）[1]认为有以下原因：国外与国内市场环境的差异性、国外消费者对产品的不同需求、国外较低研发成本以及监测国外科技发展最新动态的需求。Kumar（2001）[2]又增加了获取知识溢出效应或追随竞争者的需求。随着越来越多的海外 R&D 投资从利用（exploitation）向寻求（exploration）转变，学者们对 R&D 投资动机的研究也逐渐从市场因素或需求因素（demand-side factors）向技术因素或供给因素（supply-side factors）转变。

（1）需求驱动型动因

需求驱动型动因又被称为市场支撑型动因，是指跨国公司海外 R&D 投资的动因是在利用母国技术优势的基础上改进技术与服务，帮助海外子公司更好地适应东道国市场。

由于世界各国在文化背景、风俗习惯、消费观念、消费习惯等方面存在差异，跨国公司的生产必须适应当地的消费需求，这就需要在当地从事 R&D 活动，研究市场需求，即"技术本地化"或"适应化"

① 　MANSFIELD E, TEECE. Overseas Research and Development by US-based Firms[J]. Economica, 1979, (46): 187-196.
② 　KUMAR N.Determinants of Location of Overseas R&D Activity of Multinational Enterprises: the Case of US and Japanese Corporations[J]. Research Policy , 2001,30 (1):159-174.

（adaptation）。Vernon（1966）最早涉及跨国公司海外R&D直接投资的研究。他认为跨国公司首先在母国开发出一种新产品或新工艺，然后向其他国家出口，再后通过FDI方式在东道国当地生产、当地销售。在生产的跨国转移过程中，跨国公司自然而然会将一部分R&D活动转移到国外，以帮助产品更好地适应当地市场。Manfield等（1979）调查了55个美国主要制造业企业1960—1974年间海外R&D投资的分布情况，并以1970年和1974年为样本，采用回归分析方法研究了企业海外R&D投资的影响因素，结果表明：企业海外R&D投资的比重与海外市场销售额的比重正相关，即企业海外R&D投资是市场支撑型的。Jaffe（1986）①对218家日本跨国公司的调查表明：57%的公司认为它们在海外设立R&D机构的主要动机之一就是开发符合当地市场需要的产品。美国跨国公司设在日本的R&D机构绝大部分也是从事产品开发的。Patel和Vega（1999）②研究了20世纪90年代220家大型跨国公司的海外R&D投资情况，发现为母公司在东道国的生产销售活动提供技术支持是跨国公司海外R&D投资的主要动因，监控了解本领域国外科技发展的最新动态是第二动因，至于技术寻求的动因尚不明显。

（2）供给驱动型动因

供给驱动型动因又被称为技术寻求型动因、资产寻求型动因，与需求驱动型动因旨在利用跨国公司已有的技术优势不同，供给驱动型动机是为了充分利用东道国的技术资源来提高母公司的技术能力。Kuemmerle（1999）称之为母国优势扩大型。Shan和Song（1997）③指出跨国公司R&D直接投资不仅是跨国公司特有优势"推"的结果，而且是跨国公司获取和开发新能力的一种方式，是东道国创新中心"拉"的结果。在对186个投资于美国的外国实验室的调查中，Florida（1997）④发现投资动因排名前三的选项分别是：开发新技术产品、获取

① JAFFE A B. Technological Opportunity and Spillovers of R&D: Evidence from Firms' Patents, Profits and Market Value[J].American Economic Review, 1986, 76(5): 984–1001.
② PATELP, VEGA M. Patterns of Internationalization of Corporate Technology: Location vs. Home Country Advantages[J].Research Policy, 1999, 28(2–3): 145–155.
③ SHANW, SONG J.Foreign Direct Investment and the Sourcing of Technological Advantage: Evidence from the Biotechnology Industry[J].Journal of International Business Studies, 1997,28 (2):237–284.
④ FLORIDA R. The Globalization of R&D: Results of a Survey of Foreign-affiliated R&D Laboratories in the USA[J].Research Policy, 1997 ,26 (1), 85–103.

高科技人才、获取美国科学技术发展信息，这三个选项都体现了技术寻求的动机。

知识具有黏性特征，其扩散受到空间地理距离的限制。为了获取知识，企业会在知识密集地区设立工厂，R&D 投资成为知识寻求的重要途径。Almeida（1996）[①]以美国半导体产业的国外投资为例研究知识寻求现象，指出在美国的外国企业通常表现出比本地企业更高的学习愿望，它们比本国的竞争对手更愿意使用当地的专利，尤其是欧洲和韩国的企业，它们投资的目的就是从当地半导体企业学习知识以弥补它们在母国的弱势技术能力。

创新和学习能力是企业发展不可或缺的重要组成部分。在技术快速变革的时代，仅凭内部积累来发展企业核心技术能力是非常危险的，这些企业往往由于跟不上技术变革的速度而丧失竞争优势。因此，在了解新知识的区位和市场特征之后，一些企业会选择最有效的组织方式来发展技术创新能力。Shan 和 Song（1997）以硅谷为例，指出硅谷是大学、风险基金、政府机构组成的复杂网络创新系统，系统内政治、经济、法律、金融、教育相互作用形成了硅谷独特的创新能力，这样的创新系统是很难在其他地区被复制的，因而想要获取区域内包含的战略性资源，只能投资于这样的区域。这也是 R&D 投资总是倾向于技术领先国家的原因。Shan 和 Song 调查了美国生物科技产业的海外投资，发现美国生物科技企业技术能力越高，越易成为国外股权投资的目标。外国企业更易投资于本国具有较高科技水平的生物科技企业，从而获取包含在企业技术优势中的国家特定优势。

综上所述，研究文献大多从以下角度研究跨国公司海外 R&D 直接投资的动因：推力/拉力、需要方/供给方、投入导向/产出导向。

5.2.3 中国学者对跨国公司 R&D 全球化的研究

中国学者对跨国公司海外 R&D 投资的研究起步较晚，最早的文献是陈然（1996）的《跨国公司研究与开发的国际化研究》，分析了跨国

---

① ALMEIDA P. Knowledge Sourcing by Foreign Multinationals: Patent Citation Analysis in the US Semiconductor Industry （Winter special issue）[J].Strategic Management Journal, 1996(17): 155-165.

公司R&D国际化的特点、模式和管理。国内对R&D国际化研究的文献中，大部分是关于跨国公司海外R&D活动的总体描述和跨国公司在华R&D活动的研究，仅有少数研究中国企业海外R&D投资。

（1）对跨国公司海外R&D投资的总体研究

自20世纪90年代以来，跨国公司R&D国际化趋势不断增强，主要表现在以下三点：海外R&D分支机构数量不断增加、海外R&D支出占总R&D支出的比例不断上升、国外R&D分支机构的专利日益增多（冼国明等，2000）。许多跨国公司在国外建立或收购功能多样的R&D实验室，并将这些分散的研究机构组成全球一体化的研究与开发网络。美国已经成为世界R&D投资的重要东道国，在美国的外国实验室主要集中于生物医药、汽车、电子等高科技行业（葛顺奇，2000）。

对R&D全球化的理论解释大多是从生产和市场国际化的角度进行的。葛顺奇（2000）[1]利用国际生产周期理论、国际生产理论、技术增长理论与技术利用理论、分散与集中理论、辅助资产理论分析了跨国公司海外R&D行为。而刘海云（2000）[2]则运用资源理论，从跨国公司形成"核心能力"的角度进行分析，认为企业可以交替使用内部化、合作联盟、兼并收购三种方式发展企业技术能力，从而使跨国公司的技术优势表现为集中与分散、内部化与外部化的对立统一。

关于跨国公司R&D投资分散化的原因，毛蕴诗、程艳萍（2001）[3]认为有以下四点：①适应当地市场需求及市场变化，对母公司产品进行本土化改造；②减少产品开发时间，加快新产品进入市场的速度；③获取先进技术，寻求短缺的开发资源和良好的研发环境；④迎合东道国对技术当地化的强烈要求。除此之外，虞敏、徐金发（2001）认为东道国政府的压力也是跨国公司在该国开展R&D活动的原因。

跨国公司R&D国际化究竟对东道国和母国经济产生哪些影响？王磊、陈向东（2008）[4]认为R&D国际化对东道国及母国的影响不仅依赖

① 葛顺奇.外国跨国公司在美国的研究与开发活动[J].南开经济研究，2000(4):19-23.
② 刘海云.资源论与跨国公司研究与开发（R&D）的全球化与合作化[J].科研管理，2000(11):8-14.
③ 毛蕴诗,程艳萍.跨国公司研究与开发相对分散的动因和方式[J]中山大学学报（社科版），2001(41): 2-8.
④ 王磊,陈向东.跨国公司海外R&D的特征及影响研究[J].国际商务(对外经济贸易大学学报)，2008(6):18-23.

各国本身的创新环境及创新能力，还取决于跨国公司在 R&D 国际化过程中所发挥的桥梁作用。总体而言，跨国公司 R&D 国际化有助于加强创新系统成员之间的联系，促进产业升级和人力资源的开发。薛求知、关涛（2005）[①]分析了跨国公司 R&D 国际化过程中总部与海外 R&D 机构的关系演进，指出当海外 R&D 机构以基础研究或增强母国技术基础为动机时，会经历一个从起步、创新、贡献直到落伍的成长循环过程。

（2）对跨国公司海外 R&D 投资区位的研究

企业到海外投资具有多种动机，投资动机的差异会直接影响跨国公司海外 R&D 的投资流向和区位选择。杜德斌（2001，2005）将跨国公司的海外 R&D 机构分为三类：生产支撑型的海外 R&D 机构、技术跟踪型的海外 R&D 机构和人才资源利用型的海外 R&D 机构，从经济地理角度分析跨国公司海外 R&D 投资的投资环境影响因素和宏微观区位因素（见图 5-1）。

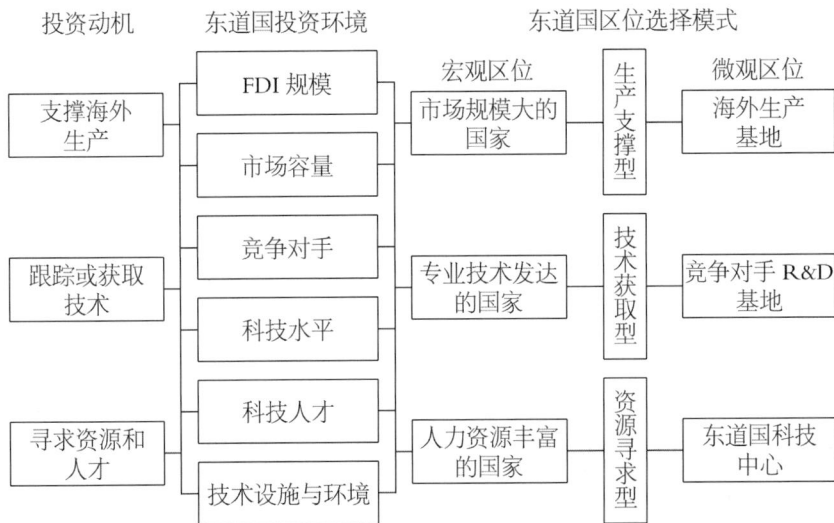

图 5-1　跨国公司海外 R&D 投资的区位选择模式

徐康宁、陈健（2008）[②]分析了跨国公司价值链的区位选择及决定因素，指出研发类跨国公司对区域或城市的技术基础或人力资本、通信

① 薛求知,关涛.跨国公司知识转移:知识特性与转移工具研究[J].管理科学学报, 2006 (12):64-72.
② 徐康宁,陈健.跨国公司价值链的区位选择及其决定因素[J].经济研究,2008(3):138-149.

能力等较为敏感。王建华（2004）[①]认为跨国公司海外投资的区位选择受企业投资内因的影响，主要包括东道国的投资与市场环境因素、R&D资源及供给环境因素和政策环境因素。张利飞（2009）[②]认为跨国公司海外R&D投资区位选择受东道国市场规模、R&D人力资源、科技水平、知识产权保护、政策环境等众多因素的影响，跨国公司海外R&D投资区位选择是公司投资动机与东道国区位条件进行匹配的过程。

国内学者对跨国公司海外R&D投资区位的实证研究多以美、日跨国企业为例。喻世友等（2004）[③]以美国跨国公司为例，检验跨国公司海外R&D投资的东道国影响因素，结果表明：跨国公司在东道国的生产规模、东道国市场规模和知识产权保护力度是影响跨国公司R&D投资国别选择的重要因素。楚天骄、张志波（2006）[④]则认为仅就发展中国家而言，东道国市场规模并不影响美国跨国公司R&D投资。罗鹏、史言信（2008）[⑤]以美、日跨国公司为例，从东道国经济环境、R&D环境和制度环境三方面实证研究了跨国公司海外R&D的区位影响因素，结果表明：东道国的市场容量和发展潜力依然是影响海外R&D投资的关键因素，东道国的科技因素是吸引海外R&D投资的另一重要因素。李安方（2002）[⑥]也认为东道国的市场规模越大，知识产权保护越好，科技越发达，跨国公司在该国的R&D投资就越多。

然而，上述研究大多以来自某一发达国家跨国公司为研究对象，这种分析不免受到这些投资来源国个性特征因素的影响。陈健、徐康宁（2009）[⑦]以世界500强企业中的制造类跨国公司海外研发活动为考察对象，从东道国因素、双边要素禀赋差异、经济地理以及跨国公司自身四个方面研究了跨国公司海外研发的影响因素，结果表明：跨国公司从事海外经营时间的长短、海外生产规模的大小都对其海外研发投资决策产

---

① 王建华.跨国公司海外R&D投资的内在动因与区位选择[J].中国科技论坛,2004(4):136-139.

② 张利飞.跨国公司海外R&D投资区位选择研究[J].软科学,2009(6): 14-19.

③ 喻世友,万欣荣,史卫.论跨国公司研发投资的国别选择[J].管理世界,2004 (1): 46-54.

④ 楚天骄,张志波.跨国公司制造业R&D投资国别选择的实证研究——以美国跨国公司为例[J].世界经济研究,2008(3):68-72.

⑤ 罗鹏,史言信.跨国公司海外R&D的区位投资路径与影响因素研究——基于比较视角的面板数据分析[J].中央财经大学学报,2008(11): 84-90.

⑥ 李安方.跨国公司在发展中东道国的R&D投资模式选择[J].南开经济研究,2002(5):58-63.

⑦ 陈健,徐康宁.跨国公司研发全球化:动因、地域分布及其影响因素分析[J].经济学（季刊）,2009(4):871-890.

生影响，而东道国经济发展环境、要素禀赋差异、经济地理因素则对跨国公司海外研发活动的区位选择产生重要影响。

5.3 中国海外 R&D 投资的实践

自 20 世纪 90 年代以来，跨国公司 R&D 国际化趋势明显增强。这种 R&D 国际化趋势不仅仅出现在发达国家跨国公司，发展中国家跨国公司海外 R&D 直接投资也在快速增长，特别是亚洲的跨国公司海外 R&D 支出规模有明显扩大的趋势。随着中国企业国际化的发展，越来越多的中国企业通过在海外设立产品研究开发中心的方式，或并购国际领先企业的方式来提高企业的 R&D 水平，与国际市场接轨。

5.3.1 中国海外 R&D 投资历程

21 世纪以来，以中国、印度为代表的发展中国家在发达国家的研发投资呈现快速增长态势，截至 2010 年，中国企业在全球建立了 88 个境外研发机构①。我国企业的技术获取型对外直接投资实践已有 20 余年历史，经历了起步阶段、快速发展阶段和全面发展阶段。

（1）起步阶段

20 世纪 90 年代初，上海一些企业开始逐步到发达国家设立 R&D 机构，成为中国企业 R&D 国际化的先驱。上海复华实业股份有限公司 1991 年与日本国际协力机构（JAIDO）合资成立上海中和软件有限公司，同时在东京成立研发公司——中和软件株式会社东京支社；1994 年又在美国全额投资成立美国环球控制系统有限公司，致力于开发与生产 UPS 产品。上海华谊集团旗下的轮胎橡胶公司 1992 年在美国俄亥俄州的阿克隆市设立研发中心，专门从事高分子材料前沿技术跟踪与研发。

（2）快速发展阶段

20 世纪 90 年代中后期，我国一些家电企业开始在海外设立研发中心或产品设计中心。1998 年，格兰仕投资 1 亿元进行自主技术开发，

---

① 阎大颖.葛顺奇.中国企业技术获取型国际化发展战略[J].国际经济合作,2012（9）:11.

并在美国建立研发机构。1999年3月，格兰仕北美分公司成立，同时成立美国微波炉研究所。2001年7月，格兰仕首创的数码光波微波炉在美国研究中心问世。随后，格兰仕向市场推出了自主开发的上百种新型微波炉，技术创新优势使得格兰仕微波炉产品具有世界领先水平的技术含量和一流品质。海尔的海外研发机构服务于东道国及周边国家市场，1999年海尔在美国洛杉矶设立首个海外研发中心，主要任务是收集美国各细分市场的需求信息，设计、开发更符合客户需求的产品。后来海尔在欧洲的意大利、荷兰和丹麦分别设有设计研发中心，这些研发中心都是海尔"三位一体本土化"战略的重要执行者，主要为欧洲客户开发、设计新产品。

（3）全面发展阶段

2001年九届人大四次会议通过的《国民经济和社会发展第十个五年计划纲要》中明确提出"扩大国际经济技术合作的领域、途径和方式，鼓励企业利用国外智力资源，在境外设立研究开发机构和设计中心"。政策的推动加快了企业研发国际化的步伐，目前我国已经形成了以IT及通信等高科技行业企业为主体、其他行业并行的全方位海外R&D投资的局面（见表5-2）。

通信行业：2002年，首信集团在美国新泽西州投资组建Mobicom公司，作为首信集团的海外研发机构，主要跟踪世界最新数字技术和移动通信终端技术。华为首个海外研究院1999年设立在印度班加罗尔，之后又于2000年在瑞典斯德哥尔摩和俄罗斯莫斯科、2001年在美国达拉斯和硅谷、2009年和2010年在瑞典哥德堡和加拿大渥太华分别设立了研发机构。自此，华为海外研发机构形成全方位、一体化的全球研发体系。

家电行业：TCL集团控股的TCL国际2002年通过其全资子公司收购德国施耐德公司。2004年4月TCL集团并购阿尔卡特全球手机部门，6月TCL国际与汤姆逊合资成立TCL-Thomson Eleertonies（TTE）公司。海信集团2002年在美国芝加哥设立光通信研发中心，致力于开发全球技术领先的光通信模块产品和方案；2007年在荷兰埃因霍温设立海信欧洲研发中心；2010年又在美国亚特兰大设立海信美国研发中心。

表 5-2   **中国海外 R&D 研发中心（实验室）的典型案例**

行业	母公司	海外 R&D 中心
家用电器	格兰仕	格兰仕美国研究中心（硅谷 1998）、格兰仕美国微波炉研究所（硅谷 1999）
	TCL	TCL 德国研发中心（德国 2003）、TCL 美国研发中心（印第安纳 2004）、TCL 法国研发中心（巴黎 2004）
	海尔	海尔日本产品设计分部（东京 1994）、海尔美国研发中心（洛杉矶、硅谷 1998）、海尔法国研发中心（里昂 2001）、海尔荷兰研发中心（阿姆斯特丹 2001）、海尔韩国研发中心（首尔 2007）、海尔东京研发中心（熊谷市 2013）
	海信	海信（美国）光通信研发中心（芝加哥 2002）、海信欧洲研发中心（荷兰埃因霍温 2007）、海信美国研发中心（亚特兰大 2010）
IT	联想	联想硅谷实验室（硅谷 1992）、联想大和实验室（神奈川 2005）、联想北卡实验室（美国北卡罗来纳 2005）
电子通信	华为	华为印度研究所（班加罗尔 1999）、华为瑞典研究所（斯德哥尔摩 1999）、华为俄罗斯研究所（莫斯科 1999）、华为达拉斯研究所（达拉斯 2001）、华为硅谷研究所（硅谷 2001）、华为瑞典研究所（哥德堡 2009）、华为加拿大研究所（渥太华 2010）
	中兴通讯	中兴美国研究所（新泽西、圣地亚哥、硅谷 1998）、中兴韩国研究所（首尔 2000）、中兴巴基斯坦实验室（伊斯兰堡 2005）
机械	万向	万向集团北美技术中心（芝加哥 2001）
化学	烟台万华	万华美国研发有限公司（休斯敦 2007）
汽车	长安汽车	长安意大利研发中心（都灵 2003）、长安日本研发中心（横滨 2008）、长安英国研发中心（诺丁汉 2010）、长安美国研发中心（底特律 2011）

汽车制造：长安汽车是第一个在海外设立研发机构的中国汽车企业。自 2003 年设立意大利都灵研发中心后，长安汽车又先后在日本横滨、英国诺丁汉、美国底特律 3 地设立海外研发中心，与国内研发中心共同构成"五国九地、各有侧重"的 24 小时不间断全球化研发体系。

5.3.2 中国海外 R&D 投资动因

关于中国海外R&D投资动因，毛蕴诗（2005）[1]对广东中兴通讯、华为、TCL、康佳、科龙的研究表明：广东境外企业的R&D机构大多以寻求信息、技术吸收为主，主要为国内企业提供技术支持。即使在以贸易寻求型为主的投资企业中，兼顾新技术的寻求与掌握也是推动其进行海外投资的一个动机。陈劲等（2003）[2]通过问卷调查发现，"和国外企业或研究机构进行R&D项目合作，从国外对中国的技术转移中学习"是中国海外R&D投资最重要的动机；其次是"接近国外的R&D环境、吸收R&D成果溢出"；然后是"利用国外良好的R&D硬件基础设施以及招募国外的优秀R&D人员"等（见表5-3）。中国企业通过广泛开展国际技术合作和建立国外技术监测型研发机构，可以了解竞争对手的科研动态，判断技术发展趋势，吸收国外的先进技术和科学的溢出效应。

表 5-3　　　　　　　中国企业技术创新国际化的动机评价

动　因	平均得分
为海外生产提供技术支持	2.64
尽快将新产品打入当地市场	2.71
满足世界不同地区消费者的特殊需求，生产特色化产品	2.57
接近国外的R&D环境，吸收R&D成果溢出	4.21
利用国外良好的R&D硬件基础设施	3.14
招募国外的优秀R&D人员	3.0
和国外进行R&D项目合作，从国外对中国的技术转移中学习	4.48

资料来源　陈劲，景劲松，吴沧澜，朱朝晖，童亮.我国企业技术创新国际化的模式及其动态演化[J].科学学研究， 2003(6):317.

---

① 毛蕴诗,袁静,周燕.中国企业海外R&D活动研究——以广东企业为例[J].中山大学学报（社会科学版）,2005(2):1-7.
② 陈劲,景劲松,吴沧澜,等.我国企业技术创新国际化的模式及其动态演化[J].科学学研究,2003(6):315-320.

（1）市场支撑型

为了使中国产品更好地适应东道国市场，同时也为产品的售后服务提供技术支持，一些中国企业积极开展海外R&D投资。海信于2007年1月在荷兰成立的海信欧洲研发中心充分利用海信在数字电视、网络多媒体、芯片等领域的技术优势，深入调研欧洲流行趋势及用户使用习惯和需求，从而开发出面向欧洲及相近市场的高技术含量、高性价比的数字DVB产品以及网络、高清、多媒体平板电视产品；2010年又在美国亚特兰大设立海信美国研发中心，承担为海信北美市场提供技术和产品支撑的职能。

海尔从1997年起，就在世界各地寻求可以合作的家电产品设计实验室，由海尔控股，合资组建产品设计中心。目前，海尔的海外设计中心共有18个，分布在韩国首尔，日本大阪，美国洛杉矶、南卡罗莱纳，丹麦哥本哈根，荷兰阿姆斯特丹，德国慕尼黑，意大利米兰等地，同时配备了几百名本土设计师，以满足不同国家客户对家电产品的多样化消费需求。海尔在美国推出的迈克冷柜和在欧洲开发的新型酒柜，就是这样产生的。

（2）技术寻求型

中国企业技术寻求型海外研发投资主要是为了充分利用东道国的技术资源，包括人力资源和科技创新网络，开发新产品和新技术，同时监测全球最新科技发展动态。知识的黏性特征使知识的扩散受到空间地理距离的限制，知识的溢出是距离的减函数，随着地理距离扩大，知识的溢出效应减少。因此，企业最好选择在知识密集地区设立研发机构，获取知识溢出效应。比如，硅谷聚集了全球最先进的公司、最高端的人才，是全球创新中心，要融入这样的科技创新网络，只能投资于这样的区域。比较典型的案例有华为、中兴通讯等通信行业设备制造商。为了配合国际市场的拓展，华为构建了全球本地化的国际研发体系。继1999年在印度班加罗尔成立研究所之后，华为在瑞典斯德哥尔摩、俄罗斯莫斯科、美国达拉斯和硅谷、土耳其、南非、芬兰等地分别成立研究所。截止到2012年，华为在全球有18个研发中心。这些研发中心的设立，确保了华为产品在技术上的国际领先地位。

5.3.3 中国海外 R&D 投资区位

关于中国海外 R&D 投资区位，陈劲等（2003）认为海外研发机构的区位选择主要受东道国的技术创新环境和科技资源的丰富程度影响，一般选择在世界技术创新中心。熊志根（2003）[①]认为我国企业海外R&D 机构一般应选择与本企业技术密切相关的知识和技术密集地区。据中经网数据统计局统计，我国企业在海外设立的 R&D 机构 40% 集中在美国，7% 集中在日本，13% 集中在欧洲，美日欧三地合占 60%，另外有 13% 集中在东南亚，27% 集中在其他地区。在跨国技术联盟中，与美国、日本、欧洲等少数发达国家跨国公司合作建立的占 93.3%，而与欠发达国家或发展中国家的跨国公司合作建立的仅占 6.7%。

（1）在发达国家的区位分布

由于跨国公司研发活动在地域分布上有空间层次性，作为全球经济增长的核心区，发达国家集中的北美、西欧和日本是跨国公司研发投资比较集中的三个核心区（陈健、徐康宁，2008）。我国企业海外 R&D 投资也大多集中于这三个区域。其中，在美国的海外 R&D 投资最多。微观区位上，中国企业往往倾向于技术研发的集聚地或行业领导者所在地。如康佳、华为和新科等涉及电子信息技术的企业，其 R&D 机构选择在美国硅谷；上海轮胎橡胶集团的海外 R&D 机构选择在 Goodyear（固特异）的大本营——阿克隆，那里聚积了世界许多著名轮胎制造企业的 R&D 机构；长安汽车的美国研发中心设在底特律，那里集中了世界三大汽车制造企业和众多的汽车企业研发机构，引领着世界汽车产业的生产和技术创新，也吸引了国内汽车制造企业的投资。海尔在发达国家（地区）设有 18 个设计中心，整合了全球科技资源（见表 5-4）。

（2）在发展中国家的区位分布

中国企业在发展中国家设立研发中心的只有少数，具有代表性的是华为在印度、俄罗斯、土耳其设立的研究所，以及中兴在巴基斯坦伊斯兰堡设立的实验室。印度的班加罗尔被称为印度的"硅谷"，是世界知名的软件研发集散地。华为印度研究所不仅可以充分利用班加罗尔在计

---

① 熊志根.加快我国跨国R&D投资创新升级[J].社会科学辑刊,2003(1):81-84.

表 5-4　　　　　　　　　海尔海外研发和产品设计中心

序号	机构名称	所在地区	主要工作
1	Design International	洛杉矶（美国）	产品设计、信息收集
2	Haier Deginal TV Design Offdic	纽约（美国）	数字电视技术研发
3	H. GXIANG FA KFT	蒙特利尔（加拿大）	家电环保技术研发
4	M. MILLOT	巴黎（法国）	产品设计、信息收集
5	Global Design	阿姆斯特丹（荷兰）	产品设计、信息收集
6	日本 GK 设计机构	东京（日本）	产品设计、信息收集
7	日本日南株式会社	东京（日本）	结构设计、模型
8	日本广岛设计总研	广岛（日本）	产品设计、信息收集
9	Haier mp3 设计开发中心	首尔（韩国）	产品设计、信息收集
10	海尔 CTG	南卡罗莱纳（美国）	制冷产品研发
11	Texeg 株式会社	东京（日本）	半导体制冷芯片设计
12	AMCC INTERCONNECT CORPORATION	伦敦（英国）	集成电路设计开发
13	Haier IC Design Office	硅谷（美国）	集成电路设计开发
14	Haier Revco	悉尼（澳大利亚）	超低温制冷研究
15	龙华科技	台湾（中国）	数字电路设计
16	Guigiaro Design	米兰（意大利）	产品设计、信息收集
17	Haier Invensys	伦敦（英国）	制冷控制技术开发
18	赛华开发中心	台湾（中国）	集成电路技术

资料来源　刘进先.自主创新海尔之魂[M].北京:知识产权出版社，2006:181.

算机软件研发领域明显的人力资源优势，而且可以学习到班加罗尔独有的研发管理模式，并进行以技术为基础的产品本地化研究。俄罗斯是华为重要的海外销售市场，1997 年华为和俄罗斯贝托康采恩、俄罗斯电信公司建立了合资公司——贝托华为，开始以本地化模式运营市场。在莫斯科设立的华为俄罗斯研究所为华为产品在独联体市场的销售提供了技术支持和保障，2003年华为在独联体国家销售额超过3亿美元，位列独联体市场国际大型设备供应商前列。2010年，华为又在土耳其伊斯坦布尔设立了华为土耳其研发中心。

5.3.4　中国企业海外 R&D 投资模式

我国跨国公司海外R&D投资的模式主要有三种：新建模式、跨国并购和战略性技术联盟。

（1）新建模式

新建模式又被称为绿地投资（green field），是指跨国公司在海外以新成立企业的方式，设立产品研发中心或设计中心，充分利用东道国研发资源和研发网络，获取技术溢出效应。国内一些知名企业如联想、华为、海尔、中兴通讯等，纷纷在国外知识创新集群中设立海外R&D中心。华为在全球建立了8个地区部和32个分支机构，并将研发机构嵌入具有不同技术禀赋的国家。例如，在美国硅谷设立研究所，主要任务集中在三点：专注于采用高端技术进行差异化和有独特卖点的产品设计，关注CDMA和WiMAX标准的发展，以及根据客户需求制订CDMA产品的演进计划。

（2）跨国并购

兼并（merger）和收购（acquisition）简称并购（M&A），是指跨国公司通过并购东道国先进企业来控制和掌握该企业原有的技术研发机构、科研人才和设施以及商品销售渠道，以此来提升自身的综合实力。正如思科总裁钱伯斯所说"收购是刺激增长的有效途径"。思科自1995年起每年保持100%的增长，最终成为全球通信领域的领军公司，就源于钱伯斯1995年确立的"A&D"（并购和开发）策略而不是自主研发策略。短短10年间，思科收购了100家企业，将触角延伸到多个新兴领域，在互联网行业雄居霸主地位。与思科竞争，就如同与活跃在硅谷的数百家小公司竞争。

我国企业跨国并购案例也很多。1988年，首钢收购了美国麦斯塔国际公司70%的股权。麦斯塔公司是一家国际老牌冶金设备设计公司，已有100多年的历史，收购提高了首钢在重型冶金机械设备上的工程设计能力。2003年，京东方出资3.8亿美元并购韩国现代显示技术株式会社TFT-LCD（薄膜晶体管液晶显示器件）业务，完整地获得了TFT-LCD相关核心技术。2004年12月，联想以6.5亿美元的现金和价值6亿美元的联想集团普通股，收购IBM个人电脑事业部，收购的业务为IBM全球台式电脑和笔记本电脑的全部业务，包括研发和采购。并购交易完成后，联想一跃成为全球第三大个人电脑制造商。

2010年民营企业吉利汽车收购了国际知名汽车品牌沃尔沃100%的股权。吉利收购沃尔沃能得到什么？吉利董事长李书福回答道："首先是100%的股权。其次是商标权、知识产权、所有权，10 963项专利，十几个系列可持续发展的产品以及产品平台，两个完整的有50万辆产能的生产企业，还有发动机公司，以及三个汽车零部件公司。最后还有3 800多个研发工程师、整个人才体系以及创新能力体系，以及分布在100多个国家的2 325个网点，其中包括社会服务机构和4S店。"

（3）战略性技术联盟

战略性技术联盟是通过合资合作方式，进行技术、标准与市场联盟，通过上下游联系机制和研发费用分摊机制，实现先进技术的联合开发并开拓东道国市场。

海尔1999年与美国Netscreen成立"海尔-Netscreen系统集成技术研发中心"，就工厂系统集成方面的技术开展合作研发。2002年，海尔与东芝合作成立海尔东芝合作实验室。2006年10月，海尔与三洋共同在日本成立合资企业——海尔三洋株式会社，海尔和三洋分别占合资企业的60%和40%股份，海尔以现金入股，三洋以电冰箱事业研发业务作为投入。海尔三洋株式会社致力于面向全球市场的冰箱新产品研发，知识产权归合资企业所有。2006年11月，海尔与全球技术大鳄英特尔宣布成立创新产品研发中心——海尔-英特尔创新产品研发中心。在工业设计方面，海尔分别与欧洲Giugia-ro公司、Mo Millot公司，美国S.F.公司和荷兰GD设计公司就海尔产品外观设计等方面开展广泛的国际合作与交流。所有的设计资讯都是通过信息化渠道进行的，及时、准确、广泛的国际合作交流对海尔产品国际化起到了重要的推动作用。

战略性技术联盟是中兴通讯技术创新战略中推进产业链成长的主要方式。为了保持快速、持续的技术创新能力，中兴通讯专门设立了技术战略合作部门，通过产品互补、合作研发促进关键技术突破，增强产品和解决方案的竞争力。目前，中兴通讯已与IBM、英特尔、ADI、爱立信、高通、微软等企业建立合作关系。中兴通讯1999年与摩托罗拉在南京签署战略合作协议，成立"ZTE-MOTOROLA联合通信实验室"；2002年与世界排名第一的通信应用半导体供货商——杰尔系统公司（Agere Systems）在深圳成立联合实验室，加强双方在光电子、微电子及数据传输等技术领域的合作；与英特尔（中国）有限公司签署合作备忘录，在未来3G无线通信、无线局域网等几个关键领域展开深层次合作；2003年与微软（中国）有限公司签署在电信领域的战略合作备忘录，与IBM签署合作谅解备忘录，在商务、技术、产品开发、流程再造和海外市场运营等方面开展积极的合作；2008年与沃达丰（Vodafone）签署系统设备全球合作框架协议，覆盖包括GSM/UMTS/光传输等在内的无线系统设备产品。

5.4 中国海外R&D投资影响因素的实证研究

随着越来越多的中国企业"走出去"，在海外设立R&D中心，对中国企业海外R&D投资的研究也日渐增多。目前，相关文献主要集中于对中国企业海外R&D投资意义的研究（汪建成等，2008；杜群阳，2009）、投资动机的研究（陈劲等，2003；毛蕴诗，2005）以及投资区位的理论研究（陈劲等，2003；熊志根，2003）。学者们普遍认为，中国企业目前海外R&D机构大多以收集信息、技术吸收为主，从而为国内企业提供技术支持。在区位选择上，主要受东道国的技术创新环境和科技资源的丰富程度影响，一般选择在世界技术创新中心。目前尚无学者从企业层面实证研究中国企业海外R&D投资的影响因素。本书选取101家中国制造业上市公司为研究样本，重点从企业自身因素和东道国因素两方面，通过实证检验，比较全面地考察中国跨国公司市场支撑型和技术寻求型海外 R&D 投资的影响因素。

5.4.1 理论分析框架与假设

跨国公司海外 R&D 投资决策受内外两种因素的影响。内因指企业自身情况，具体包括企业的规模、技术水平、出口能力等；外因指东道国的资源条件，具体包括东道国市场规模、R&D 投资水平、R&D 要素禀赋等。内因与外因相互作用，共同影响跨国公司海外 R&D 投资区位选择。

（1）投资企业因素

什么样的跨国公司会从事海外 R&D 投资？企业的投资动机如何影响其海外 R&D 投资决策？Mansfield 等（1979）[1]以 1970 年至 1974 年 55 家美国制造业企业海外 R&D 投资数据为样本，采用回归方法分析后发现，海外子公司销售规模越大时，相应的海外 R&D 支出越多。Odagiri 和 Yasuda（1996）[2]也发现日本海外子公司的销售额与海外 R&D 支出有正相关关系。

投资母公司的规模、能力对海外 R&D 投资决策产生重要影响。Shimizutani 和 Todo（2008）[3]研究了母公司技术水平对海外 R&D 投资的影响，他们用 R&D 投入占总销售额的比重来衡量母公司技术水平，技术水平越高的母公司，其海外技术寻求型 R&D 投资越多。企业规模是影响企业创新能力的一个重要变量，一些学者认为企业规模与创新行为存在正相关关系，大型企业能够更好地从创新中获取回报，从而有更强的动机进行创新活动。随着企业创新能力的提高，海外 R&D 投资的动机越来越强烈，R&D 全球化程度也随之提高。另外，企业海外 R&D 投资倾向还与企业国际化程度有关。国际化程度较高的企业，随着海外生产和销售活动的增加，必然会加大海外 R&D 投资力度，从而更好满足海外客户的需求。本书用母公司出口能力来衡量其国际化水平。当母

① MANSFIELD E, TEECE. Overseas Research and Development by US-based Firms[J]. Economica, 1979, (46): 187-196.
② ODAGIRIH, YASUDA H.The Determinants of Overseas R&D byJapanese Firms: an Empirical Study at the Industry and Company Levels[J]. Research Policy,1996 (25):1059 - 1079.
③ SHIMIZUTANI S, TODO Y. What Determines Overseas R&D Activities? The Case of Japanese Multinational Firms [J]. Research Policy, 2008, 37: 530-544.

公司是出口型企业，所生产产品有较高比例出口时，往往需要足够的技术力量来维持东道国的市场销售，并开发适合东道国市场的新产品，因此，这种公司有更强的动机从事市场寻求型R&D投资。

假设1（a）：母公司的研发能力与技术寻求型海外R&D投资正相关。

假设1（b）：母公司的规模与市场支撑型和技术寻求型海外R&D投资正相关。

假设1（c）：母公司的出口能力与市场支撑型海外R&D投资正相关。

（2）东道国因素

影响跨国公司海外R&D投资的东道国因素主要有东道国市场规模、东道国R&D资源、东道国R&D人力资源等。Kuemmerle（1999）[①]的调查表明：以市场支撑为目的的HBE实验室选址大多在重要市场附近或现有的海外工厂附近，以技术寻求为目的的HBA实验室选址大多在大学和政府实验室附近。

①东道国市场规模。市场支撑型海外R&D投资的目的通常是为企业的海外生产提供技术支持，所以投资区位经常选择在重要市场附近。有些子公司还承担母公司海外出口平台的作用，为母公司在当地销售产品提供服务。这种市场支撑型海外R&D投资会受到东道国市场规模的影响。从规模经济上看，为市场规模小的国家所做的R&D投入往往是不经济的。Kumar（2001）[②]在研究美国和日本的海外R&D投资区位因素时，发现美国和日本跨国公司海外R&D投资都流向具有较大市场规模的东道国。Shimizutani和Todo（2008）在研究日本海外R&D投资时，发现东道国市场规模对D型（开发/设计型）以及R型（开发/设计型+基础/应用研究型）投资都有积极正向影响。东道国GDP每增加1%，R型投资增加5%，D型投资增加3%。反映东道国市场因素的另一指标是人均GDP，该指标衡量东道国的人均消费水平。人均消费水平

①　KUEMMERLEW.Foreign Direct Investment in Industrial Research in the Pharmaceutical and Electronics Industries-Results from a Survey of Multinational Firms[J]. Research Policy , 1999,28(2/3): 179-193.

②　KUMAR N. Determinants of Location of Overseas R&D Activity of Multinational Enterprises: the Case of US and Japanese Corporations[J].Research Policy ,2001(30):159-174.

越高的国家，其居民购买力越强，因而能吸引更多市场支撑型R&D投资。

假设2（a）：东道国的市场规模与市场支撑型海外R&D投资正相关。

假设2（b）：东道国的人均收入与市场支撑型海外R&D投资正相关。

②东道国R&D资源。为了了解世界前沿科技发展动态，提高科技能力，缩小技术差距，技术寻求型海外R&D投资的东道国通常是科技领先国家。在科技领先国家进行R&D投资，不仅可以充分利用东道国的技术创新系统以及技术基础设施，而且可以获取技术溢出效应。因此，东道国R&D投入范围和规模是海外R&D投资区位选择的重要影响因素。Kumar（2001）用R&D支出占GDP的比例来衡量东道国的技术水平，研究结果显示这一指标对美国海外R&D投资有正向影响，同样情况也出现在日本对发展中国家R&D投资的样本中。Shimizutani和Todo（2008）的实证研究显示这一指标对R型（开发/设计型+基础/应用研究型）投资有正向影响，而对D型（开发/设计型）投资影响不显著。Iwasa和Odagiri（2004）[1]通过构建当地技术力量指标来衡量美国各州的技术水平，研究了137个日本制造业企业在美国各州的R&D投入与产出情况，研究结果表明：当地技术力量高对R型（研究导向型）企业创新能力的提高具有正向影响，对S型（市场支撑型）企业影响不显著。因此，技术寻求型海外R&D投资更看重东道国的技术水平。

假设3：东道国的R&D投入与技术寻求型海外R&D投资正相关。

③东道国R&D人力资源。跨国公司海外R&D投资动机之一是降低研发成本。当东道国拥有大量经过培训的专业技术人员，而且成本比母国还要低时，跨国公司出于成本考虑会把一部分R&D活动转移到国外，从而减少自己的全球R&D成本。OECD（1999）[2]通过对日本的跨国公司进行调查发现，海外科技人力资源是其进行R&D投

---

[1] IWASA, ODAGIRI. Overseas R&D, Knowledge Sourcing, and Patenting: an Empirical Study of Japanese R&D Investment in the US [J]. Research Policy, 2004(33): 807-828.

[2] OECD.Globalization of Industrial R&D:Policy Issuse[R].Paris:OECD,1999.

的重要影响因素。跨国公司在东道国设立 R&D 机构，可以雇佣到当地高水平的科学家和工程师，同时也为本国技术人员与海外同僚提供学习和交流机会。关于东道国 R&D 人力资源丰裕度的衡量，Kumar（2001）用工程技术人员的工资来衡量，工资越低，则在该国从事 R&D 活动的成本越低，从而对日本跨国公司海外 R&D 投资有正向影响。Ito 和 Wakasugi（2007）[1]用每百万人中科学技术人员所占比重来衡量，结果表明研发人力资源丰富的东道国对日本企业海外 R&D 投资具有吸引力。

假设4：东道国的 R&D 人力资源与技术寻求型海外 R&D 投资正相关。

5.4.2 计量模型

（1）计量模型的建立

如何区分市场支撑型和技术寻求型海外 R&D 投资？ Ito 和 Wakasugi（2007）分析了跨国公司海外工厂、R&D 投入和 R&D 功能之间的关系。跨国公司海外 R&D 行为主要分为四类：①无研发（No R&D），指公司在海外设立生产工厂，该工厂仅是一个生产基地，没有研发功能；②无实验室（No Lab），指公司在海外设立生产工厂，该工厂有专门的研发部门来实现其研发功能，但除工厂外，没有成立专门的实验室；③在海外同时设立工厂和实验室（Yes Lab），指公司在海外不仅设立生产工厂，还设立专门的实验室；④仅设立实验室（Yes Lab），指公司在海外没有生产工厂，仅设立专门的实验室。由于海外实验室的设立是技术寻求型海外 R&D 投资的重要特征，因此，②对应的是市场支撑型 R&D 投资；④对应的是技术寻求型 R&D 投资；③既包括市场支撑型 R&D 投资，也包括技术寻求型 R&D 投资。由于中国企业在海外同时设立工厂和实验室的很少，仅设立实验室的较多，因此，本书研究中将③和④合并为③，表示技术寻求型海外 R&D 投资（见表5-5）。

表 5-5　　　　　　海外生产、R&D 投入与 R&D 功能对应关系

海外生产	海外 R&D 投入	海外 R&D 实验室	
		No	Yes
Yes	No	（1）无 R&D	
	Yes	（2）市场支撑型 R&D	（3）市场支撑型 R&D+技术寻求型 R&D
No	No	（1）无 R&D	
	Yes		（4）技术寻求型 R&D

资料来源　Ito B，Wakasugi R.What Factors Determine the Mode of Overseas R&D by Multinationals? Empirical Evidence[J]. Research Policy， 2007(36): 1275-1287.

在我们的研究中，被解释变量是中国企业海外 R&D 投资类型的选择。企业面临三种选择，因此可建立三元选择 Logit 模型来实证检验中国企业海外 R&D 投资的影响因素。企业选择某一种海外 R&D 类型的概率如下：

$$P_{ij}(Y_i = m) = \frac{\exp[\beta'_m X_{i,j}]}{\sum_{m=1}^{i}\exp[\beta'_m X_{i,j}]}, m = 1,2,3 \qquad (5-1)$$

在模型（5-1）中，Y_i 是公司 i 所做的海外 R&D 投资类型的选择，m 表示公司 i 的海外 R&D 投资类型的选择结果，当 $m=1$ 时，表示企业在海外无 R&D 投资；当 $m=2$ 时，表示企业选择市场支撑型 R&D 投资；当 $m=3$ 时，表示企业选择技术寻求型 R&D 投资。解释变量的向量 $X_{i,j}$ 由投资企业变量 i 和东道国变量 j 组成，β'_m 是选择 m 的参数。

相对机会比率代表解释变量单位的增加引起相对机会的边际变化，若以 $m=1$ 为参照组，则企业海外 R&D 投资类型选择的相对机会比率为：

$$\ln[\frac{P_{ij}(Y_i = m \mid X_{i,j})}{P_{ij}(Y_i = 1 \mid X_{i,j})} = \beta'_m X_{i,j}, m = 2,3 \qquad (5-2)$$

（2）解释变量的选取

①投资企业变量：I_R&D，表示投资企业的研发投入，用企业研

发支出总额占主营业务收入比例来表示；Size，表示投资企业规模，用主营业务收入来表示；Export，表示投资企业出口能力，用主营业务收入中国际市场收入占总收入比重来表示。

②东道国变量：GDP，东道国市场规模，用东道国GDP来表示，该指标反映东道国经济总量，东道国GDP越高，越能吸引海外R&D投资；Pgdp，东道国的人均GDP，反映东道国的购买力和有效需求规模；H_R&D，东道国研发投入，用东道国的研发支出占GDP的比重来表示，该指标反映东道国对R&D的重视程度和投入力度，投入越大的国家意味着更高的科技成本产出，从而对海外R&D更有吸引力；Researchers，东道国研发人力资源，用每百万人中R&D技术人员的数量来表示，用来衡量东道国R&D技术人员的丰裕程度。

变量说明与数据来源见表5-6。

表5-6 **变量说明与数据来源**

变量名		变量含义	数据来源
投资企业变量	I_R&D	投资企业的研发投入(%)	巨潮资讯网所公布的上市公司年报
	Size	投资企业的规模（亿元）	
	Export	投资企业的出口能力(%)	
东道国变量	GDP	东道国的GDP（亿美元）	世界银行数据库
	Pgdp	东道国的人均GDP（美元）	
	H_R&D	东道国的研发支出占GDP的比重(%)	
	Researchers	R&D研究人员的数量（每百万人）	

（3）样本说明

为了考察中国企业海外R&D投资的影响因素，本书选择的样本主要是从事过海外R&D投资的微观企业。由于微观企业数据难以获取，本书只能采用上市公司数据进行研究，最终选择了沪深两市2011年及以前上市并拥有海外子公司的101家制造业A股上市公司。研究样本的选取标准如下：①2011年及以前上市的制造业公司；②根据年报内容显示，海外子公司的功能为生产制造或研发，不包括贸易型、商业型、投资型子公司①；③有本书研究所需要的完整的出口数据和R&D支出数据。通过查询中国上市公司年报，这101家上市公司在37个东道国（地区）拥有177家海外子公司。具体的样本企业海外R&D投资类型及在东道国的分布情况如表5-7所示。

表5-7　　　　样本企业海外R&D投资类型及主要区位分布

东道国		No R&D	No Lab	Yes Lab	合计
发达国家	美国		18	28	46
	日本		4	6	10
	英国	1	6	2	9
	德国		6	2	8
	荷兰	1	2	5	8
	意大利		3	6	9
	其他	5	9	21	35
发展中国家	越南	14	2		16
	印度尼西亚	4			4
	南非	2	1		3
	其他	25	4		29
合　计		52	55	70	177

5.4.3　计量结果与分析

根据上述分析，我们建立下列模型来检验中国企业海外R&D投资的影响因素：

$$\ln\left[P_{rm}/P_{rl}\right]=\beta_0+\beta_1(I\_RD)_{im}+\beta_2(Size)_{im}+\beta_3(Export)_{im}+\beta_4(GDP)_{jm}+\beta_5(Pgdp)_{jm}$$

$$+\beta_6(H\_RD)_{jm}+\beta_7(Researchers)_{jm}+\varepsilon_{im} \tag{5-3}$$

其中，下标m表示企业海外R&D类型；i代表母公司；j代表东道国；ε为随机扰动项。为了将被解释变量与各解释变量之间可能存在

① 在上市公司年报中，财务报表第4项"企业合并及合并财务报表"详细列明每一个子公司的业务性质，其中海外子公司业务性质为"研发"的是本书研究的研发型海外直接投资。

的非线性关系转换成线性关系，减少异常点以及残差的非正态分布和异方差性，本书对 Size、GDP、Pgdp、Researchers 变量进行了对数化处理。三元选择Logit模型可以用极大似然法进行估计，用牛顿迭代法得到参数的估计量，本书使用Stata 12.0程序包进行参数估计。

表5-8显示了三元选择Logit模型的估计结果。对于给定的解释变量，我们真正想估计的并不是机会比率的对数，而是企业选择建立哪一种海外R&D投资的概率。机会比率不容易直观地说出其经济含义，而成功的概率有直观的经济含义，故在表5-8中列出了各解释变量的平均边际效应。

表 5-8   三元选择 Logit 模型估计结果

变 量	市场支撑型（No Lab）			技术寻求型（Yes Lab）		
	系数	标准误	边际效应	系数	标准误	边际效应
I_R&D	−0.034	0.213	−0.056	0.343*	0.214	0.068
LnSize	−0.175	0.269	0.011	−0.388	0.287	−0.046
Export	0.002	0.011	0.001	−0.007	0.013	−0.002
LnGDP	0.144	0.274	0.049	−0.104	0.310	−0.039
LnPgdp	1.024*	0.586	0.067	2.272**	0.945	0.272
H_R&D	1.568**	0.676	0.148	1.679**	0.791	0.088
LnResearchers	−0.497	0.594	0.157	0.178	0.974	0.037
_cons	−8.473	3.377		−21.416	7.875	
N	177					
Log likelihood	−114.029					
Pseudo R2	0.4089					

注：*表示在10%水平上显著，**表示在5%水平上显著，***表示在1%水平上显著。

投资企业变量：①母公司的研发投入对选择技术寻求型R&D投资有积极影响，对选择市场寻求型R&D投资影响不显著，这一结论与Ito和Wakasugi（2007）的结论相同。从统计结果上看，母公司的研发投入每增加1%，企业选择技术寻求型R&D投资的可能性将提高6.8%。因此，假设1（a）成立。母公司的研发投入在一定程度上体现了母公司的技术水平，只有具备一定技术实力的企业才会选择技术寻求型R&D投资。当母公司技术水平过低时，与国外领先企业的巨大技术差距会影响母公司技术寻求中的外溢效应。②母公司规模变量的系数符号与预期相反，且统计结果并不显著。这一实证结果与本书样本选择有一定关系，样本中一些计算机通信行业的上市公司虽然规模较小，但R&D国际化进程快于一些黑色金属、有色金属冶炼行业的大规模企业。因此，假设1（b）不成立。③母公司的出口能力对海外R&D投资影响不显著，其原因可能在于中国产品出口50%左右是通过加工贸易方式，主要利用我国廉价的劳动力优势，对国外技术需求相对较少，从而降低了海外R&D投资发生的概率。因此，假设1（c）不成立。

东道国变量：①市场因素是跨国公司海外R&D投资考虑的重要因素。以GDP来表示的东道国市场规模对企业海外R&D投资选择影响不显著，假设2（a）不成立。这一结论与Shimizutani和Todo（2008）的结论不同。以人均GDP表示的东道国购买力影响显著，假设2（b）成立。东道国人均GDP每增加1%，企业选择市场支撑型R&D投资和技术寻求型R&D投资的可能性将分别提高6.7%和27.2%。东道国的经济总量和市场潜力是比较重要的区位影响因素，相对GDP而言，人均GDP更能反映东道国的消费水平和有效需求，从而影响企业R&D投资区位选择。②东道国R&D投入水平对市场支撑型R&D投资和技术寻求型R&D投资影响都显著，假设3成立。这一结论与Ito和Wakasugi（2007）、Shimizutani和Todo（2008）的结论相同。东道国R&D投入每增加1%，企业选择市场支撑型R&D投资和技术寻求型R&D投资的可能性将分别提高14.8%和8.8%。③东道国技术人员的数量对市场支撑型R&D投资和技术寻求型R&D投资影响均不显著，假设4不成立。

综合以上分析，东道国人均GDP以及R&D投入水平对市场支撑型R&D投资有显著正向影响，母公司R&D投入、东道国人均GDP和R&D投入水平对技术寻求型R&D投资有显著正向影响。因此，中国企业市场支撑型海外R&D投资受东道国人均购买力和R&D资源禀赋的影响，技术寻求型海外R&D投资受母公司技术水平和东道国R&D资源禀赋的双重影响。

5.5 本章小结

R&D全球化是经济全球化的重要组成部分。早期对R&D全球化的研究主要集中于市场支撑型海外R&D投资，后来，随着技术的发展和知识的扩散，技术寻求型海外R&D投资逐渐成为研究的热点。本章在对跨国公司海外R&D投资文献综述的基础上，分析了中国海外R&D投资的实践，介绍了其发展历程、动机、区位和模式。然后，本章利用101家中国制造业上市公司的177个海外子公司投资数据，通过建立三元选择Logit模型，从投资企业和东道国两个层面分析了中国企业市场支撑型和技术寻求型海外R&D投资的影响因素。实证结果表明：东道国人均GDP、东道国的R&D投入对市场支撑型R&D投资有显著正向影响，母公司的R&D投入、东道国人均GDP和R&D投入对技术寻求型R&D投资有显著正向影响。因此，中国企业市场支撑型海外R&D投资受东道国人均购买力和R&D资源禀赋的影响，技术寻求型海外R&D投资受母公司技术水平和东道国R&D资源禀赋的双重影响。

第6章 中国对外直接投资逆向技术溢出效应:模型与机理

6.1 引 言

目前，发展中国家跨国公司向发达国家的逆向投资已成常态，这种逆向投资的一个重要动因就是获取包括先进技术、管理经验、营销网络在内的战略性资产，也被称为"知识寻求型OFDI"。知识寻求型OFDI在新兴经济体跨国公司对外直接投资中更为常见。一些研究指出，新兴经济体跨国公司把OFDI当作跳板，通过获取东道国的先进知识来弥补它们的竞争劣势（Makino et al.，2002；Mathews，2006；Witt & Lewin，2007；Luo & Tang，2007）。Makino等（2002）[①]在对328家中国台湾企业对外直接投资的研究中发现，中国台湾的对外直接投资不仅包括拥有一定所有权优势的企业通过跨国界的资产利用所进行的OFDI，而且包括没有所有权优势的企业通过跨国界的资产寻求所进行的OFDI。

---

① MAKINO S,LAU C M,YEH R S.Asset-exploitation Versus Asset-seeking:Implications for Location Choice of Foreign Direct Investment from Newly Industrialized Economies[J]. Journal of International Business Studies, 2002, 33(3):403-421.

事实上，早有研究证实了知识寻求型 OFDI 的存在。Almeida（1996）[①]以美国半导体产业的国外投资为研究对象，指出在美国的外资企业通常表现出比本土企业更高的学习愿望，它们比本国的竞争对手更愿意使用当地的专利，尤其是欧洲和韩国的企业，投资的目的就是从当地半导体企业学习知识以弥补它们在母国的弱势技术能力。在对 186 个投资于美国的外国实验室的调查中，Florida（1997）[②]发现投资动因排名前三的选项分别是：开发新技术产品、获取高科技人才、获取美国科学技术发展信息，这三个选项都体现了技术寻求的动机。

技术扩散的空间地理范围约束是知识寻求型 OFDI 产生的一个重要原因。知识技术的传播通常被局限在一定的地理范围内，具有空间局限性。随着空间地理距离的增加，知识溢出的有效性迅速衰减（Audreutsch & Feldman，1996；Giovanni，2003）。因此，企业只有靠近技术创新源，才能成为知识溢出的最大受益者。Jaffe 等（1986）[③]将知识溢出的程度与地域相关的 R&D 活动联系在一起，指出由于知识在空间地理区位上的集中性，那些没有特定竞争优势的跨国公司往往通过在技术要素密集的国家或地区投资的方法，直接或间接地获取技术溢出。Head 等（1999）利用回归分析方法，计算了日本制造业企业在美国投资的区位分布与产业集聚关联度，得出的结论是：在日本企业投资选址模式中起主要作用的是产业的集聚度，即旨在接近技术创新活跃地。

知识创新群的集聚并不仅仅是地理意义上的集中概念，而且是在此基础上形成的一种社会、制度、文化等各种关系构成的网络体系。区域创新系统内各行为主体（包括供应商、顾客、竞争者、大学科研机构）之间的信息交流与知识共享，使企业间默会性知识的溢出变得更加容易。当然，企业只有处于成熟的创新系统网络内，才有可能获得溢出。知识的隐含性越高，完全溢出的时间就越长。Teece（1992）[④]研究外资科研机构在硅谷

---

① ALMEIDA P. Knowledge Sourcing by Foreign Multinationals: Patent Citation Analysis in the US Semiconductor Industry （Winter special issue）[J].Strategic Management Journal, 1996(17): 155-165.

② FLORIDA R. The Globalization of R&D: Results of a Survey of Foreign-affiliated R&D Laboratories in the USA[J].Research Policy, 1997 ,26 (1), 85-103.

③ JAFFE A B. Technological Opportunity and Spillovers of R&D: Evidence from Firms' Patents, Profits and Market Value[J].American Economic Review, 1986, 76(5): 984-1001.

④ TEECE. Foreign Investment and Technological Development in Silicon Valley[J]. California Management Review, 1992 （Winter）: 88-106.

的集聚现象，指出外资企业在硅谷设立研发机构的主要目的是融入硅谷的信息渠道和创新网络，从而获取当地特有的信息和知识资产。

上述观点都支持知识溢出是距离的递减函数，知识溢出的空间有限性构成了跨国公司海外 R&D 投资的重要机制。知识溢出的空间距离决定了企业研发机构的区位选择，企业只有依靠在地理上集聚产生的信息共享的邻近效应和社会化效应，才能尽可能扩大对溢出知识的吸收能力（韩剑，2009）[①]。正是由于技术溢出的空间约束，许多发展中国家跨国公司在无技术优势的前提下，依然向发达国家逆向投资，以寻求逆向技术溢出效应，最终促进母国公司的技术进步。本章将在前人研究的基础上，探讨 OFDI 逆向技术溢出的模型和机理，分析中国对外直接投资的逆向技术溢出效应。

6.2　中国对外直接投资逆向技术溢出理论模型

FDI的溢出效应是中国经济学界的一个热点研究课题，但研究主要集中在"引进来"的对外直接投资对本土企业的溢出效应上，这与我国改革开放以来对外开放战略的重心一直在"引进来"和出口扩张上有关。随着越来越多的中国企业"走出去"，中国对外直接投资的母国经济效应开始引起一些学者的关注，逆向技术溢出效应成为其中的一个研究热点。

6.2.1　相关研究

逆向技术溢出效应，是指通过 OFDI，投资的母国企业可以充分利用东道国优质的 R&D 资源，学习先进技术，从而获得积极的由东道国向母国的技术外溢。逆向技术溢出的提出突破了传统技术外溢对技术单向流动的假定，强调溢出具有双向流动性[②]。溢出不仅包括投资企业向东道国企业的溢出，而且包括东道国企业向投资企业的逆向溢出。长期以来，对对外直接投资溢出效应的研究主要偏重于东道国，强调东道国企业从吸引外

---

① 韩剑.知识溢出的空间有限性与企业 R&D 集聚——中国企业 R&D 数据的空间计量研究[J].研究与发展管理,2009(6):22-27.
② Branstetter（2006）利用 189 家日本企业 1980—1997 年在美国投资的专利引用数据验证了双向溢出效应的存在，即技术溢出不仅存在于日本企业（investing firms）对美内资企业（indigenous firms），美内资企业对日本企业也有溢出。

资中获取的模仿、学习和技术进步效应，而从投资母国角度考虑OFDI对母国经济、技术、就业的影响则在相当长的时期内受到冷落。这一现象直到20世纪90年代初期才有所改善，但迄今为止相关研究成果仍然不多。

最早进行逆向技术溢出研究的学者是 Kogut 和 Chang（1991）、Yamawaki（1993）、Neven 和 Siotis（1993，1996）。Kogut 和 Chang（1991）[①]以日本企业 1976—1987 年在美国的投资为研究对象，通过建立回归模型实证检验了"相对技术能力"[②]对日本企业在美投资的影响，指出日本企业在美投资行业主要集中于美国R&D投入高于日本的行业，投资方式主要是合资，因为这种方式有利于日本企业从合资方那里获取和分享美国的技术资源；Yamawaki（1993）[③]研究了日本企业在美欧市场的投资模式，发现许多日本企业对外直接投资模式的选择主要考虑自身与东道国同行的技术差距。具体来说，那些自己感觉企业技术落后于欧美同行的日本公司往往采取与当地公司合作或合资的方式；反之，那些自己感觉技术比东道国同行企业更胜一筹的日本公司则大多选择绿地投资。Neven 和 Siotis（1993，1996）采用 Kogut 和 Chang（1991）的实证方法研究了流入欧盟的美日FDI的动因，发现美日FDI主要流向欧盟的技术密集型产业，体现出很强的技术寻求特征。Driffield 和 Love（2003[④]，2009[⑤]）利用英国制造业的面板数据证明了技术寻求型OFDI逆向技术溢出效应的存在，并指出技术溢出集中于研究密集型行业，溢出的大小取决于产业的空间集中度。

Fosfuri 与 Motta（1999）[⑥]首次提出"不具有特定优势企业的跨国直接投资"假说，指出由于知识的溢出受空间地域的限制——溢出局限于一个国家内部，技术落后企业只有与先进企业在地理区位上同处于一个国家时，才能获得技术溢出。他们构建了两国双寡头古诺模型并论证了

① KOGUT B,CHANG S J.Technological Capabilities and Japanese Foreign Direct Investment in the United States [J].The Manchester School, 1991,73(3):401-413.

② Kogut和Chang（1991）文中所提到的"相对技术能力"是用日本和美国R&D投入的差来衡量的。

③ YAMAWAKI Y, PENG MW, DEEDS DL. What Drives New Ventures to Internationalize from Emerging to Developed Economies? [J]. Entrepreneurship: Theory& Practice, 2008,32(1): 59-82.

④ DRIFFIELD ,LOVE .Foreign Direct Investment, Technology Souring and Reverse Spillovers [J]. The Manchester School, 2003,71(6):659-672.

⑤ DRIFFIELD , LOVE , TAYLOR.Productivity and Labour Demand Effects of Inward and Outward Foreign Direct Invest and on UK Industry[J]. The Manchester School , 2009,77(2):171-203.

⑥ FOSFURI , MOTTA. Multinationals Without Advantages[J].Scand. J. of Economics， 1999, 101(4):617-630.

溢出对技术水平不同的企业国际市场扩张模式的影响，指出技术落后企业选择OFDI方式接近技术先进企业，以获取技术溢出；技术先进企业选择出口方式销售产品，以避免自身技术优势的扩散。Petit和Sanna-Randaccio（2000）[①]通过构建国际寡头竞争模型分析研发活动强度、效率对企业OFDI选择的的影响程度。寡头博弈均衡的结果是：R&D强度大且R&D活动效率高的企业选择对外直接投资，R&D强度小且R&D活动效率低的企业选择出口。当企业R&D费用增加且R&D活动效率提高时，企业对外直接投资的可能性增大。

知识的积累是经济增长的一个驱动力，没有任何一个国家能够单独生产出保持竞争力和持续增长所需的全部知识。通过海外R&D投资融入国际创新网络能够有效帮助各国加强自身的创新体系，提升技术创新能力。我国是一个发展中大国，研发国际化对我国而言意义重大。一方面，我国企业通过R&D投资可以获得战略资产和新技术，融入国际研发网络，加强研发活动的专业化，降低成本，增强技术创新性，扩大海外市场规模，从而提高企业竞争力；另一方面，在国外开展R&D活动，通过技术回流和逆向技术溢出提高母公司的技术水平和自主创新能力，最终会促进母国技术进步。

6.2.2 技术溢出的古诺模型

Fosfuri与Motta（1999）通过构建两国双寡头古诺模型，分析了当存在技术扩散可能性时技术领先企业与技术追随企业之间的利润博弈，证明了技术追随企业在没有垄断优势的前提下，依然会选择OFDI方式而不是出口方式来服务海外市场，因为OFDI能使其获得技术扩散的好处，提高自身的技术水平，同时逆向溢出回到母公司。

假设有两个国家1和2，在每个国家中存在一个当地企业：企业1存在于国家1，企业2存在于国家2。我们假定企业用不同的技术生产同样的产品并在产品市场上进行古诺竞争，两厂商的边际成本是c_1和c_2，且当$1 > c_i \geq c_j (i \neq j = 1,2)$时，有$c_i \leq (1+c_j)/2$。这意味着两厂商在同

① PETIT,SANNA- RANDACCIO.Endogenous R&D and Foreign Direct Investment in International Oligopolies [J].International Journal of Industrial Organization, 2000(2):339-367.

一国家生产时都可以获得利润。两厂商在各自的国内市场生产和销售。我们同时假定技术属于公共产品，也就是说某一工厂的技术被再次使用的边际成本为零。

对于每个国家的市场，其反需求函数为线性的，定义为：

$$p_i = 1 - Q_i / s_i$$

其中，s_i 为国家 i 的市场规模；Q_i 为企业在 i 国的销售量之和。

假定两厂商之间进行如下两阶段博弈：在第一阶段，它们同时面临三个选择：决定向国外市场出口、采用 OFDI 方式进入国外市场、不进入国外市场（在国外市场利润为零）；在第二阶段，它们进行古诺竞争。如果厂商选择出口，则对于每一单位的出口产品，它必须支付国际货物运输成本 $t \geqslant 0$。如果厂商选择 OFDI，则它可以节约国际货物运输成本，但是必须投资一定的固定成本 F_i。

另外，当两厂商位于同一个国家时，技术溢出才会产生。我们假定技术溢出是单向的，技术追随厂商可能从技术领先厂商那里获得技术溢出，反之则不成立，即技术领先厂商不会从技术追随厂商那里获得技术溢出。我们假定当厂商同时位于国家 i 时，技术落后厂商能从技术领先厂商那里获得技术溢出的概率为 $\lambda_i \in [0,1]$，因此 λ_i 被用于衡量在国家 i 技术扩散的程度。

在第一阶段，由于每一个厂商均面临三个选择，因此可能出现的情况共有 9 种。我们用倒推法寻找博弈的均衡解。两厂商的利润支付矩阵如表 6-1 所示，其中，f 表示 OFDI，e 表示出口，n 表示放弃国外市场。两厂商的利润支付矩阵的下标代表企业（1 或 2），上标代表该企业所做的选择。所有的利润函数取决于其他企业的选择。例如，$\prod_i^n|e$ 表示企业 $i = 1,2$ 的利润，当 $j \neq i$ 选择出口时，i 选择不在国外市场销售。

表 6-1 　　　　　　　　两厂商的利润支付矩阵

厂商 1/厂商 2	n	e	f
n	$\prod_1^n|n$, $\prod_2^n|n$	$\prod_1^n|e$, $\prod_2^e|n$	$\prod_1^n|f$, $\prod_2^f|n$
e	$\prod_1^e|n$, $\prod_2^n|e$	$\prod_1^e|e$, $\prod_2^e|e$	$\prod_1^e|f$, $\prod_2^f|e$
f	$\prod_1^f|n$, $\prod_2^n|f$	$\prod_1^f|e$, $\prod_2^e|f$	$\prod_1^f|f$, $\prod_2^f|f$

在第二阶段，厂商会根据对方的反应做出策略选择。

（1）当两厂商均到对方国家进行 OFDI 时，厂商 i 的总利润（国内市场加上国外市场的利润之和）为：

$$\prod_i^f |f = \frac{s_i + s_j}{9}[(1 - \tilde{\lambda})(1 - 2c_i + c_j)^2 + \tilde{\lambda}(1 - c^{min})^2] - F_j \tag{6-1}$$

其中，$\tilde{\lambda} = \lambda_1 + \lambda_2 - \lambda_1\lambda_2$ 表示当两厂商均进行 OFDI 时技术扩散的概率，$c^{min} = \min\{c_1, c_2\}$ 是两厂商边际成本的最小值。

（2）当两厂商均选择出口时：

$$\prod_i^e |e = \frac{s_i}{9}(1 - 2c_i + c_j + t)^2 + \frac{s_j}{9}(1 - 2c_i - 2t + c_j)^2 \tag{6-2}$$

（3）当厂商 i 选择 OFDI，厂商 j 选择出口时：

$$\prod_i^f |e = (1 - \lambda_j)[\frac{s_i}{9}(1 - 2c_i + c_j + t)^2 + \frac{s_j}{9}(1 - 2c_i + c_j)^2] + \lambda_i[\frac{s_i}{9}(1 - c^{min} + t)^2 + \frac{s_j}{9}(1 - c^{min})^2] - F_j \tag{6-3}$$

（4）当厂商 i 选择出口，厂商 j 选择 OFDI 时：

$$\prod_i^e |f = (1 - \lambda_j)[\frac{s_i}{9}(1 - 2c_i + c_j)^2 + \frac{s_j}{9}(1 - 2c_i - 2t + c_j)^2] + \lambda_i[\frac{s_i}{9}(1 - c^{min})^2 + \frac{s_j}{9}(1 - c^{min} - 2t)^2] \tag{6-4}$$

（5）当两厂商均不在国外市场销售时：

$$\prod_i^n |n = \frac{s_i}{4}(1 - c_i)^2 \tag{6-5}$$

（6）当厂商 i 不在国外市场销售，而厂商 j 选择 OFDI 时：

$$\prod_i^n |f = (1 - \lambda_j)\frac{s_i}{9}(1 - 2c_i + c_j)^2 + \lambda_i\frac{s_i}{9}(1 - c^{min})^2 \tag{6-6}$$

（7）当厂商 i 不在国外销售，而厂商 j 选择出口时：

$$\prod_i^n |e = \frac{s_i}{9}(1 - 2c_i + c_j + t)^2 \tag{6-7}$$

（8）当厂商 i 选择出口，而厂商 j 不在国外市场销售时：

$$\prod_i^e |n = \frac{s_i}{4}(1 - c_i)^2 + \frac{s_i}{9}(1 - 2c_i - 2t + c_j)^2 \tag{6-8}$$

（9）当厂商 i 选择 OFDI，而厂商 j 不在国外市场销售时：

$$\prod_i^f |n = (1 - \lambda_j)[\frac{s_i}{4}(1 - c_i)^2 + \frac{s_j}{9}(1 - 2c_i + c_j)^2] + \lambda_i[\frac{s_i}{4}(1 - c^{min})^2 + \frac{s_j}{9}(1 - c^{min})^2] - F_j \tag{6-9}$$

下面，我们分析技术扩散效应对厂商进行国际化决策的影响，主要

是为了证明技术追随者在不具备企业特定优势的前提下，依然会选择 OFDI，目的是从技术领先者那里获取技术溢出。当然，技术领先者不想选择 OFDI，也是为了避免技术优势的流失。为了简化运算，我们考虑厂商 2 既不出口，也不选择 OFDI 的情况。在这种情况下，如果 $\prod_1^f |n \geq \max(\prod_1^e |n, \prod_1^n |n)$，那么厂商 1 将选择 OFDI，由（6-5）、（6-8）、（6-9）式可得：

$$\{(1 - 2c_1 + c_2)^2 - \max[(1 - 2c_1 - 2t + c_2)^2, 0]\} + \lambda_2 \{\frac{9s_1}{4s_2}[(1 - c^{\min})^2 - (1 - c_1)^2] + [(1 - c^{\min})^2$$

$$-(1 - 2c_1 + c_2)]\} \geq 9(\frac{F_2}{s_2}) \tag{6-10}$$

（6-10）式的右边表示在国家 2 建立一个海外分支机构的成本。国家 2 的规模越大，或者创建成本越低，厂商 1 选择 OFDI 的可能性越大。（6-10）式的左边可以分成两部分：第一部分为传统项，反映厂商在出口或 OFDI 中进行选择时的传统影响因素。传统项反映企业在存在垄断优势的前提下才会选择 OFDI。选择出口时，运输成本 t 的增加会使 OFDI 相对出口而言更加有利可图，同时厂商 1 的成本下降，厂商 2 的成本上升，厂商更倾向于选择 OFDI。第二部分为技术扩散项，该项与两厂商的边际成本差 $c_1 - c_2$（即两厂商之间的技术差距）紧密相关，当 $c_1 > c_2$ 时，即厂商 2 是技术领先者。第二部分的值为正，因而存在技术获取的效应，即厂商 1 开展对外直接投资，不仅仅是为了节约国际运输成本，而且因为 OFDI 可以使它获得能在母国和海外子公司同时使用的新技术。通常认为，厂商特定优势是 OFDI 的前提条件，但在这里，只要（6-10）式满足，厂商 1 就存在进行 OFDI 的动机。只要技术扩散效应足够大，两厂商之间的技术差距的增加反而会增强厂商 1 进行 OFDI 的动机。

为了进一步了解企业利用对外直接投资获取领先技术的动机，我们分析运输成本为零（即不存在贸易成本）的情况。在这种情况下，如果厂商 2 技术扩散的可能性为零，或两厂商拥有相同的技术水平，那么厂商 1 不会选择 OFDI。但当存在技术扩散的可能性，且两厂商之间存在技术差距时，即使贸易成本为零，而 OFDI 需要投入额外的固定成本，

OFDI依然是厂商1的均衡选择。因为厂商1通过OFDI与厂商2相邻，从而获得技术扩散和技术溢出的好处，最终提升自身的技术水平。同时，由于技术具有类似于公共产品的性质，厂商1不仅可以在东道国利用这些技术，而且可以反向溢出回到母国，在母国商品生产中同时使用这些领先技术。这意味着厂商1选择OFDI时本身可能是无利可图的，但它能增进厂商1在东道国和母国的整体收益状况。

上述分析都假设厂商1是一个技术追随者，当厂商1为技术领先者时，它会选择成本更高的出口贸易方式供应海外市场，而不会选择OFDI，目的就是垄断其技术优势，维持其技术领先地位。技术扩散的可能性越大，厂商1选择OFDI的可能性就越小。即便在国外建立子公司的固定成本为零，厂商1仍然可能选择成本相对较高的出口方式，以避免技术扩散及技术领先优势的丧失。

通过以上分析可以看出，即使贸易成本为零，无优势企业（技术追随企业）在没有垄断优势的前提下，依然会选择OFDI方式，因为OFDI方式能使其获得技术扩散的好处，通过技术学习和模仿提高其自身技术水平，获取逆向溢出效应。这一研究结论对发展中国家跨国公司在处于技术劣势前提下依然积极主动向发达国家逆向投资做出了合理的解释。

6.3 中国对外直接投资逆向技术溢出微观机理

6.3.1 微观机理

OFDI作为技术寻求的重要路径，如何将先进技术从东道国逆向溢出回到投资母公司和投资母国？这种逆向技术溢出效应是通过何种机理发生的呢？目前，我国学者在这一领域的研究尚处于探索阶段，还未形成统一的分析框架，研究结论也相对零散。杜群阳（2006）[①]强调逆向外溢的两大渠道：一是母国企业可以通过与东道国的技术领导者建立更紧密的地理联系，从而降低投资者的生产成本，获得积极的外溢效应；

---

① 杜群阳.R&D全球化、反向外溢与技术获取型FDI[J].国际贸易问题,2006(12):88-91.

二是母国企业可利用与东道国的产业联系，实现知识获取，以获得逆向外溢。赵伟等（2006）[①]对 OFDI 之母国技术进步效应的命题进行了系统梳理，着重分析了中国逆向技术溢出的研发要素吸纳机制、研发成果反馈机制、并购适用技术企业机制。尹华、朱绿乐（2008）[②]认为，企业主要通过模仿跟随效应、联系效应、人员流动效应以及平台效应四个途径而获得反向技术外溢。陈菲琼、虞旭丹（2009）[③]研究了对外直接投资对我国企业自主创新的反馈机制，主要有海外研发反馈机制、收益反馈机制、子公司本土化反馈机制和对外投资的公共效应。

技术寻求型 OFDI 对母公司的逆向技术溢出效应由以下两部分组成：一是海外子公司从投资东道国所获取的逆向技术溢出效应，海外子公司通过对当地供应链、东道国技术创新网络的参与，以及雇用当地高素质的科研管理人才来获取逆向技术溢出效应；二是投资母公司从海外子公司所获取的逆向技术转移效应，母公司通过与子公司在技术、产品、人员等方面的双向流动，实现先进技术从海外子公司向母公司的逆向转移。具体而言，OFDI 逆向溢出效应可以总结为以下四个方面：

（1）R&D 成果反馈机制

R&D 成果反馈机制即通过对外直接投资将海外子公司的研发投入所形成的新产品、新技术、新工艺、新设计反馈回母公司，从而促进母国技术进步。按投资动机的不同，海外 R&D 投资可分为市场支撑型和技术寻求型（见图 6-1）。前者主要是在利用母国技术优势的基础上改进技术与服务，研究与开发适用性技术，使产品更好地适应东道国要素禀赋和消费者偏好，最终帮助海外子公司更好地满足东道国市场的需求。后者的目的在于利用东道国的 R&D 资源开发新产品和新技术，加强国内外研发合作，提升母公司的技术能力。海外 R&D 机构的研发活动不仅对母公司具有技术反馈作用，而且对同一母公司内其他各子公司也存在技术反馈作用。

① 赵伟,古广东,何元庆.外向 FDI 与中国技术进步:机理分析与尝试性实证[J].管理世界,2006(7):53-60.
② 尹华,朱绿乐.企业技术寻求型 FDI 实现机理分析与中国企业的实践[J].中南大学学报,2008(3).
③ 陈菲琼,虞旭丹.企业对外直接投资对自主创新的反馈机制研究:以万向集团 OFDI 为例[J].财贸经济,2009(3):101-106.

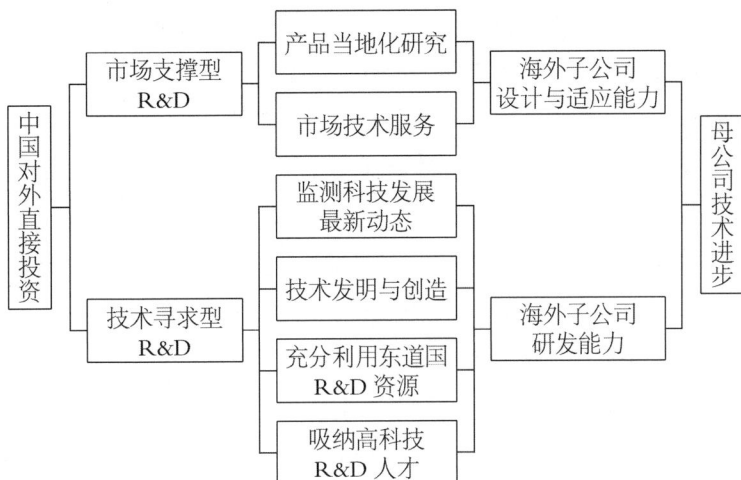

图 6-1　R&D 成果反馈机制

（2）R&D 费用分摊机制

R&D 费用分摊机制是指母公司通过海外投资，在国外设立 R&D 分支机构，利用东道国政府优惠的科技开发扶持政策，减少 R&D 支出，分摊 R&D 成本。Mansfield（1982）在对美国 30 家跨国公司的调查中发现，由于海外子公司为母公司分摊了大量的 R&D 经费，母公司的 R&D 费用减少了 15%。海外 R&D 分支机构对母公司的 R&D 费用分摊机制的机理主要有两个：一是充分利用东道国丰富的 R&D 要素禀赋，包括 R&D 人力资源、科研院所等，分摊母公司的研发成本；同时通过 R&D 模块化分工和子功能剥离，海外 R&D 分支机构可分摊部分研发费用，从而使母公司腾出部分资源用于核心项目的研究与开发。这在研发资源导向型投资者那里尤其突出。二是利用技术创新和技术变革研发新产品，扩大海外市场规模；市场规模的扩大又降低了单位产品的研发成本，这在跨国公司尤其突出。

（3）R&D 资源全球共享机制

R&D 资源全球共享机制是指企业利用东道国 R&D 资源禀赋差异，在不同国家或地区设立功能各异的海外 R&D 分支机构，实现资源全球共享（见图 6-2）。这一机制与 R&D 费用分摊机制有相似之处，其区别在于一个侧重于费用，另一个侧重于资源。Sachwald（2008）将海外

R&D机构分为三种类型：①当地开发中心，目的是开发适应东道国市场的产品；②全球研发实验室，针对全球市场，进行基础研发工作，开拓最新的研究领域；③全球开发中心，主要是利用东道国廉价的研发资源进行母公司成熟技术的开发和改进工作。中国企业在发达国家的R&D机构主要侧重于当地研发和全球研发，在新兴市场国家和发展中国家的R&D机构主要侧重于对当地廉价研发资源的利用。华为在德国、瑞典、美国、法国、意大利、俄罗斯及印度等地设立了多个研究所，硅谷研究所利用硅谷密集的R&D信息资源优势进行高端技术研发和技术监测，印度班加罗尔研究所利用班加罗尔在计算机软件研发活动中明显的人力资源优势以及班加罗尔独有的研发管理模式，进行以技术为基础的产品本地化研究。

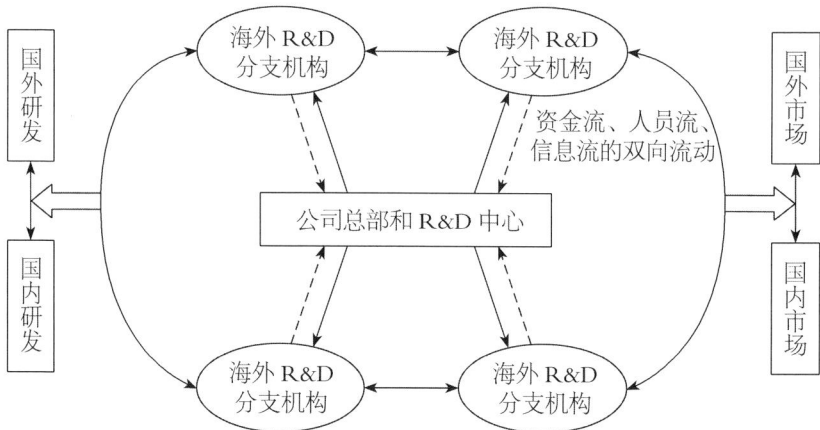

图6-2 R&D费用分摊机制和资源共享机制

（4）R&D技术逆向转移机制

R&D技术逆向转移机制是通过对技术先进国（一般为发达国家）的直接投资，获得逆向技术转移效应。这一机制可以通过绿地投资、跨国并购和战略性技术联盟来实现（见图6-3）。在发达国家的绿地投资，既可以充分利用东道国的R&D资源，还可以享受东道国给予投资方的土地、税收和贷款优惠政策。对优势企业的跨国并购可以直接接管原有管理人员、技术人员、销售渠道和市场。海外子公司可以通过对被并购企业的消化吸收来提高技术能力。战略性技术联盟通过进行技术、标准与市场联盟，实现先进技术的联合开发并开拓东道国市场。华为公司2010年与沃达丰意大利公司签署战略合作框架协议，并在米兰成立联合创新中心，共同在移动及固定宽带以及FMC融合等领域展开端到端合作，这一战略性技术联盟对于华为进军欧美主流高端市场具有重要意义。总之，对技术领先国家的OFDI不仅有助于企业掌握科技发展的最新动态，而且能够通过逆向技术溢出效应将先进技术转移回母公司，最终促进母国技术进步。

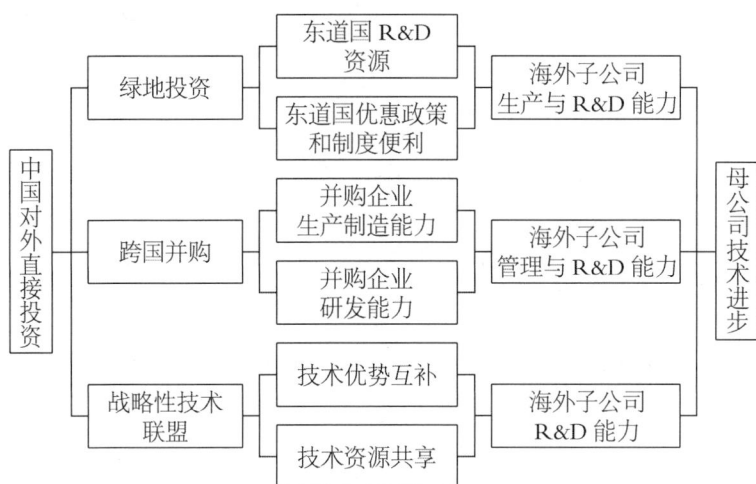

图 6-3　R&D 技术逆向转移机制

6.3.2　案例分析

OFDI是发展中国家跨国公司技术寻求的重要路径。通过海外 R&D 投资，发展中国家跨国公司可以充分利用东道国丰富的 R&D 资源，融入当地技术创新网络，获取逆向转移效应，最终促进母公司技术进步。目前我国还没有建立起完备的微观企业对外直接投资数据库，也无法找到企业对外直接投资的规模、海外经营绩效、海外雇员人数等具体的数据，因此，用计量经济学方法实证研究企业海外 R&D 投资的溢出效应尚不具备可行性。为了进一步诠释海外 R&D 投资的逆向溢出机理，本书以华为和格兰仕这两个我国典型企业海外 R&D 投资为例，分析 OFDI 对母公司技术进步和全球化战略的深刻影响。

（1）华为：立足核心技术的全球研发战略

华为全称"华为技术有限公司"，1988年成立于深圳，成立之初只有6名员工、2万元注册资金，是一个为其他企业代理生产单位用小交换机的小作坊。经过20多年的发展，华为已发展成为全球领先的信息和通信解决方案供应商。2012年华为营业收入达2 202亿元人民币，净利润153.8亿元人民币，是全球第二大电信设备制造商。华为发布的《2012年华为可持续发展报告》显示，截至2012年年底，华为共拥有来自156个国家和地区的超过15万名员工，其中研发人员占总员工人数的比例达45.36%，外籍员工近3万名，海外中高层管理人员本地化率达22%，全部管理岗位中管理者本地化率达29%。华为已经成为一家名副其实的全球企业，2013年《财富》世界500强排名中，华为排在全球第315位。

20世纪90年代，中国通信市场上曾经的"七国八制"——日本的NEC和富士通、美国的朗讯、加拿大的北电、瑞典的爱立信、德国的西门子、比利时的BTM和法国的阿尔卡特，以及做数字程控交换机的"巨大中华"中的巨龙、大唐电信、中兴通讯，经过20多年的长跑都慢慢落后于华为。2008年，华为超越北电，成为全球第五大电信设备商；2009年，超越诺基亚、西门子和阿尔卡特、朗讯，晋升全球第二大电信设备商，仅次于爱立信。

华为是我国通信制造企业国际化的先锋与典范，其国际化是一个渐进式的发展过程，是"农村包围城市"的先易后难过程：从中国香港开始，到俄罗斯、南美、东南亚、中东、非洲等发展中国家市场，最后开拓西欧、北美等发达国家市场。目前，华为的全球本地化（glocalization）战略使得其国际市场销售收入已经超过总收入的50%。2012年，国际市场销售收入占其总收入的66.6%[①]。当然，积极"走出去"的华为不仅仅是为了发展，也是为了生存。国内外高中端市场已被跨国行业巨头所占有，华为作为后来者只能通过产品的性价比优势，迅速占领中低端市场，并向高端市场扩张，这样才能在国际市场上占有一席之地。

---

① 华为.华为公司2012年年报[R/OL]. [2014-3-24].http://www.huawei.com/cn/.

为了配合国际市场的拓展，华为构建了全球本地化的国际研发体系。继1999年在印度班加罗尔成立研究所之后，华为在瑞典斯德哥尔摩、俄罗斯莫斯科、美国达拉斯和硅谷、土耳其、南非、芬兰等地分别成立了研究所。截止到2012年，华为在全球有18个研发中心。在跨国并购上，2000年，华为收购美国一家长途密集波分复用设备方面的企业，其技术主要用于骨干长途光传送系统。2002年，华为收购美国光通信厂商OptiMight，这次收购大大加强了其在光传输方面的技术能力。2011年，华为又收购了英国CIP光子研发中心。这三次并购使华为在技术转移基础上，通过二次创新提高了其在光通信技术上的研发能力。在战略性技术联盟方面，自1997年起，华为分别与TI、英特尔、西门子、微软等成立了联合研发实验室（见表6-2）。可以说，与世界一流企业的合作研发是华为不断诞生世界顶尖技术和产品的重要基础。

表6-2　　　　　　　　　　华为的国际技术合作

年份	合作企业	合作内容
1997	德州仪器（美）	通信产品的数字信号处理（DSP）硬件和软件
2000	英特尔（美）	开发基于英特尔IX架构的通信解决方案
2001	ST(美)	电话网络中用户线路接口卡主芯片
2003	3com（美）	企业网数据网络解决方案研究
2005	西门子（德）	TD-SCKMA无线接入网络设备
2005	NEC（日本）	数据通信领域
2010	沃达丰（意大利）	移动及固定宽带以及FMC融合等领域

华为的成功除了管理制胜外，还在于其对产品研发的重视。在通信行业，电信级局用的通信高科技产品具有典型的高风险、高投入、产品生命周期短、更新换代快、升级维护成本高等特点，而且客户地域分布广泛，需求多样化。华为在创业之初就提出要长期坚持将不少于销售收入10%的经费用于研发投入，并坚持将研发投入的10%用于预研。

①研发成本低。与竞争对手相比，华为单位产品的研发成本是比较低的。2001年华为研发投入30亿元，产品包括交换、接入、光网络、

数据通信、BITS、STP等多个领域。使用同样的投入，国外厂商根本不可能开发这么多产品。越是先进的、利润空间大的、技术难度高的产品研发项目，华为的低成本优势越明显。华为的工程造价比爱立信或诺基亚、西门子低15%~16%。国内工程师和国外工程师的工资差距很大，名义上有20倍之多，国外工程师很少加班，而国内工程师加班是常态。

②技术市场化。华为实施市场驱动型创新策略。任正非提醒研发部"做先驱不要做先烈"，领先一步是先驱，领先三步是先烈。他强调立足原有技术以及产品开发的后发优势，打"产品差异化"牌，设立专门的团队做客户端解决方案，将客户需求迅速变成产品及解决方案。1998年华为花5 000万元从IBM购买了咨询服务项目，其中包括IPD（集成产品研发）流程，该流程的中心思想是"产品研发是基于市场的创新"。在IPD流程中，产品研发是在了解市场需求和对开发产品的盈利性预研基础上展开的，研发不再只是研发部一个部门的事，而是市场部、生产部、销售部多部门的联合工作。

③技术拿来主义。任正非曾掀起创业与创新的大讨论，提出"新开发量高于30%不叫创新，叫浪费"，号召研发人员多继承以往产品的技术成果，以及外部合作或购买，即技术平台化、模块化的思想。华为几个重要的技术平台分别是：1996年C&C①08B型交换机、1998年C&C08 128模块、2000年NGN软交换。另外，通过技术合作，实现技术"拿来主义"。通信行业技术进步和市场变化很快，技术如同资本等资源一样，是可以开发、获取和组装的，借鉴、仿造、拼装都是创新。光靠自主研发，市场早没了。

在2006年一次大型项目论证会上，华为对自己的判断是："我们主要做的、所取得的是在西方公司的成果上进行了一些功能、特性上的改进和集成能力的提升，更多的是表现在工程设计、工程实现方面的技术进步，与国外竞争对手几十年甚至上百年的积累相比还存在很大差距。对于我们所缺少的核心技术，华为只是通过购买的方式和支付专利许可费的方式，实现了产品国际市场的市场准入。"

---

① C&C有三层含义：一是Country & City（农村和城市），二是Computer & Communication（计算机和通信），三是China & Communication（中国和通信）。

④核心技术制胜战略。通信行业的一个特性是谁掌握了核心技术，谁就占领了竞争高地。华为从创业早期就致力于核心技术——芯片的研发和积累。1993年年底，华为成功地做出了自己的第一款芯片设计，就是用于C&C08交换机上的ASIC芯片。从1998年开始，华为就将整个公司1/3的研发力量投入到WCDMA的商用系统研发上，华为全球40多个国家和地区的市场分支机构和合资公司、技术研发体系都参与了该项目的技术开发，最终掌握了从WCDMA系统到芯片的全套技术（见表6-3）。华为在下一代网络、高端路由器、光通信等领域的研发上，也体现出与国际同步并领先的生产和研发能力。

表6-3 华为芯片产品大事记

年份	芯片产品大事
1993	第一块数字ASIC开发成功
1996	第一块十万门级ASIC开发成功（程控交换机核心芯片）
1998	第一块数模混合ASIC开发成功（程控交换机、光传输等核心芯片）
2000	第一块百万门级ASIC开发成功
2001	WCDMA(3G)基站套片开发成功（WCDMA基站核心芯片）
2002	第一块COT开发成功
2003	第一块千万门级ASIC开发成功
2004	320G交换网套片和10G协议处理芯片（高端核心路由器芯片）
2006	H.264视频编解码芯片（视频监控设备芯片）
2008	全球首款内置QAM的超低功耗数字有线电视机顶盒单芯片
2009	3G WCDMA数据卡芯片
2010	3G WCDMA手机套片（3G手机核心芯片）

资料来源 张利华.华为研发[M].北京:机械工业出版社，2012:261.

（2）格兰仕：从OEM到ODM再到OBM

在参与全球价值链分工与协作的浪潮中，中国许多企业以代工模式参与到为跨国公司贴牌生产（OEM）的过程中。中国逐渐成为世界加工厂，涌现出许多专门为跨国公司贴牌生产的企业。在此背景下，关于贴牌生产是否有利于企业发展的争议就没有停止过。很多人认为企业贴牌生产，处于微笑曲线的底端，重复低附加值的生产加工模式，无法实现技术和产品升级。然而，格兰仕的国际化道路却否定了这一点，汪建成、毛蕴诗、邱楠（2008）[1]认为格兰仕通过贴牌生产已经实现了从OEM到ODM再到OBM[2]的蜕变。

格兰仕全称"广东格兰仕集团有限公司"，创建于1978年9月。格兰仕起初是从事羽绒制品生产的，1992年业务转型进入微波炉行业，1995年格兰仕微波炉销售量达25万台，市场占有率居全国第一。1996年，格兰仕微波炉以OEM方式进入国际市场，从1998年开始全球市场占有率节节攀升。1999年3月格兰仕北美分公司成立，并设立美国微波炉研究所，聘请Anderson公司为集团财务顾问，微波炉销售量达600万台，出口约50%。2001年格兰仕进军空调市场，2005年格兰仕提出了"从中国制造到中国创造"的理念，把目光聚焦在企业的技术进步和品牌创新上。2008年格兰仕自有品牌出口占出口总额的50%左右。目前，格兰仕主要生产和研发微波炉、空调、冰箱、洗衣机、电饭煲、电磁炉、电烤箱、电水壶等家电产品。其中，微波炉产品的产销量已连续12年居全球第一。

格兰仕贴牌生产的最大特色就是其大规模低成本生产优势。这种优势使格兰仕在全球微波炉产业链上成功地扮演了"全球制造者"的角色，使其能以低于欧美同行几倍甚至十几倍的价格供应高品质产品。因此，格兰仕以极低的价格就把日、美、意、法的许多跨国公司的生产线搬了过来。以微波炉的变压器为例，格兰仕从日本和美国进口变压器的价格分别是23美元和30美元，而格兰仕利用中国的低成本优势，与美国企业谈判，要求其将生产线转移到中国，回报是以8美元的价格向美国企业供货。格兰仕对日本也采取同样的方式，使日本竞争对手把生产线转移给了自己[3]。虽然贴牌生产的利润很低，但是庞大的生产规模还

① 汪建成,毛蕴诗.从OEM到ODM、OBM的企业升级路径——基于海鸥卫浴与成霖股份的比较案例研究[J].中国工业经济,2007(12):110-116.
② OEM(original equipment manufactures)，原厂委托制造，是指受托厂商根据原厂的需求与授权，按特定的条件而生产。ODM(original design manufactures)，原厂委托设计，是在产品设计与发展的活动上，结合高效能的产品开发能力和具有竞争力的制造效能，满足买主需求。OBM(original brand manufacture)，建立自有品牌，培育自己的企业形象，进而获取最大的经济利益。
③ 毛蕴诗,欧阳桃花,魏国政.中国家电企业的竞争优势——格兰仕的案例研究[J].管理世界,2004(6):123-133.

是使格兰仕获得了大量利润，这些利润又为格兰仕R&D国际化的发展奠定了雄厚的经济基础。

格兰仕是后发企业，后发优势体现在高起点引进国外技术上。格兰仕1992年进入微波炉行业时，以先发企业（日本东芝公司）为示范，从日本东芝公司引进的是世界最先进的微波炉生产技术与生产设备。格兰仕通过对微波炉制造与开发技术的吸收、消化，学习东芝公司的先进生产管理与质量管理经验，并在此基础上实现模仿和创新。自2000年以来，格兰仕的R&D投入一直保持在营业收入的5%左右。仅2000—2004年间，格兰仕的技术研发投入超过10亿美元，其间开发出数码光波微波炉、不锈钢空调、光波空调等拥有自主知识产权的专利产品。格兰仕在享受后发利益的前提下，在短期内把微波炉做到规模最大、成本最低、效率最高。

2006年，格兰仕又在韩国首尔设立了"格兰仕韩国研发中心"。技术研发的全球化布局吸纳了大批海外权威技术专家，专门从事家电产品尖端技术以及新材料、智能化的应用研究。几年来，格兰仕已获得600余项自主创新成果，球体微波技术、微波增强补偿技术、多重防微波泄露技术、光波技术、光波空调、三鲜风技术等都成为家电行业的风向标。通过高素质的研发队伍，格兰仕产品轻松获得了德国GS、欧盟CE、莱茵TVU、美国UL以及阿根廷、挪威等国际认证，还建立了EMC、UL认证实验室。R&D国际化为格兰仕发展成为国际知名品牌打下了坚实的基础。

总结格兰仕国际化的成功经验，主要有以下两点：①利用自己在劳动力方面的比较优势，承接跨国公司制造环节的生产外包业务，专注于该环节的生产并形成规模经济，从而获得了生产环节的市场垄断权，并借此机会实现用于创牌的资源和资金的积累；②利用"干中学"与"干后学"的后发优势，在引进、吸收和消化国外先进技术的基础上，致力于国际最新技术的开发与研制。简而言之，格兰仕把劳动密集型制造业作为国际化的跳板，通过与国外领先企业的合作逐步掌握先进制造技术，学习国外先进的经营理念、管理制度和方法，逐步建立自主品牌，实现自主研发，最终实现了从贴牌到创牌的突破与嬗变。

6.4 本章小结

Steinfeld（2007）说："为了参与到现在的全球生产网络中，即便是相对低端的生产环节，即使只生产那种路边随处可见的大路货，新进入者也必须爬上非常陡峭的管理和技术学习曲线，并且必须以前所未有的高速度去做"①。技术水平低已经成为中国企业国际化发展的重要约束，利用对外直接投资获取技术溢出效应是缩小技术差距的重要路径。本章以 Fosfuri 与 Motta（1999）两国双寡头古诺模型为基础，分析当存在技术扩散可能性时，技术领先企业与技术追随企业的利益博弈，指出在没有垄断优势的前提下，技术追随企业依然会选择以 OFDI 方式来追随技术领先企业，以此获得技术扩散的好处，提高自身技术水平，同时将先进技术逆向溢出回到母公司。本章同时分析了中国对外直接投资逆向技术溢出的四大机理，分别是 R&D 成果反馈机制、R&D 费用分摊机制、R&D 资源全球共享机制和 R&D 技术逆向转移机制。最后，本章以华为和格兰仕这两个典型企业为例，通过分析其海外 R&D 投资以及国际化进程，验证了海外 R&D 投资对母公司技术进步的促进作用。

---

① STEINFIELD. Innovation, Integration and Technology Upgrading in Contemporary Chinese Industry[M]// Polenske.The Economic Geography of Innovation, Cambridge:Cambridge University Press,2007:297.

第7章　中国对外直接投资逆向技术溢出效应：实证检验

上一章，我们在微观企业层面以华为与格兰仕的海外R&D投资为例，说明了OFDI对母公司技术进步和国际竞争力提升所起的积极而显著的作用。然而，OFDI的逆向技术溢出效应在宏观国家层面是否同样积极而显著？我国能否利用OFDI提高自主创新能力、促进技术进步？本章将通过构建多元线性回归模型，从国家宏观层面实证检验OFDI逆向技术溢出效应的存在性。

7.1　文献综述

R&D活动是科技进步的源泉，增加R&D投入是促进经济持续增长的必要途径。大量研究表明：R&D对经济产出和全要素生产率的提高有积极的促进作用。20世纪90年代，Romer（1990）、Grossman和Helpman（1991）、Aghion和Howitt（1992）提出了新增长理论，与技术外生化的新古典经济增长理论不同，新增长理论将创新、R&D与内生经济增长联系起来，把创新视为经济增长的内在动力，认为技术进步

是经济增长的来源和内生演化的动力。技术水平可以通过有目的的
R&D活动来提高,这种技术进步可以导致内生增长,从而冲破总体上
收益递减的约束。

创新驱动增长(innovation-driven growth)理论提出了"技术扩
散"的概念,强调通过技术扩散,落后经济体可以通过模仿来分享技术
进步的成果,因为模仿的成本比创新的成本要低得多。因此,技术扩散
预测了一种经济增长的条件收敛。

创新驱动增长理论成为国际技术溢出研究的理论基础,以表示技术
变化的全要素生产率(total factor productivity,TFP)为因变量,以国
内R&D资本存量、国外R&D资本存量共同为自变量的模型已成为国
际技术溢出宏观研究的常用模型。事实上,能够准确计量溢出效应的数
据并不存在,所以在大量研究国际技术溢出的文献中,回归模型被用来
检验溢出效应是否存在,如果x国的R&D资本存量与y国的全要素生产
率正相关,说明溢出效应存在。

7.1.1 国际技术溢出的渠道

一国技术进步在多大程度上受他国R&D水平的影响?国与国之间
技术溢出的渠道有哪些?这些都是国际技术溢出研究的主要内容。现有
研究认为,国际技术溢出的渠道主要包括进口贸易、FDI流入、FDI
流出。

(1)进口贸易渠道的技术溢出

早期对国际技术溢出的研究都集中于贸易渠道。Coe和Helpman
(1995)[1](以下称CH模型)是最早实证研究OECD国家在贸易渠道的
R&D国际溢出的学者,CH模型也成为国际技术溢出研究的经典模
型。他们利用21个OECD国家加上以色列1971—1990年的国别面板数
据,构建模型研究样本国的技术溢出情况。基础模型如下:

$$\log F_i = \alpha_i + \alpha_i^d \log S_i^d + \alpha_i^f \log S_i^f + \varepsilon_i \tag{7-1}$$

其中,i表示国家;F_i表示i国的全要素生产率(代表i国的技

---

① COE, HELPMAN. International R&D Spillovers[J]. European Economic Review,1995(39): 859-887.

术进步）；S_i^d 表示 i 国的国内 R&D 资本存量；S_i^f 表示国外 R&D 资本存量。一国全要素生产率不仅受本国 R&D 资本存量的影响，还受其他国家 R&D 资本存量的影响。如何衡量国外 R&D 资本存量？CH模型采用的是权重法，将各贸易伙伴国国内 R&D 资本存量赋以权重后汇总，权重用贸易伙伴国进口在总进口中的比重来衡量，即

$$S_i^f = \sum_j \frac{m_{ij}}{m_i} S_j^{d\ ①}。$$

Coe 和 Helpman 指出，进口比重并不能反映一国的真实进口水平，当两个国家面临的国外 R&D 资本存量一样多时，进口依存度高的国家往往比进口依存度低的国家能够获取更多的国际技术溢出，即一国经济开放程度影响国际技术溢出的效果，因此，他们在模型中加入了进口比重与国外 R&D 资本存量的交互项：

$$\log F_i = \alpha_i + \alpha_i^d \log S_i^d + \alpha_i^f m_i \cdot \log S_i^f + \varepsilon_i \qquad\qquad (7-2)$$

CH 模型的结论主要有三点：①一国的国内 R&D 资本存量和国外 R&D 资本存量均对该国 TFP 有积极正向影响。②经济开放程度高的国家能从国外 R&D 资本存量中获取更多的技术溢出。③在国别分组研究中，对小国而言，国内 R&D 资本存量与国外 R&D 资本存量同等重要；对大国（G7）而言，国内 R&D 资本存量比国外 R&D 资本存量更重要。

国际贸易对国际技术溢出的影响更多体现在中间投入品贸易上，即技术进步表现为中间投入品种类数量的增加。Bayoumi、Coe 和 Helpman（1996）研究了国际贸易对国际技术溢出的作用，指出一国可以通过扩大国内 R&D 投资提高 TFP，也可以通过大量进口知识密集型产品提高 TFP。Xu 和 Wang（1999）把进口产品分为资本品和非资本品，指出贸易渠道的国际技术溢出主要源自资本品的进口贸易，同时溢出还存在其他的未知渠道。

不仅工业化国家之间可以通过国际贸易获取技术溢出，发展中国家也可以通过国际贸易从工业化国家获得技术溢出。Coe、Helpman 和

---

① 在国外 R&D 资本存量的权重问题上，Kell（1998）采用相同权重法，Funk（2001）采用的是双边出口比重法。Lichtenberg & Van Pottelsberghe de la Potterie（1998）认为，CH 模型存在整合误差和指数性误差，其使用双边进口比重衡量国外 R&D 资本存量的方法不合理，应当用 $S_i^f = \sum_j \frac{m_{ij}}{y_j} S_j^d$ 来衡量更精确。

Hoffmaister（1997）[①]将 CH 模型扩展到 1971—1990 年 77 个发展中国家从 22 个工业化国家获取技术溢出的研究中，结果表明：工业化国家 R&D 资本存量增长 1%，发展中国家的产出提高 0.06%。发展中国家可以通过从发达国家进口富含知识要素的多样化中间产品和资本设备来获取技术溢出。

在经济计量方法得到发展之后，Coe、Helpma 和 Hoffmaister（2008）[②]采用现代面板协整估计方法对 CH 模型（1995）的数据进行再检验，并将数据扩展到 24 个国家，时间扩展到 2004 年，结论验证了 CH 模型（1995）的主要观点，即国内 R&D 资本存量和国外 R&D 资本存量都对一国 TFP 有积极正向影响。在 CH 模型中加入了人力资本变量和制度变量[③]后，结果表明：拥有较高人力资本和优良制度条件的国家，从国内 R&D 资本存量和国外 R&D 资本存量中受益更多，即获取国际技术溢出的效应更大。

（2）IFDI 渠道的技术溢出

事实上，进口贸易并不是国际技术溢出的唯一渠道[④]。目前，全球 R&D 活动主要由跨国公司进行，因此跨国公司所开展的 FDI 活动也成为各国从发达国家获取技术溢出的重要渠道。Caves（1974）[⑤]研究了 FDI 对促进澳大利亚制造业技术进步的作用，认为外资企业在生产分配效率、技术效率和技术转让三方面促进了本地企业劳动生产率的提高，显示出 FDI 在澳大利亚的正向技术外溢效应。Hejazi 和 Safarian（1999）[⑥]实证研究了国际贸易和 IFDI 两种渠道下 1971—1990 年 G6 国家 R&D 对 OECD 国家的技术溢出情况，结论有三点：①IFDI 的技术

① COE, HELPMAN, HOFFMAISTER. North‐South R&D Spillovers[J]. EconomicJournal, 1997(107):134–149.
② COE, HELPMAN, HOFFMAISTER. International R&D Spillovers and Institutions[J]. European Economic Review,2009(53):723–741.
③ Coe、Helpman 和 Hoffmaister（2008）对制度变量以四个指标来衡量：贸易的便利程度、职业教育和培训、知识产权保护程度以及立法起源。
④ Keller（1998）对 CH 模型中贸易产生溢出（trade‐related R&D international spillovers）的观点提出质疑，他用 Monte Carlo 方法（计算机随机模拟方法）随机选出贸易伙伴国，并用这些国家国内 R&D 资本存量的简单平均来衡量国外 R&D 资本存量，求出国外 R&D 资本存量的产出弹性大于 CH 模型的弹性。因此，Keller 认为国际技术溢出中仅有 20% 来自国际贸易渠道，其他都是通过非贸易渠道产生的。
⑤ CAVES R E. Multinational Firms, Competition and Productivity in Host-country Markets[J]. Economica, 1974(41):176–193.
⑥ HEJAZIW，SAFARIAN. Trade, Foreign Direct Investment, and R&D Spillovers[J]. Journal of International Business Studies , 1999(30):491–511.

溢出系数大于贸易的技术溢出系数；②加入 IFDI 变量后，贸易渠道的溢出效应减少；③加入 IFDI 变量后，方程整体溢出的显著性增强。结论表明：在国际技术溢出的两大渠道中，IFDI 是比贸易更重要的溢出渠道。

Mohen（1996）总结了国际 R&D 溢出的实证文献，暂时归纳了以下几点"典型化事实"：①外国 R&D 对 TFP 的贡献力度，小国比大国多，即小国获取的国际技术溢出效应多于大国；②国外 R&D 对国内的产出弹性大于国内 R&D 的产出弹性；③在国别研究中，美国是主要的国际技术溢出国，而从日本获取的技术溢出很少。

（3）OFDI 渠道的技术溢出

相对于进口贸易和 IFDI 渠道的溢出，学术界对 OFDI 渠道溢出效应的研究要晚一些。Lichtenberg 和 Van Pottelsberghe de la Potterie（1998）[①]曾对 IFDI 和 OFDI 的溢出效应做了形象的比喻，将学习国外的技术比喻为学习一门外语，一个人既可以从居住在国内的外国人那里学习外语（IFDI），也可以到国外去学习外语（OFDI）。这两种学习外语的途径，明显后一种的效果更好。技术发达国家往往积累较多，拥有更高的科学和技术水平，从而吸引技术追随者对该国进行以技术获取为动因的直接投资（technology sourcing OFDI）。

Lichtenberg 和 Van Pottelsberghe de la Potterie（1998）所提出的 LP 模型最早从宏观层面证明了 OFDI 逆向技术溢出效应的存在。LP 模型指出，以往对国际技术溢出的研究只考虑进口渠道的 R&D 溢出，事实上一国流入的外资（IFDI）和流出的投资（OFDI）都是 R&D 溢出的重要渠道。因此，IFDI 和 OFDI 渠道表示的 i 国国外 R&D 资本存量为：

$$S_i^{ff} = \sum_j \frac{f_{ij}}{k_j} S_j^d$$

其中，f_{ij} 表示 i 国从 j 国获取的外资（IFDI）；k_j 表示 j 国的固定资本存量。

---

① LICHTENBERG, VAN POTTELSBERGHE DE LA POTTERIE. International R&D Spillovers: a Comment[J]. European Economic Review, 1998(42):1483-1491.

$$S_i^{fi} = \sum_j \frac{t_{ij}}{k_j} S_j^d$$

其中，t_{ij} 表示 i 国对 j 国的直接投资（OFDI）；S_j^d 表示 j 国的国内 R&D 资本存量。

由于1971—1990年对外直接投资数据的稀缺性，他们仅对 CH 模型 22国中的13个国家的进口贸易、IFDI、OFDI 渠道的国际技术溢出效应进行了实证检验。结果显示：OFDI 和进口贸易对技术溢出有显著影响，IFDI 的实证结果并不显著，其原因可能是跨国公司在对外直接投资过程中主要目的并不是技术扩散，而是加强对自己专有技术的垄断性使用，即资产利用型投资。因此，对外直接投资作为国际技术溢出的渠道，溢出是单向的，即通过 OFDI 从东道国向母国溢出。

Branstetter（2000）[1]的研究认为 FDI 渠道的技术溢出是双向的，他使用专利引用数据研究在美投资的日本企业与美国内资企业之间的国际技术溢出情况，发现技术从日本企业溢向美国内资企业，又从美国内资企业溢向日本企业。

Zhu 和 Jeon（2007）[2]利用面板协整和动态 OLS 分析方法研究了21个 OECD 国家加上以色列 1981—1998 年的进口贸易、FDI（包括 IFDI 和 OFDI）和信息技术三种渠道的国际技术溢出效应，研究结果表明：进口贸易是重要的技术溢出渠道，双边投资尽管对技术溢出有正向影响但影响的程度很小，信息技术正成为技术溢出的重要渠道。平均而言，对 TFP 的影响弹性，进口贸易大约是 2%，FDI 小于 1%，信息技术在 0.7%～2%之间。

也有学者得出相反的结论，即 OFDI 渠道的技术溢出并不存在。Lee（2006）[3]使用 OECD 中 16 个国家 1981—2000 年的国别面板数据，采用动态 OLS 方法检验了四种国际技术溢出渠道：IFDI、OFDI、中间品进口和技术相似性，结果显示：通过 IFDI 和技术相似性的技术溢出

① BRANSTETTER. Is Foreign Direct Investment a Channel of Knowledge Spillovers? Evidence from Japan's FDI in the United States[J].Journal of International Economics, 2006,68(2): 325-344.

② ZHU, JEON .International R&D Spillovers: Trade, FDI, and Information Technology as Spillover Channels [J].Review of International Economics, 2007 (5), 955-976.

③ LEE .The Effectiveness of International Knowledge Spillover Channels[J].European Economic Review,2006(50) :2075-2088.

显著，而进口和OFDI不显著。

7.1.2 对中国OFDI逆向技术溢出效应的实证研究

目前我国学者对中国对外直接投资逆向技术溢出的实证研究大多集中于宏观层面，以中国全要素生产率为自变量，以国内R&D资本存量、国外R&D资本存量为因变量，研究变量间的线性关系。由于选用的实证模型不同、样本国不同、样本时间不同，实证研究的结果也存在差异。一些研究认为存在正向溢出效应，另一些研究则认为无正向溢出效应。

赵伟等（2006）①分析了OFDI促进母国技术进步的四大机制：R&D费用分摊机制、研究成果反馈机制、逆向技术转移机制和外围研发剥离机制，并根据LP模型对中国OFDI逆向溢出效应进行尝试性实证研究，结果表明：中国对R&D要素丰裕国家与地区的OFDI具有较为明显的逆向技术溢出效应。邹玉娟、陈漓高（2008）②利用VAR模型对我国对外直接投资增长率和全要素生产率增长率的关系做了初步的实证研究，结果发现：两者之间有一定的同步关系。陈岩（2011）③，张宏、郭庆玲（2011）④分别利用中国2003—2008年省级面板数据检验了OFDI逆向溢出效应，结果都验证了省际层面OFDI逆向溢出效应的存在。各省逆向溢出效应的大小则取决于跨国公司所在省市的吸收能力。蒋冠宏等（2013）⑤利用工业企业数据研究我国技术研发型OFDI的"生产率效应"，结果发现：企业技术研发型OFDI显著提升了企业生产率，技术研发型OFDI对企业生产率的提升作用呈倒"U"形。

一些研究认为中国OFDI逆向技术溢出效应并不显著存在。王英、刘思峰（2008）⑥借鉴国际R&D溢出回归分析的框架，分阶段研究中国1985—2005年间通过IFDI、OFDI、出口贸易和进口贸易四种渠道的国

① 赵伟,古广东,何元庆.外向FDI与中国技术进步:机理分析与尝试性实证[J].管理世界,2006(7):53-60.
② 邹玉娟,陈漓高.我国对外直接投资与技术提升的实证研究[J].世界经济研究,2008(5):70-77.
③ 陈岩.中国对外投资逆向技术溢出效应实证研究:基于吸收能力的分析视角[J].中国软科学,2011(10):61-72.
④ 张宏,郭庆玲.中国技术获取型ODI逆向溢出效应的实证分析——基于DEA和省际面板数据的检验[J].山东大学学报(哲学社会科学版),2011(6):38-43.
⑤ 蒋冠宏,蒋殿春,蒋昕桐.我国技术研发型外向FDI的"生产率效应"——来自工业企业的证据[J].管理世界,2013(9):44-54.
⑥ 王英,刘思峰.国际技术外溢渠道的实证研究[J].数量经济技术经济研究,2008(4):153-161.

际技术溢出效应，研究结果表明：通过IFDI和出口贸易渠道的技术外溢存在，但弱于国内的研发支出对TFP的促进作用，OFDI和进口贸易的溢出效应尚不明显。白洁（2009）[1]运用LP模型测算了1985—2006年通过OFDI渠道溢出的14个国家研发资本存量对中国TFP的影响，结果显示：OFDI渠道的逆向技术溢出能够对TFP产生积极影响，但在统计上不显著。原因主要在于：现有统计数据对投资规模低估、技术寻求型OFDI所占比例还很小、海外投资产业技术密集度较低。李梅、金照林（2011）[2]利用2003—2008年我国的省际面板数据研究了OFDI的逆向技术溢出效应，研究结果表明：OFDI传导的国际R&D对国内技术进步、技术效率和全要素生产率均无显著正向影响，即无积极溢出效应。分区域的研究结果表明：OFDI显著促进了东部和中部地区的TFP增长，对西部地区的TFP增长则无显著影响；东部地区高水平人力资本显著提升了对外投资的逆向技术溢出效果，中西部地区人力资本却没有起到相应的促进作用。

综合以上研究，本书认为现有对中国OFDI逆向技术溢出的研究存在以下问题：①在国际技术溢出的渠道选择上，部分研究把OFDI视为唯一的技术溢出渠道，本书认为不应忽略进口贸易和IFDI，这两者也是国际技术溢出的重要渠道。②对国外R&D资本存量的权重衡量上，有的研究直接以中国对该国OFDI存量来表示，或以对该国OFDI存量占该国GDP的比重来表示，本书认为这两种方法都不合理，权重应以对该国OFDI存量在该国固定资本总额中所占的比重来表示。③在东道国的选取上，应去除避税动因地区。虽然中国OFDI高度集中于中国香港、英属维尔京群岛和开曼群岛等"避税天堂"或离岸金融中心，但其投资动因中返程投资或资本外逃因素较大，与本书所研究的技术寻求动因截然不同，故在东道国选取上应排除上述地区，主要选取技术禀赋丰富的发达东道国为研究样本。

① 白洁.对外直接投资的逆向技术溢出效应——对中国全要素生产率影响的经验检验[J].世界经济研究,2009(8):65-69.
② 李梅,柳士昌.对外直接投资逆向技术溢出的地区差异和门槛效应——基于中国省际面板数据的门槛回归分析[J].管理世界,2012(1):21-32.

7.2　计量模型推导与构建

7.2.1　中国工业全要素生产率的计量模型

国际技术溢出研究中的难点在于对各国技术水平的准确衡量。目前，学术研究中有三种广泛使用的间接方法来衡量各国的技术水平：①技术的投入，以一国R&D投入来表示；②技术的产出，通常以专利数来表示；③技术进步的影响，通常表现为一国全要素生产率的提高，以TFP来表示。

在国际技术溢出的实证研究中，很多模型都用TFP来表示技术水平。由于国际技术溢出主要集中于工业部门，因此本书因变量选取的是中国工业TFP。在使用参数法估计中国工业生产函数时，必须对生产函数的形式进行设定。在实际应用中，最常用的函数形式是采用两要素（资本和劳动）的Cobb-Douglas生产函数（C-D生产函数），即：

$$Y_t = A_t K_t^{\alpha} L_t^{\beta}$$

其中，Y_t表示工业产出；A_t表示全要素生产率；K_t表示资本存量；L_t表示劳动投入；α,β分别表示资本和劳动的产出弹性。

在等式两边同时取自然对数，函数形式可转化为：

$$\ln Y_t = \ln A_t + \alpha \ln K_t + \beta \ln L_t + \varepsilon_t \qquad (7-3)$$

其中，ε_t是误差项，假设$\alpha + \beta = 1$，即规模收益不变，则有回归方程：

$$\ln(Y_t/L_t) = \ln A_t + \alpha \ln(K_t/L_t) + \varepsilon_t$$

这是一个双对数模型，可以用OLS法来估算资本产出弹性α，再利用公式$A_t = Y/(K_t^{\alpha} \cdot L_t^{1-\alpha})$计算出全要素生产率。

7.2.2　国际技术溢出的计量模型

借鉴CH模型（1995）和LP模型（2001）的研究思路，假设在开

放的经济系统中，中国的技术进步（TFP）不仅是本国国内 R&D 资本
存量的函数，也是国外 R&D 资本存量的函数，即 $A_t = f(S_t^d, S_t^f)$。等式两
边取对数，可得到如下回归方程：

$$\ln A_t = \alpha_0 + \alpha_d \ln S_t^d + \alpha_f S_t^f + \varepsilon_t \tag{7-4}$$

其中，A_t 表示我国工业第 t 期的全要素生产率；S_t^d 表示第 t 期我国
工业国内 R&D 资本存量；S_t^f 表示第 t 期我国面临的国外 R&D 资本存
量；α_0 为截距项；ε_t 为误差项。

国外 R&D 资本存量的技术溢出渠道主要有进口、IFDI、OFDI 三
种，即 $S_t^f = S_t^{fm} + S_t^{ff} + S_t^{ft}$。其中，$S_t^{fm}$ 表示进口渠道的国外 R&D 资本存
量，S_t^{ff} 表示 IFDI 渠道的国外 R&D 资本存量，S_t^{ft} 表示 OFDI 渠道的国
外 R&D 资本存量。

回归方程可具体表现为：

$$\ln A_t = \alpha_0 + \alpha_d \ln S_t^d + \alpha_{fm} \ln S_t^{fm} + \alpha_{ff} \ln S_t^{ff} + \alpha_{ft} \ln S_t^{ft} + \varepsilon_t \tag{7-5}$$

7.3 中国工业全要素生产率、国内 R&D 资本存量与国外 R&D 资本存量

7.3.1 中国工业全要素生产率的测算

对全要素生产率的测算是很多实证研究的基础，它通常被解释为总
产出中不能被要素投入解释的"剩余"。目前国内对于中国全要素生产
率的研究文献较多，张军和施少华（2003）[1]估计了中国 1952—1998 年
的全要素生产率，郭庆旺、贾俊雪（2005）[2]估算了 1979—2004 年的中
国全要素生产率。而具体针对工业 TFP 的测算很少，谢千里等
（1995）[3]对 1980—1992 年中国工业（采掘业、制造业和公共设施）生
产率变动趋势进行了分析，Selin Ozyurt（2009）利用 Cobb-Douglas 生
产函数和加总的年度数据对 1952—2005 年中国工业生产率进行了估

① 张军，章元.对中国资本存量 K 的再估计[J].经济研究,2003(7).
② 郭庆旺,贾俊雪.中国全要素生产率的估算:1979—2004 [J].经济研究,2005(6):51-60.
③ 谢千里,罗斯基,郑玉歆.改革以来中国工业生产率变动趋势的估计及其可靠性分析[J].经济研究,1995(12):10-22.

算。下面我们将使用参数法来估计中国工业生产函数。

（1）工业产出

工业产出以工业国内生产总值（Y）来表示。数据来自《中国统计年鉴》（2011 年），为消除通货膨胀的影响，本书用工业品出厂价格指数对当年的工业国内生产总值进行平减，折算成以 1985 年价格表示的工业国内生产总值。

（2）劳动投入

国外许多文献中用劳动时间来表示劳动投入，由于我国劳动时间数据的不可得性，本书用劳动人数来表示劳动投入。《中国统计年鉴》中有第二产业职工人数和建筑业职工人数的数据，用第二产业的职工人数减去建筑业的职工人数，就得出工业部门的劳动投入。

（3）资本投入

资本存量的测算方法采用 Goldsmith（1951）提出的永续盘存法，就是用当年的净投资加上基准年份的资本存量。公式为 $K_t = K_{t-1} - \delta K_{t-1} + I_t$，$K_t$ 为本期资本量，K_{t-1} 为上一期资本量，I_t 为本期投资量，δ 为资本的折旧率。测算中国工业部门资本存量有三个关键因素：基年固定资本存量的估计、本期投资、折旧率的确定。

①基年固定资本存量的估计。中国工业部门固定资本存量按 Chow（1993）的估算 1985 年为 8 079.4 亿元人民币（1952 年价格），折算为 1985 年价格为 8 984.29 亿元人民币。②固定资产投资价格指数。为了消除价格变动因素对资本投入的影响，我们需要用固定资产投资价格指数对每年资本投入数据进行平减。《中国统计年鉴》只有 1992 年及以后的固定资产投资价格指数，对于 1992 年之前的价格指数，现有研究或者选用其他价格指数代替，或者自己估算。本书以张军和章元（2003）[①]提出的上海市固定资产投资价格指数来代替 1985—1991 年的中国固定资产价格指数并统一折算为以 1985 年为基期的固定资产投资价格指数。③本期投资。本书用工业新增固定投资来表示本期投资，数据从历年《中国统计年鉴》获得，并用固定资产投资价格指数进行平减。④折

① 张军,章元.对中国资本存量K的再估计[J].经济研究,2003(7).

旧率。我们采用国际上惯常的做法，将其取值为5%。

中国工业产出、劳动投入、资本投入如表7-1所示。

表7-1　　　中国工业全要素生产率相关数据（1985—2008年）

年份	Y（亿元）	K（亿元）	L（万人）	年份	Y（亿元）	K（亿元）	L（万人）
1985	3 448.7	8 984.29	8 349	1997	10 451.24	13 651.73	13 098
1986	3 822.811	9 260.552	8 980	1998	11 260.64	14 556	13 273
1987	4 095.945	9 535.352	9 342	1999	12 164.69	15 458.68	13 009
1988	4 485.585	9 797.608	9 661	2000	13 208.05	16 402.54	12 667
1989	4 245.848	9 969.555	9 569	2001	14 565.71	17 251.74	12 565
1990	4 313.208	10 218.15	11 432	2002	16 210.29	18 343.26	11 789
1991	4 788.099	10 485.34	11 533	2003	18 358	19 856.27	12 104.52
1992	5 700.942	10 772.95	11 695	2004	20 532.12	22 473.13	12 698.84
1993	6 342.423	11 058.45	11 909	2005	23 178.51	26 264.72	13 502.16
1994	7 287.954	11 514.96	12 124	2006	26 605.74	31 367.79	14 359.44
1995	8 124.585	12 069.9	12 333	2007	31 242.2	37 577.91	15 341.36
1996	9 318.861	12 823.48	12 795	2008	34 442.15	44 468.34	15 723.05

（4）中国工业全要素生产率的测算

用Eviews6.0对双对数模型进行回归分析，实证结果如表7-2所示。

表7-2　　　　　　　中国工业生产函数的回归结果

	OLS	ARMA（1,1）
常数项	−2.131179（−10.04877）***	1.872817（0.400375）
$\ln(K_t/L_t)$	0.800219（8.685304）***	0.518516（3.673256）***
AR（1）		0.978054（22.05939）***
MA（1）		0.815386（7.359250）***
Adj. R2	0.763944	0.994355
F值	75.43451	1292.857
DW值	0.172155	1.893663

注：括号里为t统计值。*表示在10%水平上显著，**表示在5%水平上显著，***表示在1%水平上显著。

为了检验残差项中可能存在的异方差问题，我们使用了 White 异方差检验，p 值和 F 统计量都说明 OLS 中存在异方差问题，而 ARMA（1，1）模型的结果不存在异方差问题。另外一个问题就是残差项的序列相关性，OLS 中 D-W 检验发现残差性存在正的序列相关，而 ARMA（1，1）模型的 D-W 检验显示残差项不再有序列相关问题。从以上结果可以看出，ARMA（1，1）模型回归结果显著，并较好地通过了序列自相关检验，从而得出 $\alpha = 0.518516$，$\beta = 0.481484$，即 $\ln(Y_t/L_t) = 1.872817 + 0.518516 \ln(K_t/L_t)$。

代入 $A_t = Y/(K_t^{\alpha} \cdot L_t^{\beta})$ 得出我国工业 1985—2008 年的全要素生产率（见表 7-3）。

表 7-3　　　　中国工业全要素生产率（1985—2008 年）

年份	全要素生产率	年份	全要素生产率	年份	全要素生产率
1985	0.397656	1993	0.553434	2001	0.983529
1986	0.418966	1994	0.617398	2002	1.093357
1987	0.433812	1995	0.666175	2003	1.173346
1988	0.46093	1996	0.727481	2004	1.202635
1989	0.434374	1997	0.780978	2005	1.21577
1990	0.399903	1998	0.808753	2006	1.235625
1991	0.43618	1999	0.85508	2007	1.27981
1992	0.508673	2000	0.911948	2008	1.277743

7.3.2　国内 R&D 资本存量

R&D 资本存量通常被用来衡量一国的技术禀赋。对 R&D 资本存量测算较早的学者是 Griliches（1979），他利用永续盘存法，采用不同的折旧率测算了 1960—1977 年间美国的 R&D 资本存量。之后 Griliches 等（1986、1998）、Goto 和 Suzuki（1989）、Hall 和 Mairesse（1995）、Coe 和 Helpman（1995）、Kwon 和 Inui（2003）、Hu 等（2005）学者在此方面进行了较深入的研究。受数据资料的限制，我国就 R&D 对经济增长作用的研究起步较晚，对 R&D 资本存量测算问题的研究文献不多，仅有少数学者在相关研究成果中涉及了 R&D 资本存量测算，如李小平、朱钟棣（2006）、吴延兵（2006、2008）[①]、邓进（2007）、李小胜（2007）、王俊（2009）等。其中，具体针对中国工业 R&D 资本存量的测算更少。

在 R&D 资本存量的测算实践中，一般采用永续盘存法。其测算公式为：

$$K_t = (1 - \delta)K_{t-1} + R_{t-1} \qquad (7-6)$$

其中，下标 t 表示时间；K_t 表示 t 期的 R&D 资本存量；R_{t-1} 表示 $t-1$ 期 R&D 支出流量，为经过价格指数调整后的实际值；δ 表示 R&D 资本的折旧率。当期 R&D 资本存量 K_t 由两部分构成：一部分为上期存量扣除折旧后的净额，另一部分为上一期的 R&D 支出流量。采用上式对我国 R&D 资本存量进行测算，共涉及四个变量：①上一期 R&D 支出；②R&D 支出价格指数，以便将各期 R&D 支出折算为以不变价格表示的R&D支出；③折旧率 δ；④基期 R&D 资本存量 K_0。下面对各变量进行简要说明。

首先，确定上一期R&D支出。每一期R&D支出总额主要由R&D人员的劳务费、原材料费、固定资产购建费、管理费和其他费用构成。本书以中国大中型工业企业R&D经费内部支出额来表示中国工业R&D支出，数据来自历年《中国科技统计年鉴》。由于我国R&D支出统计是从1987年开始的，所以1984—1986年的R&D支出本书用以下方法获得：先计算1987—1989年我国工业R&D支出年均增长率，然后以不变年均增长率推算1985—1986年的工业R&D支出数据。确定各期R&D支出数据后，本书把以人民币表示的各期R&D支出数据按当年美元汇率调整为以美元价格表示的各期R&D支出数据。

其次，构建R&D支出价格指数。为了消除价格变动因素对R&D存量的影响，我们需要构造R&D支出价格指数来对每年R&D支出数据进行平减。关于 R&D 支出价格指数，Jaffe（1972）、Griliches

---

① 吴延兵.中国工业 R&D 产出弹性测算(1993—2002) [J].经济学（季刊）,2008(4):869–890.

（1980）采用非金融企业的工资价格指数和GNP价格指数的加权平均来构建R&D支出价格指数，两者权重分别为0.49和0.51；朱平芳、徐伟民（2003）则采用消费物价指数和固定资产投资价格指数的加权合成；吴延兵（2006）采取的是原材料购进价格指数与固定资产投资价格指数的加权平均值。本书沿用朱平芳、徐伟民（2003）的方法，用消费物价指数和固定资产投资价格指数的加权平均来构造R&D支出价格指数，其中消费物价指数的权重为0.55，固定资产投资价格指数为0.45。之后，用构建出的R&D支出价格指数对1985—2008年的中国工业R&D支出数据（美元价）进行平减。

再次，确定R&D资本存量的折旧率δ。从已有文献来看，δ的确定主要有两种方法：第一种为根据经验直接将折旧率δ设定为某一固定数字，比如说5%、10%或15%（Jaffe，1988；Coe和Helpman，1995；吴延兵，2006等）；第二种方法是估算法，Bosworth（1978）通过计算专利各年期收益贴现值总和与专利更新费用的差额来估计折旧率，王俊（2009）[①]运用知识生产函数估计中国制造业各行业的折旧率数值。本书沿用CH模型的做法，折旧率取值为5%[②]。

最后，确定基年（1985年）R&D资本存量 K_{1985}，令 g 为R&D资本存量的年增长率，有：

$$g = (K_t - K_{t-1})/K_{t-1}$$

根据Coe和Helpman（1995）、吴延兵（2006）的研究，假定R&D资本存量的平均增长率等于R&D支出的平均增长率，即 $g = (K_t - K_{t-1})/K_{t-1} = (R_t - R_{t-1})/R_{t-1}$，结合 $K_t = (1-\delta)K_{t-1} + R_{t-1}$ 可以推出：

$$K_{1985} = R_{1985}/(g + \delta)$$

其中，g 表示R&D支出的年平均增长率。通过计算得出我国工业R&D支出在1985—2008年算术平均增长率为13.583%，即 g 为13.583%。前面提到，折旧率（δ）取值为5%，可以计算出基期1985年的中国工业R&D资本存量为45.995亿美元。

计算出1985年中国工业R&D资本存量后，就可以运用公式计算出

---

① 王俊.我国制造业R&D资本存量的测算(1998—2005)[J].统计研究,2009(4):13-18.
② Coe和Helpman（1995）的研究发现：国际技术溢出实证研究的结果对于假定的R&D存量资产折旧率的多少并不敏感。

1986—2008年的中国工业R&D资本存量（见表7-4）。

表 7-4　中国工业 R&D 资本存量相关数据（1985—2008 年）

年份	R&D 支出 （亿元）	汇率	R&D 支出价 格指数	平减后的 R&D 支出 （10亿美元）	R&D 资本存量 （10亿美元）
1985	25.1	293.66	1.0000	0.8547	4.5995
1986	28.57	345.28	1.0717	0.7721	5.2243
1987	33.49	372.21	1.1908	0.7556	5.7352
1988	41.8	372.21	1.4124	0.7951	6.2040
1989	47.35	376.51	1.6281	0.7725	6.6889
1990	50.172	478.32	1.6907	0.6204	7.1269
1991	58.6	532.33	1.8231	0.6038	7.3910
1992	76.1	551.46	2.0160	0.6845	7.6253
1993	95.2	576.20	2.4299	0.6799	7.9285
1994	122	861.87	2.8442	0.4977	8.2120
1995	141.7	835.10	3.1760	0.5343	8.2991
1996	100.5	831.42	3.3767	0.3580	8.4184
1997	188.3	828.98	3.4546	0.6575	8.3555
1998	197.1	827.91	3.4362	0.6928	8.5952
1999	249.9	827.83	3.4035	0.8869	8.8583
2000	353.4	827.84	3.4279	1.2454	9.3023
2001	442.3	827.70	3.4472	1.5501	10.0826
2002	560.2	827.70	3.4353	1.9702	11.1286
2003	720.8	827.70	3.4921	2.4938	12.5424
2004	954.5	827.68	3.6555	3.1548	14.4090
2005	1 250.29	819.17	3.7179	4.1053	16.8433
2006	1 630.19	797.18	3.7736	5.4190	20.1064
2007	2 112.46	760.40	3.9391	7.0525	24.5201
2008	2 681.3	694.51	4.2258	9.1361	30.3467

7.3.3　国外 R&D 资本存量

（1）样本国的选取

本书主要研究中国获取逆向技术溢出问题，即假设中国工业 TFP

不仅是国内R&D资本存量的函数，而且是国外R&D资本存量的函数。如何准确衡量国外R&D资本存量是一个重要问题。根据以往的研究文献，通常先选择样本国，然后计算出各样本国国内R&D的资本存量，并赋以权重后汇总，即 $S^f = \sum w_j S_j^d$，其中 S^f 表示国外R&D资本存量，w_j 表示 j 国的权重，S_j^d 表示 j 国的国内R&D资本存量。

由于中国要获取的逆向技术溢出主要来自发达国家，所以结合中国对外贸易和OFDI的主要流向以及各国研发资本存量情况，并考虑数据的可得性和连续性，本书选取了美国、日本、德国、法国、意大利、英国、加拿大、澳大利亚、瑞典、荷兰共计10个国家作为逆向技术溢出的来源国，这些国家是中国除对中国香港、英属维尔京群岛和开曼群岛等"避税天堂"或离岸金融中心之外的主要投资东道国，拥有较高的R&D资本存量，能够代表中国获取逆向技术溢出的主要来源。

（2）各国国内R&D资本存量的计算过程

目前对各国国内R&D资本存量的测算剔除了政府、大学和非营利机构的R&D资本存量，仅指商业部门的R&D资本存量[1]。各样本国国内R&D资本存量的计算方法和中国国内R&D资本存量的计算方法相似，即先找出各国R&D支出数据，然后构建R&D支出价格指数对各国R&D支出数据进行平减，最后按照永续盘存法计算各国商业部门R&D资本存量。具体计算过程如下：

首先，各国历年商业部门R&D支出的数据来自OECD Main Science and Technology Indicators（2010），个别国家个别年份的缺失数据采用前后年份的平均值来代替。

其次，构建R&D支出价格指数。对于各国R&D支出价格指数，Coe和Helpman（1995）采用GDP平减指数和工资指数的加权平均，权重各为0.5；白洁（2009）、李梅（2011）均采用消费者价格指数。本书采用GDP平减指数和CPI指数[2]的加权平均，两者权重各为0.5。两种价格指数均调整为1985年=1，然后乘以权重后汇总，形成新的R&D支

---

[1] CH模型中各国R&D资本存量都是商业部门（business sector）的。
[2] 各国GDP平减指数来自OECD Main Science and Technology Indicators（2010），CPI指数来自OECD Factbook（2010）。

出价格指数。用新的R&D支出价格指数对各国1990—2007年的商业R&D支出数据（美元价）进行平减。

再次，确定R&D资本存量的折旧率δ。沿用CH模型的做法，折旧率取值为5%。

最后，1985—1990年各国商业部门R&D资本存量的数据来自Coe和Helpman（1995），1991—2008年的数据则按照公式 $K_t = (1-\delta)K_{t-1} + R_{t-1}$ 进行推算，从而最终得出各国商业部门R&D资本存量的数据。

（3）以权重法表示的国外R&D资本存量

计算出各国国内R&D资本存量后，再以权重法对各国R&D资本存量进行汇总。国际技术溢出主要通过三大渠道：进口、IFDI和OFDI，本书分别对国外R&D资本存量赋以不同的权重，比较这三大渠道的溢出效应的存在性及大小。

①进口权重法：

$$S^{fm} = \sum_j \frac{m_j}{y_j} S_j^d$$

其中，m_j 表示中国从 j 国进口的产品；y_j 表示 j 国的GDP。

中国从各国的进口额来自历年的《中国统计年鉴》，各国1985—2008年GDP数据来自世界银行数据库。

②IFDI权重法：

$$S^{ff} = \sum_j \frac{f_j}{k_j} S_j^d$$

其中，f_j 表示 j 国流入中国的IFDI；k_j 表示 j 国固定资产形成总额。

各国对中国的IFDI存量数据来自历年的《中国统计年鉴》。各国固定资产形成总额数据来自OECD Factbook 2010：Economic，Environmental and Social Statistics。

③OFDI权重法：

$$S^{fi} = \sum_j \frac{t_j}{k_j} S_j^d$$

其中，t_j 表示中国对 j 国的OFDI；k_j 表示 j 国的固定资产形成总额。

由于统计的原因，中国对各国的 OFDI 存量数据获取过程相对复杂一些。我国 2003—2008 年对外直接投资存量国别数据来自《2010 年度中国对外直接投资统计公报》。1990—2002 年的数据来自历年的《中国对外经济贸易年鉴》中"中国批准海外投资企业表"中中方投资的存量。由于统计的原因，1990 年以前的中国对外直接投资只有总量数据①没有分国别数据。我们参照 1990—1992 年中国对外直接投资的平均国别流向来测算 1985—1989 年的国别数据，从而最终得出 1985—2008 年的中国 OFDI 分国别存量数据。

1985—2008 年以进口、IFDI、OFDI 权重法计算的国外 R&D 资本存量如表 7-5 所示。

表 7-5　　以进口、IFDI、OFDI 权重法计算的国外 R&D

资本存量（1985—2008 年）　　单位：10 亿美元

年份	国外R&D资本存量			年份	国外R&D资本存量		
	进口	IFDI	OFDI		进口	IFDI	OFDI
1985	4.0357	0.3873	0.2199	1997	7.6139	6.7331	0.5081
1986	3.2145	0.4701	0.2654	1998	8.3177	8.3398	0.5165
1987	2.7067	0.5487	0.3164	1999	9.6069	9.844	0.5588
1988	3.0272	0.6307	0.3547	2000	11.8549	11.1997	0.5854
1989	3.3187	0.7161	0.388	2001	14.4259	13.3936	0.5292
1990	2.7105	0.8626	0.4446	2002	17.2321	16.3064	0.6226
1991	3.1667	1.0589	0.5018	2003	22.3685	18.6042	0.6775
1992	3.7547	1.2923	0.5247	2004	27.6269	20.1265	0.8881
1993	5.2866	1.9606	0.5331	2005	30.4102	21.5034	1.1122
1994	6.1838	2.8379	0.5122	2006	37.6128	22.7801	1.6469
1995	6.7543	3.9770	0.5275	2007	44.7387	24.0929	3.5512
1996	7.1403	5.2469	0.5229	2008	50.0028	26.9135	4.1678

① 1990 年以前的中国对外直接投资年度数据来自联合国贸发会议 UNCOMTRADE 数据库。

7.4 实证结果与分析

7.4.1 变量的平稳性检验

在进行时间序列数据分析时，传统上要求所采用的时间序列必须是平稳的[①]。在回归分析中，变量必须是平稳的，否则基本的 t、F 等检验都不能使用，而且会引起谬误回归，得出时间变量序列间的错相关关系，出现"伪回归"现象。因此，平稳性检验非常重要。如何判断时间序列的平稳性呢？除了判断自相关函数（ACF）的零收敛性以外，单位根检验是一个基本的定量检验方法。本书用 ADF 法对各变量进行平稳性检验，结果见表 7-6。从表 7-6 中可以看出，各变量是 I（2）的，满足协整检验的条件。

表 7-6 各变量的平稳性检验

		$\ln A_t$	$\ln S_t^d$	$\ln S_t^{fm}$	$\ln S_t^{ff}$	$\ln S_t^{ft}$
水平	ADF值	−2.673308	7.932384	−4.151483	2.5555918	−0.794798
	1%临界值	−4.440739	−2.669359	−4.416345	−2.669359	−2.669359
一阶差分	ADF值	−2.542277	−1.525143	−2.153475	−0.877568	−2.093792
	1%临界值	−4.440739	−4.440739	−2.674290	−2.674290	−2.674290
二阶差分	ADF值	−5.008125	−5.351633	−5.856120	−4.359429	−6.318777
	1%临界值	−2.685718	−4.467895	−2.679735	−2.679735	−2.679735
检验结果		I（2）	I（2）	I（2）	I（2）	I（2）

7.4.2 多元回归分析

为了进一步分析中国工业全要素生产率与中国进口、IFDI 与 OFDI 渠道溢出的国外研发资本存量之间是否存在长期的均衡关系，下面运用

[①] 平稳时间序列指随机变量的概率分布不随时间变化，不管在什么时间测量，变量的均值、方差和协方差都保持不变。

Eviews 6.0对回归式用OLS法估计各变量的回归方程，得到如下结果：

$$\ln A_t = 0.019673 + 0.049258 \ln S_t^d + 0.210958 \ln S_t^{fm} + 0.178590 \ln S_t^{ff} - 0.088797 \ln S_t^{ft}$$

$$(7-7)$$

从表7-7中可以看出回归模型具有较强的解释能力，模型的拟合优度为0.99148。回归方程通过了F检验，DW值为1.399258，较好地通过了序列自相关检验。变量 S_t^{fm} 和 S_t^{ff} 通过了1%的显著性检验且系数为正，变量 S_t^d 和 S_t^{ft} 没能通过显著性检验。

表 7-7　　　　　　　　　　　模型的回归结果

变　量	系　数
常数项	0.019673* （1.803785）
$\ln S_t^d$	0.049258 （0.302041）
$\ln S_t^{fm}$	0.210958*** （5.234280）
S_t^{ff}	0.178590*** （10.46220）
$\ln S_t^{ft}$	−0.088797 （−1.177180）
Adj. R²	0.991480
F值	670.1052
DW值	1.399258

注：括号里为t统计值。*表示在10%水平上显著，**表示在5%水平上显著，***表示在1%水平上显著。

我们利用ADF法判断残差序列是否平稳，即判断模型的设定是否合理。检验结果表明（见表7-8）：在1%的置信水平上残差序列不存在单位根，即残差序列是平稳的，回归方程的设定是合理的，说明中国TFP与国内R&D资本存量，进口、IFDI、OFDI渠道溢出的国外R&D资本存量之间存在稳定的均衡关系。

表 7-8   对 ε_t 的单位根检验

变量	检验类型 （C,T,K）	t统计值	各显著性水平上的临界值			检验结果
			1%	5%	10%	
ε_t	（0，0，0）	−3.916076	−2.669359	−1.956406	−1.608495	平稳

7.4.3 回归结果分析

第一，与黄先海和石东楠（2005）、李平和崔喜君（2007）、谢建国（2009）的研究结论相一致，进口贸易对我国全要素生产率具有积极的正向溢出效应。同时，与国内学者沈坤荣（1999）、喻世友等（2005）、蒋殿春和张宇（2008）等的研究结论相一致，IFDI 对我国全要素生产率具有积极的正向溢出效应。外资流入在弥补国内资本不足、引进先进技术和管理经验、促进产业升级、增加就业等方面起着不可替代的作用（沈坤荣，1999）。在全球化大背景下，发展中大国单纯依靠本国的自主创新体系和研发支出来推动技术进步是远远不够的。王志乐（2006）指出，自主创新不等于自己创新，中国可以走开放的自主创新之路，即以自主发展为根本，不断增加研发投入，并合理有效地配置研发资源，同时也要通过外国直接投资和出口等渠道有效利用外国的技术和 R&D 成果。

第二，国内研发支出对于我国全要素生产率的提高存在正效应，但在统计结果上不显著，与王英、刘思峰（2008），白洁（2009）等的结论不同。原因可能有以下两方面：一是本书认为进口、IFDI 和 OFDI 渠道的国际技术溢出效应主要体现在工业技术水平的提高上，所以选取的因变量是中国工业全要素生产率，剔除了第一产业和第三产业，因而与其他研究在统计结果上可能会存在差异；二是在计算国内 R&D 资本存量时，各期 R&D 投入以及 R&D 折旧率的确定方法不同，导致计算出的国内 R&D 资本存量不一致，从而对实证结果产生了影响。总之，国内研发投入是我国技术进步的最主要源泉。在开放经济条件下，我们对国外先进技术的学习、吸收和利用是建立在自主创新的基础上的，只有不断增加研发投入，并合理有效地配置研发资源，才能实现自主创新能力的持续提升。

第三，对外直接投资存在负的技术外溢效应，且统计结果不显著，即我国OFDI对母国技术进步的逆向技术溢出效应并不存在，这与赵伟等（2006），邹玉娟、陈漓高（2008），陈岩（2011）等的研究结论不一致。在本书第6章，华为与格兰仕海外直接投资的案例揭示了微观企业层面OFDI能够通过技术寻求和逆向溢出有效促进母公司技术进步，并最终提高企业国际竞争力。为什么在微观层面这种OFDI逆向技术溢出效应存在，而在宏观层面的实证研究中，这种逆向技术溢出效应不存在？究其原因，可能有以下几点：①与进口贸易和IFDI相比，中国对外直接投资的整体规模和水平仍处于初级阶段。自2000年国家提出"走出去"战略后，政府才开始逐步放松对外投资项目审批和外汇管制，中国OFDI规模才逐步扩大，况且OFDI对国内技术进步的溢出效应还存在一个滞后期。②对外直接投资可能对国内的投资产生挤出效应，即对外直接投资可能造成国内投资减少，从而影响国内的技术进步。③传递机制和吸收能力方面的问题。中国的对外直接投资还处于起步阶段，对外直接投资的平均规模还相对较小，投资动机多样化，以提升企业技术能力为目标的技术寻求型海外直接投资在总投资中的比重还很小。另外，国外企业对于领先技术的保护、技术传导渠道的复杂性以及中国企业自身技术吸收能力的不足，都有可能影响OFDI渠道的技术溢出效应。

从上述结论可以得到如下政策性启示：首先，继续扩大进口贸易和IFDI对国内技术进步的溢出效应，中国应当继续优化出口产品结构，利用"干中学"效应、竞争效应等促进本国的技术进步。同时，继续引进外资，通过外资的流入带来人力资本、先进技术、国际市场开拓能力、客户资源和管理能力等。其次，加大国内研发支出的投入力度，坚持走开放式自主创新之路，将国内和国外R&D资源充分整合，提高企业技术水平。最后，积极制定海外直接投资的国别、行业引导手册，加大对技术领先国家对外直接投资力度，鼓励企业在海外建立R&D中心，开展技术寻求型海外直接投资，并通过灵活多样的投资方式有效利用国外丰富的研发资源，提升自身技术能力。

7.5 本章小结

借助对外直接投资与 R&D 国际化推动我国技术创新升级，提高企业自主创新能力，是"走出去"战略的重要目标之一，也是创新驱动发展战略的重要内容。这个战略目标直接引出的学术论题之一，无疑就是中国 OFDI 的逆向技术溢出效应。本章根据 1985—2008 年中国工业 TFP，利用国内 R&D 资本存量和进口、FDI、OFDI 三种渠道溢出的国外 R&D 资本存量数据，实证检验了中国对外直接投资的逆向技术溢出效应。实证结果表明：目前中国 OFDI 逆向溢出效应并不显著。长期以来，我国对外开放政策以"引进来"为主，自 2000 年提出"走出去"战略后，才逐步放开对外直接投资项目审批和外汇管制，因此相对于引入的对外直接投资，中国对外直接投资的整体规模和水平仍处于初级阶段，技术寻求型投资在对外直接投资中所占比重较小，技术逆向溢出存在一定的滞后期，这些是导致中国 OFDI 逆向技术溢出效应不显著的主要原因。

第8章　主要结论与政策建议

8.1　主要结论

通过国际贸易发挥比较优势、参与国际分工以实现经济增长是发展经济学的一般规律。然而新兴经济体走的不完全是这一道路，新兴经济体崛起的一个重要原因是选择了开放式的发展道路，从通过国际贸易发挥静态比较优势，发展为在生产要素国际流动背景下通过国际直接投资发挥动态比较优势。在后危机时代，世界FDI格局发生了巨大变化，美国虽然仍是世界上最大的投资东道国和投资母国，但是许多新兴经济体逐渐成为国际直接投资的重要参与者。2012年，20大投资经济体中有9个是新兴经济体；2013年，新兴经济体的FDI流出量创纪录地占到世界总量的32.2%。

作为重要的新兴经济体之一的中国，自2002年起对外直接投资进入了高速增长期。中国OFDI已经实现连续11年正增长，2002—2013年年均增长率高达39.8%。2013年中国OFDI流出量达到历史最高点

1 078.4亿美元，排在美、日之后，位居全球第三，中国已经发展成为对外直接投资的大国。

然而，现有主流FDI理论以垄断优势为基础，强调企业对外直接投资的前提是拥有企业特定优势，认为缺乏企业特定优势的发展中国家跨国公司不具有与发达国家跨国公司同台竞争并获胜的希望，因而无法为中国企业"走出去"提供理论解释，进而为中国企业"走出去"提供理论指导。本书基于资源观、产业观、制度观的理论框架，从母国的推力和东道国的引力两方面分析了中国对外直接投资的动力机制，并进一步探讨了中国海外R&D投资对母国技术进步的逆向技术溢出效应。

通过本书的理论研究和实证检验，可以得出以下结论：

（1）中国企业"走出去"拥有比较所有权优势

相对于欧美日老牌跨国公司，中国跨国公司通常被质疑缺乏企业特定优势，尤其是知识资产方面的企业特定优势。本书基于"战略三角"的理论分析框架，从企业的所有权优势、产业优势和制度优势三个方面分析了中国OFDI的母国推动力，指出中国企业虽然没有绝对所有权优势，但拥有比较所有权优势。这种比较所有权优势构成了中国企业OFDI的基础。中国企业的所有权优势具体表现为大规模低成本生产、局部技术创新、准确的市场定位和销售能力。在实证层面，本书利用304家中国制造业上市公司的OFDI微观数据，从企业资源、产业特征、制度因素三方面研究了中国OFDI的动力机制。实证结果表明：企业规模、企业R&D投入、企业出口能力、企业盈利能力和产业竞争程度对中国企业OFDI有显著正向影响。这一结论说明由企业研发能力、出口能力、管理能力共同构成的企业所有权优势对"走出去"有明显的促进作用。目前，我国一些企业，如苏泊尔、新希望、宗申动力、TCL等对越南、孟加拉国等发展中国家的投资正是利用这种比较所有权优势，结合东道国的区位要素禀赋开展的资产利用型OFDI。

（2）市场寻求是中国目前对外直接投资最主要的动因

东道国的引力也是中国OFDI动力机制的重要组成部分。目前中国OFDI的主要动因包括自然资源寻求型、市场寻求型和战略资产寻求型。本书基于中国OFDI的微观动因，利用2003—2012年中国对69个国家 OFDI 的国别面板数据，通过建立扩展的引力模型，检验了影响中国 OFDI 区位分布的东道国因素。分析结果表明：中国对发达国家的 OFDI 是逆梯度上行投资，主要集中于人均 GDP 较高、与中国进出口贸易联系紧密的国家。中国对发展中国家的 OFDI 是顺梯度平行或下行投资，主要集中于人均 GDP 较高、技术较先进以及从中国进口规模较大的国家。这一分析结果验证了中国市场寻求型、贸易促进型 OFDI 投资动因的存在。因此，市场寻求是中国目前 OFDI 最主要的动因。

（3）中国企业技术能力和东道国 R&D 资源对中国技术寻求型海外 R&D 投资有显著影响

R&D 全球化是经济全球化的重要组成部分。跨国公司海外 R&D 投资的动因主要有两种：市场支撑型和技术寻求型，目前技术寻求型海外 R&D 投资正成为研究热点。本书在对跨国公司海外 R&D 投资文献综述的基础上，分析了中国海外 R&D 投资的发展历程、动机、区位和模式。随后，本书利用 101 家中国制造业上市公司的 177 家海外子公司投资数据，通过建立三元选择 Logit 模型，从投资企业和东道国两个层面分析了中国企业市场支撑型和技术寻求型海外 R&D 投资的影响因素。实证结果表明：中国企业市场支撑型海外 R&D 投资受东道国人均购买力和 R&D 资源禀赋的影响，技术寻求型海外 R&D 投资受母公司技术水平和东道国 R&D 资源禀赋的双重影响。

（4）中国对外直接投资逆向技术溢出效应尚不显著

由于知识溢出存在地理空间的约束性以及知识的隐性特征，企业只有靠近技术创新源才能成为技术溢出最大的受益者。因此，只要存在技术扩散的可能性，技术追随企业即便不存在垄断优势，也会尽可能选择以 OFDI 方式而不是以出口方式来服务海外市场。通过到技术领先企业所在国投资，技术追随企业可以获得技术扩散的利益，从而提升自身的技术水平，同时将先进技术逆向溢出回到母公司。本书还分析了中国对外直接投资逆向技术溢出的四大机制，分别是 R&D 成果反馈机制、R&D 费用分摊机制、R&D 资源全球共享机制和 R&D 技术逆向转移机制。

在宏观层面上，中国对外直接投资能否促进母国技术进步？本书根据 1985—2008 年中国工业 TFP，利用国内 R&D 资本存量和进口、IFDI、OFDI 三种渠道溢出的国外 R&D 资本存量数据，通过建立国际技术溢出模型，实证检验了中国 OFDI 逆向技术溢出效应。分析结果表明：目前中国 OFDI 逆向溢出效应并不显著。长期以来，我国对外开放政策主要以"引进来"为主，自 2000 年提出"走出去"战略后，才逐步放开对外投资项目审批和外汇管制，OFDI 才真正进入增长期。因此，相对于 IFDI 而言，中国 OFDI 的整体规模和水平仍处于初级阶段，技术寻求型投资在对外投资中所占比重较小，技术的逆向溢出和其他的技术溢出一样，存在一定的滞后期，这些因素是导致中国 OFDI 逆向技术溢出效应并不显著的主要原因。

8.2 政策建议

党的十八届三中全会提出要"适应经济全球化新形势，必须推动对内对外开放相互促进、引进来和走出去更好结合，促进国际国内要素有序自由流动、资源高效配置、市场深度融合"。"走出去"开展境外投资已经成为中国更加积极主动开放战略的重要组成部分，也是中国企业主动参与国际分工，争取在更大范围、更广领域、更高层次上参与国际资源配置的重要路径。然而，我国对外直接投资虽然在规模上增长很快，但是毕竟时间短，还没有实现质的飞跃，即中国的对外直接投资目前只是"点式"和分散的对外投资，并非真正拥有全球一体化的生产体系和完整的全球产业链式的投资（姚枝仲、李众敏，2011）。若想充分发挥我国对外直接投资对我国产业升级和技术进步的带动作用，就必须根据上述研究结论为我国企业"走出去"制定相应的政策，采取有效的措施。

第一，充分发挥市场在资源配置中的决定性作用，培育我国企业的所有权优势。美欧日等发达国家大规模海外投资的时候，已经拥有了一批具有国际竞争力的跨国企业，而我国对外直接投资的企业中除了国有大中型垄断企业以及华为、联想、海尔等为数不多的大型民营企业外，真正具有国际竞争优势的企业屈指可数。我国进入《财富》500 强中的企业绝大多数是国有垄断行业或者竞争不充分领域的企业，缺乏真正拥有核心技术或者充分竞争领域的制造业企业。在相关领域的对外直接投资主体尚未培育成熟，投资主体缺乏竞争优势的情况下，我国海外投资的发展受到了极大的限制。从上述研究结论可以看出，母国同一领域的竞争程度对对外直接投资具有正向影响。因此，政府必须进一步发挥市场在资源配置中的决定性作用，通过公平有序的市场竞争来培育中国企业的所有权优势。一方面，全面深化国资国企改革，探索混合所有制经济，推进国有资本和非公有资本相互融合，形成更加市场化的经营机制以激活国有企业的活力；另一方面，建立尽可能完整的市场体系，进一步放开市场准入，严格限制垄断的范围，给予中小民营企业与国有企业同样的待遇，通过公平竞争来推动中小民营企业的发展，从而培育更多具有所有权优势的民营企业，壮大我国"走出去"企业的队伍。

第二，积极鼓励和支持民营企业"走出去"，带动出口贸易增长。市场寻求是我国OFDI的主要动因，早在"十五"计划中，国家就提出"鼓励有竞争优势的企业开展境外加工贸易，带动产品、服务和技术出口"，即利用"走出去"寻求海外市场。在国际金融危机后期，我国外贸出口形势日益严峻，2014年5月国务院发布了《国务院办公厅关于支持外贸稳定增长的若干意见》，再次强调要充分发挥"走出去"的贸易促进作用，通过企业"走出去"带动产品出口。民营企业是我国对外贸易的重要组成部分，许多企业对于如何"走出去"还缺乏经验，因此，一方面，政府要为中小企业"走出去"提供资金扶持和政策便利，从而减轻企业海外经营成本，降低风险，提高其国际竞争能力；另一方面，通过提供信息服务平台和咨询服务平台来帮助中小企业熟悉东道国市场环境、文化习俗，从而规范其海外经营运作，增强"走出去"的实力。

第三，继续发挥国有企业在我国对外直接投资中的重要作用，同时加强对国有企业"走出去"的监管。国有企业一直是我国对外直接投资的主力军，占中国对外直接投资存量的比重高达60%左右。其中，中央企业（中石油、中石化、中海油等）开展的自然资源寻求型OFDI、战略资产寻求型OFDI更是直接反映了中国对某些战略性产业或资源的国际诉求，体现了国家的战略导向。因此，对于国有企业"走出去"，政府应当继续给予资源、管理、技术等方面的支持，通过对外直接投资来增强国有企业的竞争优势，同时保障国家经济安全和资源供给安全。同时，针对国有企业OFDI中存在的管理松懈、国有资产流失、巨额亏损、监管机制不到位等问题，政府必须加强对国有企业海外直接投资的监管，通过建立有效的投资主体监督约束机制来管理其对外直接投资行为，真正解决"谁投资、谁负责"的问题，防止国有资产流失，同时在国外市场的竞争中逐步培育我国国有企业的竞争优势。

第四，大力支持海外R&D投资，积极拓展OFDI逆向技术溢出的渠道，提高OFDI逆向技术溢出效应。本书的研究结论之一是目前我国OFDI对国内技术进步的逆向溢出效应尚不显著，主要原因在于我国OFDI的整体规模和水平仍处于初级阶段，技术寻求型投资在对外直接投资中所占比重较小等。要扩大OFDI逆向技术溢出效应，必须大力拓展OFDI逆向技术溢出的渠道。一方面，鼓励各种所有制企业积极"走出去"。相对于我国的经济发展规模，目前我国OFDI的整体规模和水平还有待提高，政府应把对外直接投资的流向和结构与国内产业结构的优化结合起来，积极引导OFDI的产业导向和区位结构，使OFDI向着"规模增长、结构优化"的方向发展。另一方面，将技术寻求型OFDI作为优先支持发展的类型，在融资、税收、外汇、信息等方面给予支持，尤其鼓励企业对发达国家高新技术行业的R&D投资，鼓励对境外品牌、技术和生产线等的跨国并购或绿地投资，充分利用东道国丰富的R&D资源禀赋，最大程度获取逆向溢出技术效应，并实现已获取技术在国内的吸收和扩散。

第五，实行"全方位对外开放战略"，为我国企业"走出去"营造良好的国际环境。随着越来越多的中国企业"走出去"，如何保障中国企业海外投资的合法权益成为摆在我们面前的现实问题。目前中国虽然已经和100多个国家订立了双边投资协定，但大多数是关于来中国的外国直接投资，涉及中国海外投资的很少。作为对外直接投资不断增长的发展中大国，我国政府应当考虑通过签订一系列国际性的投资协定和贸易协定，来满足中国企业"走出去"的现实需求。一方面，我国政府应当积极推进中欧投资协定谈判和中美投资协定谈判。双边投资协定的谈判不仅有利于我国参与全球贸易投资新规则的制定，保护我国海外投资企业的安全与利益，而且有利于中欧、中美双边投资关系的发展，最大限度扩大美欧产业对我国企业的开放，为技术寻求型OFDI创造条件。另一方面，推进"丝绸之路经济带和21世纪海外丝绸之路"（简称"一带一路"）建设，加快与周边国家自由贸易区谈判进程，逐步形成以点带面、连线到片的区域大合作格局，为市场寻求型和资源寻求型OFDI创造条件。

8.3 不足与展望

新兴市场对外直接投资的动力机制和逆向技术溢出的研究属于相对较新的研究领域，涉及国际经济学、发展经济学和管理学多个学科。而中国企业OFDI的多样性以及中国市场环境的复杂性，使得相关研究变得更加困难。尽管本书的研究力求全面、完整、准确和创新，但由于笔者自身的知识结构和研究能力有限，以及中国微观企业层面对外直接投资数据收集困难，本书的研究具有一定的局限性，一些结论和观点可能存在偏颇之处，这也是笔者今后要进一步改进和修正的地方。

首先，在本书的实证研究中，由于数据的可获得性和一致性原因，一些最初纳入考虑的变量最终没有被纳入模型框架中，例如第3章中国对外直接投资动力机制的实证检验中，企业变量中没有加入企业人力资源变量，行业变量中没有加入行业外向度的相关指标；第4章在对OFDI东道国特征的实证检验中，没有加入东道国制度因素、母国与东道国之间的制度差距因素、海外关系等制度变量。由于篇幅和研究能力有限，无法将这些因素完全考虑在内，今后将结合母国与东道国的经济环境以及双边制度差异等因素，再深入分析其对中国OFDI区位选择的影响。

其次，中国对外直接投资统计数据库数据的缺乏限制了本书的研究。中国对外直接投资的宏观数据主要来自商务部、国家统计局和国家外汇管理局联合发布的《中国对外直接投资统计公报》。该公报对投资东道国的统计都是第一投资目的国（地区）而非最终投资目的国（地区），对投资行业的统计都以第一目的国的投资行业分布进行，因此，从官方数据无法看出中国OFDI真实的目的国（地区）和投资行业。

最后，在对中国对外直接投资逆向技术溢出的实证研究中，本书借鉴CH模型和LP模型，考虑了进口贸易、IFDI、OFDI三种渠道的国际技术溢出。这种溢出效应的研究是基于国家宏观层面的研究，实际上我国东中西三个区域"走出去"的进程有快有慢，分省的研究结果可能会更好地反映逆向技术溢出效应的存在性。另外，美国、日本、瑞典三个国家都建立了完备的企业海外经营统计制度，拥有企业海外经营的详细数据，而我国还没有建立相应的统计制度，现有的企业数据库缺乏对海外经营情况的统计，影响了本书研究的深度。在对OFDI逆向技术溢出效应的研究中，国外一些学者可以从微观企业层面研究OFDI对母公司技术能力的提升作用，而本书只能从宏观国家层面研究整体逆向技术溢出效应。今后，随着我国微观企业数据库的完善，笔者将可以从微观角度检验OFDI的逆向技术溢出效应。

附　录

附表 1　　　2001—2013 年中国对外直接投资流量、存量及在

全球中的比重和金额　　　　金额单位：亿美元

年份	流量			存量		
	中国	全球	比重（%）	中国	全球	比重（%）
2001	68.85	7 588.178	0.91	346.54	77 745.03	0.45
2002	25.18	5 281.125	0.48	371.72	78 597.69	0.47
2003	28.55	5 806.946	0.49	332.22	100 339	0.33
2004	54.98	9 197.646	0.60	447.77	118 379.9	0.38
2005	122.61	9 042.702	1.36	572.06	125 637.7	0.46
2006	211.6	14 253.16	1.48	750.26	157 457.2	0.48
2007	265.1	22 671.57	1.17	1 179.11	193 433.5	0.61
2008	559.1	19 993.26	2.80	1 839.71	165 185	1.11
2009	565.3	11 712.4	4.83	2 457.55	195 891	1.25
2010	688.11	14 675.8	4.69	3 172.11	212 885.8	1.49
2011	746.54	17 116.52	4.36	4 247.81	219 127.9	1.94
2012	878.04	13 466.71	6.52	5 125.85	239 162.7	2.14
2013	1 078.4	14 108.1	7.64	6 604.8	263 126.2	2.51

数据来源　UNCTAD. UNCTADstat data center: Foreign Direct Investment[DB/OL]. [2015-01-15]. http://unctadstat.unctad.org/TableViewer/tableView.aspx.

附表 2　　　　中国对外直接投资流量行业分布

（2008—2013 年）①　　　　　金额单位：亿美元

行业		2008		2009		2010		2011		2012		2013	
		金额	比重(%)	金额	比重(%)	金额	比重(%)	金额	比重(%)	金额	比重(%)	金额	比重(%)
第一产业	农林牧渔业	2.7	0.3	3.4	0.6	5.3	0.8	8	1.07	14.6	1.7	18.1	1.7
第二产业	采矿业	58.2	10.4	133.4	23.6	57.1	8.3	144.5	19.36	135.4	15.4	248.1	23
	制造业	17.7	3.2	22.4	4.0	46.6	6.8	70.4	9.43	86.7	9.9	72.0	6.7
	小计	75.9	13.6	155.8	27.6	103.7	15.1	214.9	28.79	222.1	25.3	320.1	29.7
第三产业	租赁和商务服务业	217.2	38.8	204.7	36.2	302.8	44.0	256	34.29	267.4	30.4	270.6	25.1
	批发和零售业	65.1	11.7	61.4	10.8	67.3	9.8	103.2	13.82	130.5	14.0	146.5	13.6
	金融业	140.5	25.1	87.3	15.5	86.3	12.54	60.7	8.13	100.7	11.5	151.1	14
	交通运输、仓储和邮政业	26.6	4.8	20.7	3.7	56.6	8.2	25.6	3.43	29.9	3.4	33.1	3.1
	房地产业	3.4	0.6	9.4	1.6	16.1	2.34	19.8	2.65	20.2	2.3	39.5	3.7
	建筑业	7.3	1.3	3.6	0.6	16.3	2.37	16.5	2.21	32.5	3.7	43.6	4
	其他服务业	20.4	3.8	19	3.4	33.7	4.85	42.1	5.61	60.1	6.9	55.8	5.1
	小计	480.5	86.1	406.1	71.8	579.1	84.1	523.9	70.14	641.3	73	740.2	68.6
合计		559.1	100	565.3	100	688.1	100	746.5	100	878	100	1 078.4	100

附表 3　　　　中国对外直接投资流量地区构成情况

（2008—2013 年）　　　　　金额单位：亿美元

	2008		2009		2010		2011		2012		2013	
	金额	比重(%)	金额	比重(%)	金额	比重(%)	金额	比重(%)	金额	比重(%)	金额	比重(%)
亚洲	435.5	77.9	404.1	71.4	448.9	65.3	454.9	60.9	647.85	73.8	756	70.1
拉丁美洲	36.8	6.6	73.3	13	105.4	15.3	119.4	16	61.7	7.0	143.6	13.3
小计	472.3	74.5	477.4	84.4	554.3	80.6	574.3	76.9	709.55	80.8	899.6	83.4
欧洲	8.8	1.6	33.53	5.9	67.6	9.8	82.5	11.1	70.35	8	59.5	5.5
北美洲	3.6	0.6	15.22	2.7	26.2	3.8	24.8	3.3	48.82	5.6	49	4.5
大洋洲	19.5	3.5	24.8	4.4	18.9	2.7	33.2	4.4	24.15	2.7	36.6	3.4
小计	31.9	5.7	73.55	29.3	112.7	16.3	140.5	18.8	143.32	16.3	144.8	13.4
非洲	54.9	9.8	14.4	2.6	21.1	3.1	31.7	4.3	25.17	2.9	33.7	3.2
合计	559.1	100	565.3	100	688.1	100	746.5	100	878	100	1 078.4	100

---

① 附表 2、附表 3、附表 4 的数字均来自《中国对外直接投资统计公报》（2008—2013 年度）。

附表 4　　　　中国对外直接投资流量前十位的国家（地区）

（2008—2013 年）

	2008		2009		2010		2011		2012		2013	
	国家（地区）	比重（%）	国家（地区）	比重（%）	国家（地区）	比重（%）	国家（地区）	比重（%）	国家（地区）	比重（%）	国家（地区）	比重（%）
1	中国香港	69.1	中国香港	63	中国香港	55.9	中国香港	47.76	中国香港	58.4	中国香港	58.3
2	南非	8.6	开曼群岛	9.5	英属维尔京群岛	8.89	英属维尔京群岛	8.32	美国	4.6	开曼群岛	8.6
3	英属维尔京群岛	3.8	澳大利亚	4.3	开曼群岛	5.08	开曼群岛	6.61	哈萨克斯坦	3.4	美国	3.6
小计		81.5		76.8		69.87		62.69		66.4		70.5
4	澳大利亚	3.4	卢森堡	4	卢森堡	4.66	法国	6.66	英国	3.2	澳大利亚	3.2
5	新加坡	2.8	英属维尔京群岛	2.9	澳大利亚	2.47	新加坡	4.38	英属维尔京群岛	2.6	英属维尔京群岛	3.0
6	开曼群岛	2.7	新加坡	2.5	瑞典	1.98	澳大利亚	4.24	澳大利亚	2.5	新加坡	1.9
7	中国澳门	1.15	美国	1.6	美国	1.90	美国	2.43	委内瑞拉	1.8	印度尼西亚	1.5
8	哈萨克斯坦	0.89	加拿大	1.08	加拿大	1.65	英国	1.9	新加坡	1.7	英国	1.3
9	美国	0.83	中国澳门	0.81	新加坡	1.62	卢森堡	1.69	印度尼西亚	1.5	卢森堡	1.2
10	俄罗斯	0.71	缅甸	0.66	缅甸	1.27	苏丹	1.22	卢森堡	1.3	俄罗斯	0.9
合计		93.98		90.35		85.42		85.21		81		83.5

附表5　中国对外直接投资动力机制实证研究的样本企业名单

序号	股票代码	股票名称	所属行业
1	000876	新希望	农副食品加工业
2	000895	双汇发展	农副食品加工业
3	002124	天邦股份	农副食品加工业
4	002220	天宝股份	农副食品加工业
5	002311	海大集团	农副食品加工业
6	600438	通威股份	农副食品加工业
7	600695	大江股份	农副食品加工业
8	600429	三元股份	食品制造业
9	600872	中炬高新	食品制造业
10	600305	恒顺醋业	食品制造业
11	600059	古越龙山	酒、饮料和精制茶制造业
12	600238	海南椰岛	酒、饮料和精制茶制造业
13	600600	青岛啤酒	酒、饮料和精制茶制造业
14	600962	国投中鲁	酒、饮料和精制茶制造业
15	002304	洋河股份	酒、饮料和精制茶制造业
16	600300	维维股份	酒、饮料和精制茶制造业
17	000726	鲁泰A	纺织业
18	000982	中银绒业	纺织业
19	002042	华孚色纺	纺织业
20	002070	众和股份	纺织业
21	600152	维科精华	纺织业
22	600851	海欣股份	纺织业
23	002015	霞客环保	纺织业
24	002293	罗莱家纺	纺织业
25	002394	联发股份	纺织业

续表

序号	股票代码	股票名称	所属行业
26	002516	江苏旷达	纺织业
27	600220	江苏阳光	纺织业
28	600287	江苏舜天	纺织业
29	600370	三房巷	纺织业
30	601599	鹿港科技	纺织业
31	600177	雅戈尔	纺织服装、服饰业
32	002044	江苏三友	纺织服装、服饰业
33	002239	金飞达	纺织服装、服饰业
34	600398	凯诺科技	纺织服装、服饰业
35	600400	红豆股份	纺织服装、服饰业
36	600439	瑞贝卡	皮革、毛皮、羽毛及其制品和制鞋业
37	000488	晨鸣纸业	造纸及纸制品业
38	600308	华泰股份	造纸及纸制品业
39	000731	四川美丰	化学原料及化学制品制造业
40	002094	青岛金王	化学原料及化学制品制造业
41	600226	升华拜克	化学原料及化学制品制造业
42	600249	两面针	化学原料及化学制品制造业
43	600309	万华化学	化学原料及化学制品制造业
44	600315	上海家化	化学原料及化学制品制造业
45	600352	浙江龙盛	化学原料及化学制品制造业
46	600596	新安股份	化学原料及化学制品制造业
47	600796	钱江生化	化学原料及化学制品制造业
48	000525	红太阳	化学原料及化学制品制造业
49	002165	红宝丽	化学原料及化学制品制造业
50	002274	华昌化工	化学原料及化学制品制造业

续表

序号	股票代码	股票名称	所属行业
51	002391	长青股份	化学原料及化学制品制造业
52	002409	雅克科技	化学原料及化学制品制造业
53	002411	九九久	化学原料及化学制品制造业
54	002453	天马精化	化学原料及化学制品制造业
55	002455	百川股份	化学原料及化学制品制造业
56	002496	辉丰股份	化学原料及化学制品制造业
57	002513	蓝丰生化	化学原料及化学制品制造业
58	300192	科斯伍德	化学原料及化学制品制造业
59	300261	雅本化学	化学原料及化学制品制造业
60	600078	澄星股份	化学原料及化学制品制造业
61	600389	江山股份	化学原料及化学制品制造业
62	600481	双良节能	化学原料及化学制品制造业
63	600486	扬农化工	化学原料及化学制品制造业
64	600746	江苏索普	化学原料及化学制品制造业
65	000513	丽珠集团	医药制造业
66	000518	四环生物	医药制造业
67	000999	华润三九	医药制造业
68	002166	莱茵生物	医药制造业
69	600085	同仁堂	医药制造业
70	600129	太极集团	医药制造业
71	600161	天坛生物	医药制造业
72	600196	复星医药	医药制造业
73	600216	浙江医药	医药制造业
74	600267	海正药业	医药制造业
75	600276	恒瑞医药	医药制造业
76	600380	健康元	医药制造业

续表

序号	股票代码	股票名称	所属行业
77	600488	天药股份	医药制造业
78	600521	华海药业	医药制造业
79	600535	天士力	医药制造业
80	600557	康缘药业	医药制造业
81	600614	鼎立股份	医药制造业
82	600664	哈药股份	医药制造业
83	600666	西南药业	医药制造业
84	000919	金陵药业	医药制造业
85	002349	精华制药	医药制造业
86	002550	千红制药	医药制造业
87	600513	联环药业	医药制造业
88	000659	珠海中富	橡胶和塑料制品业
89	000887	中鼎股份	橡胶和塑料制品业
90	600210	紫江企业	橡胶和塑料制品业
91	600623	双钱股份	橡胶和塑料制品业
92	300031	宝通带业	橡胶和塑料制品业
93	002395	双象股份	橡胶和塑料制品业
94	002464	金利科技	橡胶和塑料制品业
95	002585	双星新材	橡胶和塑料制品业
96	300169	天晟新材	橡胶和塑料制品业
97	000012	南玻集团	非金属矿物制品业
98	000786	北新建材	非金属矿物制品业
99	000928	中钢吉炭	非金属矿物制品业
100	000935	四川双马	非金属矿物制品业
101	600176	中国玻纤	非金属矿物制品业
102	600318	巢东股份	非金属矿物制品业

续表

序号	股票代码	股票名称	所属行业
103	600552	方兴科技	非金属矿物制品业
104	600660	福耀玻璃	非金属矿物制品业
105	600819	耀皮玻璃	非金属矿物制品业
106	002080	中材科技	非金属矿物制品业
107	002201	九鼎新材	非金属矿物制品业
108	300196	长海股份	非金属矿物制品业
109	000709	河北钢铁	黑色金属冶炼及压延加工业
110	000717	韶钢松山	黑色金属冶炼及压延加工业
111	000825	太钢不锈	黑色金属冶炼及压延加工业
112	000932	华菱钢铁	黑色金属冶炼及压延加工业
113	600005	武钢股份	黑色金属冶炼及压延加工业
114	600010	包钢股份	黑色金属冶炼及压延加工业
115	600019	宝钢股份	黑色金属冶炼及压延加工业
116	600295	鄂尔多斯	黑色金属冶炼及压延加工业
117	600507	方大特钢	黑色金属冶炼及压延加工业
118	600808	马钢股份	黑色金属冶炼及压延加工业
119	002075	沙钢股份	黑色金属冶炼及压延加工业
120	600282	南钢股份	黑色金属冶炼及压延加工业
121	000060	中金岭南	有色金属冶炼和压延加工业
122	000878	云南铜业	有色金属冶炼和压延加工业
123	000960	锡业股份	有色金属冶炼和压延加工业
124	002203	海亮股份	有色金属冶炼和压延加工业
125	600219	南山铝业	有色金属冶炼和压延加工业
126	600362	江西铜业	有色金属冶炼和压延加工业
127	600961	株冶集团	有色金属冶炼和压延加工业
128	002182	云海金属	有色金属冶炼和压延加工业

续表

序号	股票代码	股票名称	所属行业
129	002333	罗普斯金	有色金属冶炼和压延加工业
130	002540	亚太科技	有色金属冶炼和压延加工业
131	000039	中集集团	金属制品业
132	000055	方大集团	金属制品业
133	002032	苏泊尔	金属制品业
134	002047	成霖股份	金属制品业
135	600114	东睦股份	金属制品业
136	600558	大西洋	金属制品业
137	601028	玉龙股份	金属制品业
138	000890	法尔胜	金属制品业
139	002071	江苏宏宝	金属制品业
140	002150	通润装备	金属制品业
141	002445	中南重工	金属制品业
142	002478	常宝股份	金属制品业
143	002514	宝馨科技	金属制品业
144	002547	春兴精工	金属制品业
145	002652	扬子新材	金属制品业
146	600200	江苏吴中	金属制品业
147	601028	玉龙股份	金属制品业
148	601700	风范股份	金属制品业
149	000410	沈阳机床	通用设备制造业
150	000530	大冷股份	通用设备制造业
151	000570	苏常柴	通用设备制造业
152	000777	中核科技	通用设备制造业
153	000811	烟台冰轮	通用设备制造业
154	000816	江淮动力	通用设备制造业

续表

序号	股票代码	股票名称	所属行业
155	000837	秦川发展	通用设备制造业
156	002011	盾安环境	通用设备制造业
157	002050	三花股份	通用设备制造业
158	002202	金风科技	通用设备制造业
159	600835	上海机电	通用设备制造业
160	601558	华锐风电	通用设备制造业
161	000777	中核科技	通用设备制造业
162	002009	天奇股份	通用设备制造业
163	002367	康力电梯	通用设备制造业
164	002438	江苏神通	通用设备制造业
165	002255	海陆重工	通用设备制造业
166	002483	润邦股份	通用设备制造业
167	002530	丰东股份	通用设备制造业
168	002553	南方轴承	通用设备制造业
169	002559	亚威股份	通用设备制造业
170	300091	金通灵	通用设备制造业
171	300152	燃控科技	通用设备制造业
172	300260	新莱应材	通用设备制造业
173	300280	南通锻压	通用设备制造业
174	600475	华光股份	通用设备制造业
175	601313	江南嘉捷	通用设备制造业
176	000157	中联重科	专用设备制造业
177	000528	柳工	专用设备制造业
178	000666	经纬纺机	专用设备制造业

续表

序号	股票代码	股票名称	所属行业
179	000680	山推股份	专用设备制造业
180	000821	京山轻机	专用设备制造业
181	000925	众合机电	专用设备制造业
182	002008	大族激光	专用设备制造业
183	600031	三一重工	专用设备制造业
184	600169	太原重工	专用设备制造业
185	600184	光电股份	专用设备制造业
186	600262	北方股份	专用设备制造业
187	600320	振华重工	专用设备制造业
188	600499	科达机电	专用设备制造业
189	600843	上工申贝	专用设备制造业
190	000425	徐工机械	专用设备制造业
191	002323	中联电气	专用设备制造业
192	002223	鱼跃医疗	专用设备制造业
193	002435	长江润发	专用设备制造业
194	002499	科林环保	专用设备制造业
195	002564	张化机	专用设备制造业
196	002645	华宏科技	专用设备制造业
197	300029	天龙光电	专用设备制造业
198	300201	海伦哲	专用设备制造业
199	300228	富瑞特装	专用设备制造业
200	600710	常林股份	专用设备制造业
201	601218	吉鑫科技	专用设备制造业
202	601100	恒立油缸	专用设备制造业
203	000338	潍柴动力	汽车制造业

续表

序号	股票代码	股票名称	所属行业
204	000559	万向钱潮	汽车制造业
205	000951	中国重汽	汽车制造业
206	000957	中通客车	汽车制造业
207	000980	金马股份	汽车制造业
208	002048	宁波华翔	汽车制造业
209	002085	万丰奥威	汽车制造业
210	002126	银轮股份	汽车制造业
211	600104	上汽集团	汽车制造业
212	600303	曙光股份	汽车制造业
213	600418	江淮汽车	汽车制造业
214	000581	威孚高科	汽车制造业
215	000700	模塑科技	汽车制造业
216	300258	精锻科技	汽车制造业
217	600501	航天晨光	汽车制造业
218	601799	星宇股份	汽车制造业
219	000913	钱江摩托	铁路、船舶、航空航天和其他运输设备制造业
220	001696	宗申动力	铁路、船舶、航空航天和其他运输设备制造业
221	600679	金山开发	铁路、船舶、航空航天和其他运输设备制造业
222	600893	航空动力	铁路、船舶、航空航天和其他运输设备制造业
223	601633	长城汽车	铁路、船舶、航空航天和其他运输设备制造业
224	601777	力帆股份	铁路、船舶、航空航天和其他运输设备制造业
225	601766	中国南车	铁路、船舶、航空航天和其他运输设备制造业
226	002608	舜天船舶	铁路、船舶、航空航天和其他运输设备制造业
227	600099	林海股份	铁路、船舶、航空航天和其他运输设备制造业
228	601890	亚星锚链	铁路、船舶、航空航天和其他运输设备制造业

续表

序号	股票代码	股票名称	所属行业
229	000070	特发信息	电气机械及器材制造业
230	000400	许继电气	电气机械及器材制造业
231	000527	美的电器	电气机械及器材制造业
232	000651	格力电器	电气机械及器材制造业
233	000682	东方电子	电气机械及器材制造业
234	000836	鑫茂科技	电气机械及器材制造业
235	002005	德豪润达	电气机械及器材制造业
236	600110	中科英华	电气机械及器材制造业
237	600261	阳光照明	电气机械及器材制造业
238	600580	卧龙电气	电气机械及器材制造业
239	600690	青岛海尔	电气机械及器材制造业
240	000418	小天鹅	电气机械及器材制造业
241	002090	金智科技	电气机械及器材制造业
242	002074	东源电器	电气机械及器材制造业
243	002309	中利科技	电气机械及器材制造业
244	002290	禾盛新材	电气机械及器材制造业
245	002380	科远股份	电气机械及器材制造业
246	002471	中超电缆	电气机械及器材制造业
247	002491	通鼎光电	电气机械及器材制造业
248	002531	天顺风能	电气机械及器材制造业
249	002413	常发股份	电气机械及器材制造业
250	002546	新联电子	电气机械及器材制造业
251	002576	通达动力	电气机械及器材制造业
252	300141	和顺电气	电气机械及器材制造业
253	300217	东方电热	电气机械及器材制造业

续表

序号	股票代码	股票名称	所属行业
254	300265	通光线缆	电气机械及器材制造业
255	300279	和晶科技	电气机械及器材制造业
256	600105	永鼎股份	电气机械及器材制造业
257	600487	亨通光电	电气机械及器材制造业
258	600522	中天科技	电气机械及器材制造业
259	600973	宝胜股份	电气机械及器材制造业
260	600770	综艺股份	电气机械及器材制造业
261	600268	国电南自	电气机械及器材制造业
262	000016	深康佳	计算机、通信和其他电子设备制造业
263	000021	长城开发	计算机、通信和其他电子设备制造业
264	000032	深桑达	计算机、通信和其他电子设备制造业
265	000050	深天马	计算机、通信和其他电子设备制造业
266	000063	中兴通讯	计算机、通信和其他电子设备制造业
267	000100	TCL集团	计算机、通信和其他电子设备制造业
268	000586	汇源通信	计算机、通信和其他电子设备制造业
269	000636	风华高科	计算机、通信和其他电子设备制造业
270	000725	京东方	计算机、通信和其他电子设备制造业
271	000727	华东科技	计算机、通信和其他电子设备制造业
272	000733	振华科技	计算机、通信和其他电子设备制造业
273	000748	长城信息	计算机、通信和其他电子设备制造业
274	002017	东信和平	计算机、通信和其他电子设备制造业
275	002027	七喜控股	计算机、通信和其他电子设备制造业
276	002045	国光电器	计算机、通信和其他电子设备制造业
277	002055	得润电子	计算机、通信和其他电子设备制造业
278	002079	苏州固锝	计算机、通信和其他电子设备制造业

续表

序号	股票代码	股票名称	所属行业
279	600060	海信电器	计算机、通信和其他电子设备制造业
280	600100	同方股份	计算机、通信和其他电子设备制造业
281	600171	上海贝岭	计算机、通信和其他电子设备制造业
282	600183	生益科技	计算机、通信和其他电子设备制造业
283	600198	大唐电信	计算机、通信和其他电子设备制造业
284	600206	有研硅股	计算机、通信和其他电子设备制造业
285	600366	宁波韵升	计算机、通信和其他电子设备制造业
286	600460	士兰微	计算机、通信和其他电子设备制造业
287	600498	烽火通信	计算机、通信和其他电子设备制造业
288	600525	长园集团	计算机、通信和其他电子设备制造业
289	600584	长电科技	计算机、通信和其他电子设备制造业
290	600601	方正科技	计算机、通信和其他电子设备制造业
291	600775	南京熊猫	计算机、通信和其他电子设备制造业
292	600839	四川长虹	计算机、通信和其他电子设备制造业
293	002161	远望谷	计算机、通信和其他电子设备制造业
294	002104	恒宝股份	计算机、通信和其他电子设备制造业
295	002156	通富微电	计算机、通信和其他电子设备制造业
296	002426	胜利精密	计算机、通信和其他电子设备制造业
297	002463	沪电股份	计算机、通信和其他电子设备制造业
298	002484	江海股份	计算机、通信和其他电子设备制造业
299	002504	东光微电	计算机、通信和其他电子设备制造业
300	002635	安洁科技	计算机、通信和其他电子设备制造业
301	002519	银河电子	计算机、通信和其他电子设备制造业
302	300128	锦富新材	计算机、通信和其他电子设备制造业
303	300211	亿通科技	计算机、通信和其他电子设备制造业
304	600667	太极实业	计算机、通信和其他电子设备制造业

附表 6　　中国海外 R&D 投资影响因素实证研究的样本企业名单

序号	股票代码	股票名称	投资东道国（地区）
1	000876	新希望	菲律宾、印度尼西亚、越南、柬埔寨、孟加拉国
2	600438	通威股份	越南
3	600152	维科精华	日本
4	600177	雅戈尔	斯里兰卡、中国香港、越南、意大利
5	600439	瑞贝卡	南非、加纳、尼日利亚、柬埔寨、英国
6	000488	晨鸣纸业	美国
7	002094	青岛金王	越南
8	600249	两面针	美国
9	600309	烟台万华	日本、荷兰、美国
10	600315	上海家化	法国
11	600352	浙江龙盛	印度
12	600596	新安股份	美国、阿根廷
13	000999	华润三九	中国香港
14	600085	同仁堂	中国香港
15	600196	复星医药	中国香港、美国
16	600267	海正药业	美国
17	600276	恒瑞医药	美国
18	600488	天药股份	美国
19	600521	华海药业	美国
20	600535	天士力	中国香港、美国
21	600557	康缘药业	中国香港、美国
22	000659	珠海中富	泰国
23	000887	中鼎股份	美国
24	600623	双钱股份	英国
25	600176	中国玻纤	南非、日本、美国

续表

序号	股票代码	股票名称	投资东道国（地区）
26	600660	福耀玻璃	美国、俄罗斯
27	600019	宝钢股份	日本、美国
28	000060	中金岭南	澳大利亚、加拿大
29	600219	南山铝业	美国
30	000039	中集集团	荷兰、比利时、美国、德国、新加坡、英国
31	002032	苏泊尔	越南
32	002047	成霖股份	英国
33	000811	烟台冰轮	越南
34	000816	江淮动力	越南、美国
35	000837	秦川发展	美国
36	002011	盾安环境	泰国、美国、德国
37	600835	上海机电	荷兰、美国
38	000157	中联重科	英国、意大利
39	000528	柳工	澳大利亚、美国、印度、荷兰
40	002008	大族激光	美国
41	600031	三一重工	印度、美国、比利时、德国、日本
42	600843	上工申贝	德国
43	000338	潍柴动力	法国
44	002085	万丰奥威	英国、美国
45	600104	上汽集团	英国
46	600303	曙光股份	美国
47	600418	江淮汽车	日本、意大利、越南
48	000913	钱江摩托	意大利
49	001696	宗申动力	越南
50	000527	美的电器	巴西

续表

序号	股票代码	股票名称	投资东道国（地区）
51	000651	格力电器	巴西、巴基斯坦
52	000836	鑫茂科技	中国香港
53	600261	阳光照明	越南、美国
54	600690	青岛海尔	美国、法国、荷兰、意大利、韩国
55	000016	深康佳	印度尼西亚、墨西哥
56	000021	长城开发	中国香港
57	000063	中兴通讯	美国、韩国
58	000100	TCL集团	越南、新加坡、墨西哥、德国、美国
59	002017	东信和平	孟加拉国、俄罗斯
60	002079	苏州固锝	美国
61	600060	海信电器	南非、荷兰、美国
62	600100	同方股份	美国、新加坡
63	600366	宁波韵升	日本、印度尼西亚
64	600460	士兰微	美国
65	600775	南京熊猫	中国香港
66	600839	四川长虹	韩国、印度尼西亚
67	000625	长安汽车	意大利、日本
68	000425	徐工机械	巴西
69	000570	苏常柴A	新加坡
70	000910	大亚科技	美国
71	002079	苏州固锝	美国
72	002090	金智科技	保加利亚、美国
73	002104	恒宝股份	新加坡
74	002239	金飞达	毛里求斯
75	002309	中利科技	新加坡、美国、德国

续表

序号	股票代码	股票名称	投资东道国（地区）
76	002394	联发股份	意大利、美国
77	002409	雅克科技	荷兰、美国
78	002426	胜利精密	波兰
79	002464	金利科技	德国
80	002514	宝馨科技	菲律宾
81	002547	春兴精工	芬兰
82	002559	亚威股份	荷兰
83	002608	舜天船舶	新加坡
84	601313	江南嘉捷	意大利
85	600770	综艺股份	意大利、美国
86	002203	海亮股份	越南
87	601558	华锐风电	美国、英国、西班牙
88	600496	精工钢构	新加坡、中国香港
89	002202	金风科技	美国、澳大利亚
90	002124	天邦股份	越南
91	002220	天宝股份	美国、日本
92	000982	中银绒业	英国
93	600851	海欣股份	美国
94	600978	宜华木业	美国
95	002166	莱茵生物	美国
96	002048	宁波华翔	德国
97	601777	力帆股份	美国、土耳其、埃塞俄比亚、泰国、越南
98	601766	中国南车	加拿大
99	000151	中成股份	多哥洛美
100	600278	东方创业	中国香港
101	002042	华孚色纺	中国香港

主要参考文献

一、英文部分

[1]ALMEIDA P. Knowledge Sourcing by Foreign Multinationals: Patent Citation Analysis in the US Semiconductor Industry （Winter specialissue)[J].Strategic Management Journal，1996(17):155-165.

[2]AMIT R, SCHOEMAKER PJH. Strategic Assets and Organizational Rent[J].Strategie Management Journal，1993，14(1): 33-46.

[3]BARNEYJ. Firm Resources and Sustained Competitive Advantage [J]. Journal of Management，1991，17(1):99-120.

[4]BOISOTM，MARSHALL W. Which Way through the Open Door? Reflections on the Internationalization of Chinese Firms[J].Management and Organization Review，2008(11): 349-365.

[5]BRANSTETTER. Is Foreign Direct Investment a Channel of

Knowledge Spillovers? Evidence from Japan's FDI in the United States[J]. Journal of International Economics, 2006, 68(2): 325-344.

[6]BUCKLEY, CASSON. The Future of the Multinational Enterprise [M].London: Macmillan, 1976.

[7]BUCKLEY, CLEGG, CROSS et al..The Determinants of Chinese Outward Foreign Direct Investment[J]. Journal of International Business Studies, 2007, 38(4):499-518.

[8]BUCKLEY, CROSS et al.. Historic and Emergent Trends in Chinese Outward Direct Investment [J]. Management International Review, 2008, 48(6):715-748.

[9]CAIK G. Outward Foreign Direct Investment: a Novel Dimension of China's Integration into the Regional and Global Economy[J]. The China Quarterly, 1999(160): 856-880.

[10]CANTWELL, TOLENTINO.Technological Accumulation and Third World Multinationals[C]. Discussion Paper No. 139, Department of Economics, University of Reading, Series BIII, 1990.

[11]CAVES. International Corporations: the Industrial Economics of Foreign Investment[J]. Economica, 1971(38): 1-27.

[12]CAVES. Causes of Direct Investment: Foreign Firms' Shares in Canadian and United Kingdom Manufacturing Industries[J]. Review of Economics and Statistics,1974(56): 272-293.

[13]CHEUNG, QIAN. Empirics of China's Outward Direct Investment[J]. Pacific Economic Review, 2009, 14(3):312-341.

[14]CHILD, RODRIGUES.The Internationalization of Chinese Firms: a Case for Theoretical Extension[J]. Management and Organization Review, 2005, 1(3):381-410.

[15]COE, HELPMAN. International R&D Spillovers[J]. European Economic Review, 1995(39):859-887.

[16]COE, HELPMAN, HOFFMAISTER. North- South R&D Spillovers[J]. Economic Journal, 1997(107):134-149.

[17]COE， HELPMAN， HOFFMAISTER. International R&D Spillovers and Institutions[J]. European Economic Review， 2009(53):723-741.

[18]CHEN， LI， SHAPIRO. International Reverse Spillover Effects on Parent Firms: Evidences from Emerging-market MNEs in Developed Markets[J].European Management Journal， 2012(30):204-218.

[19]DENG. Foreign Investment by Multinationals from Emerging Countries: The Case of China[J]. Journal of Leadership and Organizational Studies， 2003， 10(2):113-124.

[20]DRIFFIELD， LOVE. Foreign Direct Investment， Technology Souring and Reverse Spillovers[J]. The Manchester School， 2003， 71(6): 659-672.

[21]DRIFFIELD， LOVE， TAYLOR.Productivity and Labour Demand Effects of Inward and Outward Foreign Direct Invest and on UK Industry[J]. The Manchester School ， 2009， 77(2):171-203.

[22]DUNNING J H.Trade Location of Economic Activity and the Multinational Enterprise:a Search for an Eclectic Approach in the International Allocation of Economic Activity[M]. London: Macmillan， 1977.

[23]DUNNING J H. International Productionand the Multinational Enterprise[M].London:Allen & Unwin， 1981.

[24]DUNNING J H. Explaining the International Direct Investment Position of Countries:Towards a Dynamic or Developmental Approach [J]. Weltwirt Schaftliches Archir， 1981(117):30-64.

[25]DUNNING J H.Multinational Enterprises and the Global Economy [M]. Wokingham: Addison Wesley， 1993.

[26]DUNNING J H.The Eclectic Paradigm of International Production: a Restatement and Some Possible Extensions [J]. Journal of International Business Studies， 1988， 19(1):2-5.

[27]DUNNING J H.Multinational Enterprises and the Globalization of

Innovative Capacity[J].Research Policy， 1994(23):67−88.

[28]DUNNING J H. Relational Assets， Networksand International Business Activity[M]// Contractor F J， Lorange P.Cooperative Strategies and Alliances. Pegamon：Amsterdam， 2002: 569−594.

[29]DUNNING J H， KIM， LEE . Restructuring the Regional Distribution of FDI:the Case of Japanese and US FDI[J].Japan and the World Economy， 2007(19): 26−47.

[30]DUNNING J H， LUNDAN. Institutions and the OLI Paradigm of the Multinational Enterprise[J]. Asia Pacific Journal of Management， 2008 (25):573−593.

[31]ERDENERC， SHAPIRO.The Internationalization of Chinese Family Enterprises and Dunning's Eclectic MNE Paradigm[J].Management and Organization Review， 2005(11):411−436.

[32]FLORIDA R. The Globalization of R&D: Results of a Survey of Foreign-affiliated R&D Laboratories in the USA[J].Research Policy ， 1997 ， 26 (1)， 85−103.

[33]FOSFURI， MOTTA. Multinationals without Advantages[J]. Scand. J. of Economics， 1999， 101(4):617−630.

[34]FROBELF， HEINRICHS J， KREYE O. The New International Division of Labor[J].Social Science Information， 1978， 17 (1): 123−142.

[35]GEREFFI， KORZENIEWICZ. Commodity Chains and Global Capitalism[M]. CT: Greenwood Press， 1994.

[36]GOLDSTEIN.Multinational Companies from Emerging Economies: Composition， Conceptualization and Direction in the Global Economy [M].New York : Palgrave Macmillan， 2009.

[37]GRANSTRAND. Internationalization of Corporate R&D: a Study of Japanese and Swedish Corporations [J]. Research Policy， 1999(28): 275−302.

[38]GRANT R M. Toward a Knowledge−based Theory of the Firm

[J]. Strategic Management Journal， 1996(17):109-122.

[39]GROSSMAN， HELPMAN.Comparative Advantage and Long-run Growth[J]. American Economic Review， 1990， 80(4):796- 815.

[40]HEJAZI， SAFARIAN. Trade， Foreign Direct Investment， and R&D Spillovers[J]. Journal of International Business Studies ， 1999(30): 491-511.

[41]IWASA， ODAGIRI . Overseas R&D， Knowledge Sourcing, and Patenting: an Empirical Study of Japanese R&D Investment in the US [J]. Research Policy， 2004(33): 807-828.

[42]ITO， WAKASUGI. What Factors Determine the Mode of Overseas R&D by Multinationals? Empirical Evidence[J]. Research Policy， 2007(36): 1275-1287.

[43]SONG， ASAKAWAB， CHU. What Determines Knowledge Sourcing from Host Locations of Overseas R&D Operations?a Study of Global R&D Activities of Japanese Multinationals[J]. Research Policy， 2011 (40) :380-390.

[44]JAFFE. Technological Opportunity and Spillovers of R&D: Evidence from Firms' Patents， Profits and Market Value[J].American Economic Review， 1986， 76(5): 984-1001.

[45]JOHANSON ， WIEDERSHEIM-PAUL. The Internationalization of the Firm—Four Swedish Cases[J].Journal of Management Studies， 1975 (12): 305-322.

[46]JOHANSON， VAHLNE. The Internationalization Process of the Firm—a Model of Knowledge Development and Increasing Foreign Commitment[J]. Journal of International Business Studies， 1977， 8(2):23-32.

[47]JOHANSON， VAHLNE. The Mechanism of Internationalization [J]. International Marketing Review， 1990， 7(4):11-24.

[48]JOHNSON. The Efficiency and Welfare Implications of the International Corporations[M]. The International Corporation， Cambridge，

MA:MIT Press， 1970.

[49]KELLER. Are International R&D Spillovers Trade Related? Analyzing Spillovers among Randomly Matched Trade Partners[J]. European Economic Review， 1998(42):1469-1481.

[50]KELLER. Knowledge Spillovers at the World's Technology Frontier[R].CEPR Working Paper， 2000(2815).

[51]KELLER. International Technology Diffusion[J]. Journal of Economic Literature， 2004 (42):752-782.

[52]KOJIMA. Japanese and American Direct Investment in Asia: a Comparative Analysis[J].Hitotsubashi Journal of Economics， 1985(26):1-35.

[53]KOGUT， CHANG.Technological Capabilities and Japanese Foreign Direct Investment in the United States [J].The Manchester School， 1991， 73(3):401-413.

[54]KOGUT， ZANDER. Knowledge of the Firm and the Evolutionary Theory of the Multinational Corporation[J]. Journal of International Business Studies， 1993， 24(4):625-645.

[55]KOLSTAD， WIIG. What Determines Chinese Outward FDI?[J]. Journal of World Business， 2012(47): 26-34.

[56]KUEMMERLE.Building Effective R&D Capabilities Abroad [J]. Harvard Business Review， 1997， (March-April): 61-69.

[57]KUEMMERLE. Foreign Direct Investment in Industrial Research in the Pharmaceutical and Electronics Industries—Results from a Survey of Multinational Firms[J]. Research Policy ， 1999， 28 (2/3): 179-193.

[58]KUMAR. Determinants of Location of Overseas R&D Activity of Multinational Enterprises: the Case of US and Japanese Corporations[J]. Research Policy ， 2001， 30 (1):159-174.

[59]LALL. The New Multinationals: the Spread of Third World Enterprises[M].Chichester: Wiley. 1983.

[60]LE BAS， SIERRA. Location Versus Home Country Advantages in R&D Activities: Some Further Results on Multinationals' Locational

Strategies [J]. Research Policy, 2002, 31 (4), 589-609.

[61]LECRAW. Outward Direct Investment by Indonesian Firms: Motivation and Effects[J].Journal of International Business Studies, 1993(3): 589-600.

[62]GWANGHOON.The Effectiveness of International Knowledge Spillover Channels[J].European Economic Review, 2006 (50) :2075-2088.

[63]LICHTENBERG, VAN POTTELSBERGHE DE LA POTTERIE. International R&D Spillovers: a Reexamination[R/OL]. NBER Working Paper, 1996 (5668).

[64]LICHTENBERG, VAN POTTELSBERGHE DE LA POTTERIE. International R&D Spillovers: a Comment[J]. European Economic Review, 1998 (42):1483-1491.

[65]LICHTENBERG, VAN POTTELSBERGHE DE LA POTTERIE. Does Foreign Direct Investment Transfer Technology across Borders? [J]. Review of Economics and Statistics, 2001 (83):490-497.

[66]LIPSEY. Home and Host Country Effects of FDI[R].Cambridge, MA: NBER Working Paper 9293, 2002.

[67]LIU, BUCK, SHU. Chinese Economic Development: Outward FDI?[J]. International Business Review, 2005, 14(1), 97-115.

[68]LUO, XUE, HAN. How Emerging Market Governments Promote Outward FDI: Experience from China[J]. Journal of World Business, 2010(45): 68-79.

[69]MANSFIELD E, TEECE. Overseas Research and Development by US-based Firms[J]. Economica, 1979(46): 187-196.

[70]MARKUSEN J R. Multinational Firms, Location and Trade[J]. World Economy, 1998, 21(6):733-756.

[71]MATHEWS. Competitive Advantages of the Latecomer Firm: a Resource- based Account of Industrial Catch- up Strategies[J]. Asia Pacific Journal of Management, 2002, 19(4):467-488.

[72]MATHEWS.Dragon Multinationals:New Players in 21st Century

主要参考文献

Globalization[J].Asia Pacific Journal of Management, 2006(23):5-27.

[73]MAKINO, LAU, YEH.Asset-exploitation Versus Asset-seeking: Implications for Location Choice of Foreign Direct Investment from Newly Industrialized Economies[J]. Journal of International Business Studies, 2002, 33(3):403-421.

[74]DIMITRIS, PAPANASTASSIOU, PEARCE. Technology Sourcing in Multinational Enterprises and the Roles of Subsidiaries: an Empirical Investigation[J]. International Business Review, 2005(14):249-267.

[75]MEYER, THEIN. Business under Adverse Home Country Institutions: the Case of International Sanctions against Myanmar[J].Journal of World Business, 2013(4): 1-16.

[76]MOON, ROEHL. Unconventional Foreign Direct Investment and the Imbalance Theory [J].International Business Review, 2001, 10(2): 197-215.

[77]NEE. Organizational Dynamics of Market Transition: Hybrid Firms, Property and Mixed Economy in China [J]. Administrative Science Quarterly, 1992(31):1-27.

[78]NGUYEN, LE, BRYANT.Sub- national Institutions, Firm Strategies, and Firm Performance: a Multilevel Study of Private Manufacturing Firms in Vietnam[J]. Journal of World Business, 2013(48): 68-76.

[79]ODAGIRI, YASUDA.The Determinants of Overseas R&D by Japanese Firms: an Empirical Study at the Industry and Company Levels[J]. Research Policy, 1996 (25):1059-1079.

[80]OECD.Globalization of Industrial R&D:Policy Issue[R].Paris: OECD, 1999.

[81]OZAWA.Foreign Direct Investment and Economic Development [J]. Transnational Corporations, 1992, 1(1):27-54.

[82]PATEL, VEGA. Patterns of Internationalization of Corporate

Technology: Location vs. Home Country Advantages[J].Research Policy，1999，28(2-3): 145-155.

[83]PEARCE. Decentralised R&D and Strategic Competitiveness: Globalised Approaches to Generation and Use of Technology in Multinational Enterprises_MNEs [J]. Research Policy，1999 (28) : 157-178.

[84]PENG，WANG，JIANG.An Institution- based View of International Business Strategy:a Focus on Emerging Economies[J].Journal of International Business Studies，2008，39(5):920-936.

[85]PENG，SUN，PINKHAM，CHEN. The Institution- based View as a Third Leg for aStrategy Tripod[J]. Academy of Management Perspectives，2009(8):63-81.

[86]PENG. The Glogal Strategyof Emerging Multinationals from China [J].Global Strategy Journal，2012(2): 97-107.

[87]PETIT，SANNA-RANDACCIO.Endogenous R&D and Foreign Direct Investment in International Oligopolies [J].International Journal of Industrial Organization，2000(2):339-367.

[88]RAMASAMY，YEUNG，LAFORET. China's Outward Foreign Direct Investment: Location Choice and Firm Ownership [J].Journal of World Business，2012 (47):17-25.

[89]ROMER.Endogenous Technological Change[J]. Journal of Political Economy，1990 (98): 71-102.

[90]RONSTADT. International R&D: The Establishment and Evolution of Research and Development Abroad by Seven U. S. Multinationals[J]. Journal of International Business Studies，1978，9(1):7-12.

[91]PORTER. The Competitive Advantage of Nations[M]. New York: Free Press，1990.

[92]PRAHALAD，HAMEL.The Core Competence of the Corporation [J].Harvard Business Review，1990 (3-6): 79-91.

[93]ROMER.Endogenous Technological Change[J]. Journal of Political Economy，1990(98): 71-102.

[94]RUGMAN. Internalization as a General Theory of Foreign Direct Investment: a Re- appraisal of the Literature[J]. Weltwirt Schaftliches Archir, 1980, 116(2), 365-379.

[95]RUGMAN, LI. Will China's Multinationals Succeed Globally or Regionally?[J].European Management Journal , 2007, 25(5): 333-343.

[96]RUGMAN. Theoretical Aspects of MNEs from Emerging Countries:in Emerging Multinationals in Emerging Markets[M]//Ramamurti R, Singh J. Emerging Multinationals in Emerging Markets.Cambridge: Cambridge University Press, 2009: 42-63.

[97]SHANW, SONGJ. Foreign Direct Investment and the Sourcing of Technological Advantage: Evidence from the Biotechnology Industry[J]. Journal of International Business Studies, 1997, 28 (2):237-284.

[98]SHIMIZUTANI, TODO. What Determines Overseas R&D Activities? The Case of Japanese Multinational Firms [J]. Research Policy, 2008(37): 530-544.

[99]SPENDER, GRANT. Knowledge and the Firm: Overview[J]. Strategic Management Journal, 1996(17):5-9.

[100]TAYLOR. Globalization Strategies of Chinese Companies: Current Developments and Future Prospects[J]. Asian Business and Management, 2002, 2(1):209-225.

[101]TEECE. Foreign Investment and Technological Development in Silicon Valley[J]. California Management Review, 1992 (Winter) : 88-106.

[102]TEECE, PISANO. Dynamic Capabilities and Strategic Management[J]. Strategic Management Journal, 1997, 18(7):509-533.

[103]UNITED NATIONS.Globalization of R&D and Developing Countries:Proceedings of an Expert Meeting[M]. New York and Geneva: United Nation, 2005.

[104]UNITED NATIONS.World Investment Report 2005:Transnational Corporations and Internationalization of R&D[M].New York and Geneva:

United Nation，2005.

[105]VERNON. International Investment and International Trade in the Product Cycle[J]. Quarterly Journal of Economics，1966，80 (5):190-207.

[106]WANG，HONG，BOATENG. What Drives Outward FDI of Chinese Firms? Testing theExplanatory Power of Three Theoretical Frameworks[J].International Business Review，2012，21(3):425-438.

[107]WELLS.Third World Multinationals:the Rise of Foreign Investments fromDeveloping Countries[M]. Cambridge，MA: MIT Press，1983.

[108]WITT，LEWIN.Outward Foreign Direct Investment as Escape Response to Home Country Institutional Constraints[J].Journal of International Business Studies，2007 (38): 579-594.

[109]WERNERFELT. A Resource- based View of the Firm[J]. Strategic Management，1984，5(2): 171-180.

[110]YAMAKAWA，PENG，DEEDS. What Drives New Ventures to Internationalize from Emerging to Developed Economies? [J]. Entrepreneurship: Theory & Practice，2008，32(1): 59-82.

[111]ZEJAN. New Ventures of Acquisition:the Choice of Swedish Multinational Enterprises [J]. Journal of Industrial Economica，1990，(38): 349-355.

[112]ZHU，JEON.International R&D Spillovers: Trade，FDI，and Information Technology as Spillover Channels [J].Review of International Economics，2007(5)，955-976.

[113]ZHU，HITT，TIHANYI. The Internationalization of SMEs in Emerging Economies: Institutional Embeddedness and Absorptive Capacities [J]. Journal of Small Business Strategy，2007，17(2): 1-26.

二、中文部分

[1]刘易斯.国际经济秩序的演变[M].乔依德，译.北京:商务印书

馆，1984:27-32.

[2]白洁.我国对外直接投资的技术效应研究[D].武汉:华中科技大学，2009.

[3]白洁.对外直接投资的逆向技术溢出效应——对中国全要素生产率影响的经验检验[J].世界经济研究，2009(8):65-69.

[4]白洁.基于吸收能力的逆向技术溢出效应实证研究[J].科研管理，2011(12):41-45.

[5]陈菲琼，虞旭丹.企业对外直接投资对自主创新的反馈机制研究:以万向集团OFDI为例[J].财贸经济，2009(3):101-106.

[6]陈菲琼，钟芳芳，陈珧.中国对外直接投资与技术创新研究[J].浙江大学学报(人文社会科学版)，2013(4):170-181.

[7]程惠芳，阮翔.用引力模型分析中国对外直接投资的区位选择[J].世界经济，2004(11):23-30.

[8]陈健，徐康宁.跨国公司研发全球化:动因、地域分布及其影响因素分析[J].经济学（季刊），2009(4):871-890.

[9]陈继勇.知识溢出、自主创新能力和外商直接投资[J].管理世界，2010(7):30—42.

[10]陈岩.中国对外投资逆向技术溢出效应实证研究:基于吸收能力的分析视角[J].中国软科学，2011(10):61-72.

[11]楚天骄.跨国公司在发展中国家的R&D投资的区位模式研究[M].上海:上海社会科学院出版社，2007.

[12]楚天骄，张志波.跨国公司制造业R&D投资国别选择的实证研究——以美国跨国公司为例[J].世界经济研究，2008(3):68-72.

[13]池建宇，方英.中国对外直接投资区位选择的制度约束[J].国际经贸探索，2014(1):81-91.

[14]丁婉玲.中国制造企业对外直接投资的动机与进入模式研究[D].杭州:浙江大学，2011.

[15]戴翔.中国企业"走出去"的生产率悖论及其解释——基于行业面板数据的实证分析[J].南开经济研究，2013(2):44-59.

[16]杜德斌.跨国公司R&D全球化:地理学的视角[J].世界地理研

究，2007(12): 106-114.

[17]杜军，费卉卉，李沫，等.跨国公司海外R&D机构区位选择过程影响因素研究[J].管理学报，2011(5):683-690.

[18]杜群阳.R&D全球化、反向外溢与技术获取型FDI[J].国际贸易问题，2006(12):88-91.

[19]杜群阳.跨国公司R&D资源转移与中国对接 [M].北京:中国社会科学出版社，2008.

[20]郭庆旺，贾俊雪.中国全要素生产率的估算:1979—2004 [J].经济研究，2005(6):51-60.

[21]郭飞，黄雅金.全球价值链视角下OFDI逆向技术溢出效应的传导机制研究——以华为技术有限公司为例[J].管理学刊，2012(6):61-65.

[22]葛顺奇.外国跨国公司在美国的研究与开发活动[J].南开经济研究，2000(4):19-23.

[23]何骏.中国企业对外直接投资的动力研究[J].财经理论与实践，2008(4):41-44.

[24]洪俊杰，黄薇，张蕙，等.中国企业"走出去"的理论解读[J].国际经济评论，2012(4):121-134.

[25]黄先海，石东楠.对外贸易对我国全要素生产率影响的测度与分析[J].世界经济研究，2005(1):22-26.

[26]黄培伦，尚航标，李海峰.组织能力:资源基础理论的静态观与动态观辨析[J].管理学报，2009(8):1104-1110.

[27]黄益平.对外直接投资的"中国故事"[J].国际经济评论，2013(1):1-15.

[28]黄兆银.R&D全球化研究[M].武汉:武汉大学出版社，2006.

[29]韩剑.知识溢出的空间有限性与企业R&D集聚——中国企业R&D数据的空间计量研究[J].研究与发展管理，2009(6):22-27.

[30]蒋殿春，张宇.经济转型与外商直接投资技术溢出效应[J].经济研究，2008(7):26-38.

[31]蒋冠宏，蒋殿春.中国对外投资的区位选择:基于投资引力模型的面板数据检验[J].世界经济，2012(9):21-40.

[32]蒋冠宏，蒋殿春，蒋昕桐.我国技术研发型外向FDI的"生产率效应"——来自工业企业的证据[J].管理世界，2013(9):44-54.

[33]江东.对外直接投资与母国产业升级——机理分析与实证研究[D].杭州:浙江大学，2010.

[34]江小涓，杜玲.对外投资理论及其对中国的借鉴意义[J].经济研究参考，2002(73):32-44.

[35]柯银斌，康荣平，沈泱.中国企业海外研发的功能与定位[J].经济界，2011(6):23-26.

[36]李平.国际技术扩散的路径和方式[J].世界经济，2006(9):85-93.

[37]李平，崔喜君.进口贸易与国外专利申请对中国区域技术进步的影响——基于东、中、西部面板数据的实证分析[J].世界经济研究，2007(1):28-32.

[38]李梅，柳士昌.对外直接投资逆向技术溢出的地区差异和门槛效应——基于中国省际面板数据的门槛回归分析[J].管理世界，2012(1):21-32.

[39]李安方.跨国公司在发展中东道国的R&D投资模式选择[J].南开经济研究，2002(5):58-63.

[40]李安方.跨国公司R&D全球化——理论、效应与中国的对策研究[M].北京:人民出版社，2004.

[41]刘伟全.中国OFDI逆向技术溢出与国内技术进步研究[D].济南:山东大学，2010.

[42]刘明霞，王学军.中国对外直接投资的逆向技术溢出效应研究[J].世界经济研究，2009(9):57-62.

[43]刘进先.自主创新海尔之魂[M].北京:知识产权出版社，2006.

[44]刘源超.发展中国家对外直接投资的理论与模式研究[D].北京:北京大学，2008.

[45]刘志彪，张杰.全球代工体系下发展中国家俘获型网络的形成、突破与对策——基于GVC与NVC的比较视角[J].中国工业经济，2007(5):39-47.

[46]刘志彪.国际外包视角下我国产业升级问题的思考[J].中国经济

问题，2009 (1):6-15.

[47]刘海云.资源论与跨国公司研究与开发（R&D）的全球化与合作化[J].科研管理，2000(11):8-14.

[48]鲁桐.中国企业海外经营:对英国中资企业的实证研究[J].世界经济，2000，(4):3-15.

[49]罗鹏，史言信.跨国公司海外R&D的区位投资路径与影响因素研究——基于比较视角的面板数据分析[J].中央财经大学学报，2008 (11): 84-90.

[50]罗伟，葛顺奇.中国对外直接投资区位分布及其决定因素——基于水平型投资的研究[J].经济学（季刊），2013(7):1443-1464.

[51]马亚明，郑飞虎.动态模式的对外直接投资理论评述[J].国外社会科学，2001(1):68-71.

[52]孟丁，许志超.企业资源对企业国际化程度影响的实证研究[J].经济体制改革，2013(3):91-95.

[53]毛蕴诗，程艳萍.跨国公司研究与开发相对分散的动因和方式[J]中山大学学报（社会科学版），2001 (41): 2-8.

[54]毛蕴诗，袁静，周燕.中国企业海外R&D活动研究——以广东企业为例[J].中山大学学报（社会科学版），2005(2):1-7.

[55]欧阳峣.基于"大国综合优势"的中国对外直接投资战略[J].财贸经济，2006(5):57-60.

[56]裴长洪，樊瑛.中国企业对外直接投资的国家特定优势[J].中国工业经济，2010(7):45-53.

[57]庞明川.技术追随、策略互动与市场势力:发展中国家的对外直接投资经济研究[J].财贸经济，2009(12):99-104.

[58]仇怡，方齐云.基于进口贸易的国际技术外溢测度与应用[J].中国软科学，2005(10):132-138.

[59]茹玉骢.技术寻求型对外直接投资及其对母国经济的影响[J].经济评论，2004(2):109-123.

[60]沈坤荣，耿强.外国直接投资、技术外溢与内生经济增长——中国数据的计量检验与实证分析[J].中国社会科学，2001(5):82-93.

[61]田巍，余淼杰.企业生产率和企业"走出去"对外直接投资:基于企业层面数据的实证研究[J].经济学（季刊），2012(2):383-408.

[62]汪建成，毛蕴诗.从OEM到ODM、OBM的企业升级路径——基于海鸥卫浴与成霖股份的比较案例研究[J].中国工业经济，2007(12):110-116.

[63]王磊，陈向东.跨国公司海外R&D的特征及影响研究[J].国际商务(对外经济贸易大学学报)，2008(6):18-23.

[64]王俊.我国制造业R&D资本存量的测算(1998—2005)[J].统计研究，2009(4):13-18.

[65]王建华.跨国公司海外R&D投资的内在动因与区位选择[J].中国科技论坛，2004(4):136-139.

[66]王炜瀚.知识观的多国企业理论——跨国公司与利用外资[M].北京:社会科学文献出版社，2005.

[67]王跃生.国际企业制度创新[M].北京:北京大学出版社，2007.

[68]王夏阳.资源基础论在国际商务研究中的扩散与应用[J].外国经济与管理，2002(8).

[69]王英，刘思峰.国际技术外溢渠道的实证研究[J].数量经济技术经济研究，2008(4):153-161.

[70]王志鹏，李子奈.外资对中国工业企业生产效率的影响研究[J].管理世界，2003(4):17-25.

[71]吴彬，黄韬.二阶段理论:外商直接投资新的分析模型[J].经济研究，1997(7):25-31.

[72]沙文兵.对外直接投资、逆向技术溢出与国内创新能力——基于中国省际面板数据的实证研究[J].世界经济研究，2012(3):69-74.

[73]孙黎，任兵，阎大颖，彭维刚.比较所有权优势:中国和印度企业跨国并购的理论框架[J].中大管理研究，2010(5):1-32.

[74]吴延兵.中国工业R&D产出弹性测算(1993—2002)[J].经济学（季刊），2008(4):869-890.

[75]韦军亮，陈漓高.政治风险对中国对外直接投资的影响——基于动态面板模型的实证研究[J].经济评论，2009(4):106-113.

[76]小岛清.对外贸易论[M].周宝廉，译.天津:南开大学出版社，1987：442-449.

[77]徐康宁，王剑.要素禀赋、地理因素与新国际分工[J].中国社会科学，2006(6):65-77.

[78]徐康宁，陈健.国际生产网络与新国际分工[J].国际经济评论，2007(6):38-41.

[79]徐康宁，陈健.跨国公司价值链的区位选择及其决定因素[J].经济研究，2008(3):138-149.

[80]项本武.东道国特征与中国对外直接投资的实证研究[J].数量经济技术经济研究，2009 (7):33-45.

[81]肖慧敏，刘辉煌.中国对外直接投资提升了企业效率吗？[J].财贸经济，2014(5):70-81.

[82]肖卫国.跨国公司海外直接投资研究——兼论加入WTO新形势下我国利用外商直接投资的战略调整[M].武汉:武汉大学出版社，2002.

[83]肖文，周君芝.国家特定优势下的中国OFDI区位选择偏好——基于企业投资动机和能力的实证检验[J].浙江大学学报（人文社会科学版），2014(1):184-196.

[84]冼国明，杨锐.技术累积、竞争策略与发展中国家对外直接投资[J].经济研究，1998(11):56-63.

[85]谢建国，周露昭.进口贸易、吸收能力与国际R&D技术溢出:中国省区面板数据的研究[J].世界经济，2009(9):68-81.

[86]谢千里，罗斯基，郑玉歆.改革以来中国工业生产率变动趋势的估计及其可靠性分析[J].经济研究，1995(12):10-22.

[87]谢文杰.当代跨国公司发展研究[M].北京:知识产权出版社，2012.

[88]熊志根.加快我国跨国R&D投资创新升级[J].社会科学辑刊，2003(1):81-84.

[89]薛求知，关涛.跨国公司知识转移:知识特性与转移工具研究[J].管理科学学报，2006(12):64-72.

[90]薛求知.当代跨国公司新理论[M].上海:复旦大学出版社，2007.

[91]邢建国.对外直接投资:战略抉择[M].北京:经济科学出版社，2003.

[92]彭罗斯.企业成长理论[M].赵晓，译.上海:上海三联书店，2007.

[93]姚枝仲，李众敏.中国对外直接投资的发展趋势与政策展望[J].国际经济评论，2011(2):127-140.

[94]阎大颖，洪俊杰，任兵.中国企业对外直接投资的决定因素:基于制度视角的经验分析[J].南开管理评论，2009(12):135-142.

[95]杨桓.投资动因、制度调节与逆向技术溢出[D].北京:北京邮电大学经济管理学院，2011.

[96]严兵，张禹，韩剑.企业异质性与对外直接投资区位选择——基于江苏省企业的检验[J].南开经济研究，2012(5):50-63.

[97]尹华，朱绿乐.企业技术寻求型FDI实现机理分析与中国企业的实践[J].中南大学学报，2008(3).

[98]余道先，周石.发展中国家对外直接投资模式的新诠释——基于综合竞争力阶梯模型的分析[J].财贸经济，2010(12): 104-111.

[99]喻世友，史卫，林敏.外商直接投资对内资企业技术效率的溢出渠道研究[J].世界经济，2005(6):44-52.

[100]喻世友，万欣荣，史卫.论跨国公司研发投资的国别选择[J].管理世界， 2004 (1): 46-54.

[101]余胜海.解密华为——中国制造的通讯技术帝国[M].北京:中信出版社，2011.

[102]赵伟， 古广东， 何元庆.外向FDI与中国技术进步:机理分析与尝试性实证[J].管理世界， 2006(7):53-60 .

[103]张军， 施少华.中国经济全要素生产率变动: 1952—1998[J].世界经济文汇，2003(2).

[104]张军， 章元.对中国资本存量K的再估计[J].经济研究，2003(7).

[105]张宏， 郭庆玲.中国技术获取型ODI逆向溢出效应的实证分析——基于DEA和省际面板数据的检验[J].山东大学学报(哲学社会科学版)，2011(6):38-43.

[106]张海洋.R&D两面性、外资活动与中国工业生产率增长[J].经

济研究，2005(5):107-117.

[107]张宇.制度约束、外资依赖与FDI的技术溢出[J].管理世界，2009(9):14-23.

[108]张建红，葛顺奇，周朝鸿.产业特征对产业国际化进程的影响——以跨国并购为例[J].南开经济研究，2012(2):3-19.

[109]张利飞.跨国公司海外R&D投资区位选择研究 [J].软科学，2009(6): 14-19.

[110]张幼文.生产要素的国际流动和全球化经济的运行机制[J].国际经济评论，2013(5):30-39.

[111]邹玉娟，陈漓高.我国对外直接投资与技术提升的实证研究[J].世界经济研究，2008(5):70-77.

[112]郑磊.对外直接投资——企业获取竞争优势研究[D].天津:南开大学，2009.

[113]宗芳宇，路江涌，武常岐.双边投资协定、制度环境和企业对外直接投资区位选择[J].经济研究，2012(5):71-82.

[114]朱闵铭.中国对外直接投资研究[D].北京:中国社会科学院研究生院，2001.

索 引